Walking in This World

新版

ずっとやりたかったことを、やりなさい。2

歩くことで創造的になる12週間の旅

ジュリア・キャメロン／菅 靖彦＝訳

サンマーク出版

この本を、編集者であり出版者であり先見の明をもつ
ジェレミー・P・ターチャーに捧《ささ》げます。
その明晰さ、知恵、ウィット。
すべてを超える友情に感謝します。

序章

歩くことで魂を動かす

どんよりした師走の一日。

窓から見下ろすリバーサイドパークでは、年老いた女性が連れの腕にもたれながら、弱い日差しの中を散歩している。のろのろした足取りで、用心深く石畳の道を歩いていく。時折、立ち止まっては、木の枝をちょろちょろと走り回るリスを見やったり、パンくずを求めてそうぞうしく急降下してくる青色のカケスを眺めたりしている。

友人と歩きながら話すのは、私にとってもお気に入りのひとときだ。いつも穏やかな散歩というわけではない。思いがけない邪魔が入ることがある。たとえば、不吉な出来事の予兆とされる大きなカラスが風を切って飛んできて、石壁の上にとまったりする。そんなとき、私の思考は中断される。だが、それがたまらなく楽しい。秋には落ち葉が舞い、冬には雪片が舞い、春になると、リンゴの木に花が咲く。

散歩や友人とのおしゃべりは私の生活にうるおいをもたらし、忘れかけているなつかしい安らぎを思い出させてくれる。私たちは一歩一歩、大地を踏みしめながら生きているのだ。

自分にプレッシャーをかけたり、急いだりしなければ、ごく自然に人生を味わえるようになる。この地球は美しいし、私たちもまた美しい。それに気づけないのは、余裕をなくしているからだ。

現在、私はニューヨークとニューメキシコで二重生活をしている。一方では都会のリバーサイドパークを歩き、もう一方ではヤマヨモギの茂みの中の砂利道を歩いている。

ニューヨークでの私は、〝穴倉暮らし〟だ。夕方になると散歩に出て、都市の地平線を飾り立てる黄金の夕陽に魅せられる。タイミングが合えば友人と一緒に散歩をする。別段、しゃべらなくても気まずくはない。自然に深い対話が成立していることを知っているからだ。ニューメキシコの山の道では、ガラガラ蛇に注意が必要だ。人間が行き来する道は蛇たちにとって、テリトリー侵害にほかならない。

公園だろうが、山の中だろうが、最高のアイデアが浮かんでくるのは歩いているとき。歩いていると、どうしてだかわからないが頭が明晰《めいせき》になる。幸福になる。万物とのつながりを感じることもある。祈るような気持ちになるのも、歩いている最中だ。

この本はていねいに時間をかけて取り組むように構成されている。本書を通して、私が散歩をするときの感覚に近いものを味わってもらえれば、とてもうれしい。ゆっくり進んでいけば、何重にも積み重なった防衛と否定の層を通りぬけ、すべての人の中に生き生きと脈打つ創造性に触れることができるだろう。偉大なる創造主は、私たちを感動させるためにこの世界をつくり出した。自然のゆっくりとした流れにテンポを合わせれば、自分自身が感動していることにきっと気づくだろう。

一九九二年、私は"The Artist's Way"(邦訳:二〇〇一年『ずっとやりたかったことを、やりなさい。』小社刊)を出版した。創造性の開花はスピリチュアリティの開花であること。私たちはみな、生まれながらのアーティストであること。偉大なる創造主と手を携えて生きていくことができることを示した。

今でも、あの本で述べたことは私にとって真実でありつづけている。毎朝、手書きでしたためる三ページのモーニング・ページ、そして一週間に一度の「自分だけの冒険の時間」であるアーティスト・デート。この二つの重要なツールは今なお、私の、そして一〇〇万人を超える読者の方々の役に立っている。一〇年以上の年月がたっても、何も変わっていない。基本はまったく同じである。ただもう一つ、ウィークリー・ウォークというパワフルなツールが加わった。本書ではそれを紹介したい。

歩くことほど私たちが生きるこの世界の美しさと力を痛感させてくれるものはない。アーティストである私たちが「一連の作品」を生み出しつづけるには、日常の出来事だけにとらわれない、広い視野を持たなければならない。ウィークリー・ウォークはそうしたものの見方を教えてくれる。

それだけではない。ウィークリー・ウォークは深い安らぎも与えてくれる。**足を動かすことで、心も魂も動き出す。解き放たれ、のびのびするのだ。**

散歩をこよなく愛した聖アウグスティヌスは「歩くことで〈それ〉は解決される」と述べた。私たちが解決する〈それ〉は、恋の悩みのような個人的なものかもしれないし、新しい交響曲の構想を練るといった高尚なものかもしれない。歩いていると、さまざまなアイデアが浮かんでくるものだ。それらのアイデアが「洞察」という友人を引き連れてくることもある。ウォーキングは、私たちの人生の現実の背後で働いているものを意識する機会となる。

ここで私が日々いかにして創造性のトレーニングをしているか、『ずっとやりたかったことを、やりなさい。』で書いた方法を簡単に紹介しておこう。必要なものは紙とペンと靴だけ。

朝起きると、紙とペンを手に取り、今まさに経験している人生の流れに自分の魂を浸らせる。そして、自分を焦燥感に駆り立てているもの、イラつかせるもの、興奮させるもの、単調でつまらなく感じさせるものなど、思い浮かんだものをそのまま書き留めていく。この三ページほどの手書きの紙を、私はモーニング・ページと呼んでいる。

布を岩にこすりつけ、ひたむきに川で洗濯をするチベットの高山に住む女性と同じくらいの熱意で、私はモーニング・ページにペンを走らせる。それは**一日をはじめるための儀式であり、自分自身と神の前で身を清める方法である。**モーニング・ページに向かうときには、うわべを飾る必要はない。実を言えば私は、周囲の奇跡に対して目が開かれていない、ビクビクしたちっぽけな存在である。しかしモーニング・ページを書いていると、山の稜線《りょうせん》の向こうから陽が昇るように光が差し込んできて、それまで見えなかったものがだんだんに姿を現す。すると「なぜ、あれを恐れていたのか？」「失敗の埋め合わせをするために誰に電話をするべきか？」「少しでも前進するために今日は何をすればいい？」といったことが見えてくる。高くそびえる山頂から太陽のまぶしい光が差し込んできたとき、洗い物をしている女性たちが手を休めて自然との一体感に浸るように、私もまた深い気づきの瞬間、小さな自我の世界から解き放たれ、自分が今生きている「what（現実）」の背後で働く「why（原因）」を垣間見る。

たいていの場合、モーニング・ページに書くことは決まりきっている。日常的でどうでもいい心の断片を書いているだけ。だが、私が毎朝欠かさないのは、それが「功を奏する」からである。**モーニング・ページは心の垢《あか》をきれいさっぱりと洗い流してくれるのだ。**

一週間に一度、私はアーティスト・デートという小さな冒険をする。文字通り「小さい冒険」である。生地屋に出かける。ボタン屋に行く。ほこりだらけの古本屋に入り、くしゃみをする。ペットショップを訪れ、鳥の売り場に行ってみる。そこではのろまなおしゃべりオウムのアフリカン・グレイが悲しげに見つめる中、キンカチョウ、ボタンインコ、オカメインコたちが周りの注意を引こうと争っていたりする。運がよければ、ペルシャ絨毯《じゅうたん》の店を訪れ、一つの網目に凝縮された永遠のテイストを感じとる。

アーティスト・デートに出かけるとき、私は忙しい時間の流れから少し離れる。「あわただしい生産活動の場から一時間ほど離れます」と宣言する。そうすることで私自身の「命」に驚嘆するチャンスが巡ってくる。

私はたくさん存在する魂の一つでしかないし、命の花束の中の一輪の花でしかない。だが、**やるべきことにせきたてられる時間や時計との競争からほんの一時間離れるだけで、自分自身がいつくしみ深い次元へと引き寄せられるのを感じる**。そのとき、「私たちはみな共にある」ことを知る。そしてそれが美しいものであることを。

何かに駆り立てられ、ストレスにさらされているという点では、私もかつての教え子たちと同じである。それゆえ、走りつづけるのを止める方法を学ばなければならなかった。本書で紹介するウォーキングは、自然に身についたものではない。一瞬で思いついたものでもない。この絶対不可欠なツールの威力をなんとか見出したのは、四〇代の半ばだった。現在では、できれば毎日、少なくとも週に一回は、集中的に、魂をリフレッシュさせるウォーキングをしている。

忙しい毎日、ウォーキングをするためには、最寄り駅の一つ手前で電車を降りて歩いたり、タクシーに乗る代わりに少し早く家を出て歩いたりするといいかもしれない。ランチの時間がウォーキングの時間になることもあるし、午後遅めに散歩するという手もある。**いつ、どこで歩くかは問題ではない。歩くことが大切なのだ。ウォーキングの時間は素晴らしい洞察に出会えるクリエイティブな時間帯である。**

『ずっとやりたかったことを、やりなさい。』を書いて以来、奇跡の物語をたくさん聞かされてきた。あるときはレストランで、またあるときは人ごみの中で呼び止められ、「あなたの本のおかげで私の人生は変わりました」と言われた。偉大なる創造主とのパイプ役を務められたのはうれしいことだ。

私が書いたのは、**誰でも創作活動に従事し、それを通して偉大なる創造主と関わるようになった瞬間、神がその人の人生に介入してくるという処世訓**にすぎない。私たちはみなつながっており、それに気づき、身を委ねれば、いにしえから綿々と受け継がれてきた偉大なアーティストの血統につながる。これが私の基本的な教えなのだ。偉大なる創造主はアーティストを愛しており、恋人のように私たちがその愛に応えるのを待っている。

神をどう呼ぶかは問題ではない。神なる存在を求めることが大切だ。私たちの夢の航海を支えてくれる存在。創造的に大空を飛翔《ひしょう》した後、パラシュートを閉じるときにソフトランディングさせてくれる善意の存在。世界には創造的な「何か」が存在する。その「何か」こそ、アーティストとしての私たちを支えてくれる偉大なる創造主である。

この世界を歩む私たちは一人ではない。祈りの言葉は必ず聞き届けられる。優しい気持ちで聞いてくれる誰かが、あるいは何かが存在する。自分自身の内面に心を開けば、自分の外で起こることも変化する。たとえば、あなたの話を聞いてくれる大切な友人と一緒に歩いているとき、「そう、あなたは○○をしたいのね。あっ、見て見て、あのかわいいリス……」と言うところを想像してもらいたい。リスはどんなメッセージを携えているだろう?

神自身が偉大なアーティストであり、私たちは自分に一番ピッタリする形で神と出会う。あるいは、自分の創造性が開花するのにもっともふさわしい形で神と出会う。たとえば優しさに出会うようになるとしても人それぞれだ。それが必要なときに、必要な場所で、必要な形で出会うのだ。ある女性はボイス・トレーナーを見出し、別の女性は素晴らしい物語の情報源に出会う。ある男性はＡＶＩＤ社のビデオ編集機で自由に編集できる時間を得る。別の男性はドイツ製の美しい鉛筆削りを売っている画材店を見つける。

何物も小さすぎないし、何物も大きすぎない。ウォーキングを実践し、モーニング・ページを毎日書き、アーティスト・デートを毎週実行すれば、スズメのような小鳥から星々に満たされた膨大な宇宙まで、あらゆるものの中に神が宿っていることがわかってくる。私たちもその一員なのだ。

内的な世界へと入っていくと、そこでは一人ではないとわかる。**アーティストの孤独とは、実は自分自身の中にある創造性から切り離されたことからくる寂しさなのだ。**文字通り何かを創造しようとすると、私たちは創造主に出会う。創造に打ち込めば打ち込むほど、私たちを通して多くのものが生み出される。「私のうちにおられる父が、ご自分のわざをしておられるのです」（ヨハネの福音書一四章一〇節、日本聖書刊行会訳）の言葉のように。

何世紀もの間、アーティストたちはインスピレーションについて語ってきた。一心不乱に耳を傾けると、神のささやきが聞こえてくると彼らは言う。作曲家は、自分自身の創造性を創造主の創造性に同調させると、「ただちにひらめきが自分の中に飛び込んできた」と語る。そのようなひらめきは作曲家だけのものではなく、万人のものである。たとえば、木の枝を駆け回るリスや、ほのぼのとピンクに染まる頬がひらめきのスイッチになるかもしれない。**ひらめきとは、私たちがその気になればいつでも触れられる、「目に見えない世界の確かな感触」である。**

本書は優しい巡礼の旅を目指している。深遠な魂の問題を訪ね歩く旅である。あえて「魂」という言葉を使うのは、創造性というものが知的な探求ではなくスピリチュアルな探求だからだ。創造性とは日々のスピリチュアルな鍛錬であり、すべてのスピリチュアルな道がそうであるように、神秘的であると共に後から追跡できるものだ。

本書はまた、創造の道によく見られる障害を取り除くことを目指している。そのため、創作活動をはじめたばかりの初心者だけではなく、すでにその道に深く入り込んでいる人たちも悩ませている問題を取り上げる。前著で私は多くの巡礼者たちを創造の海に旅立たせたが、今回は、船出をした巡礼者たちに必要なツールを提供したい。創造的な人生は実り多いものであるが、困難も伴う。しかし、仲間がいて信念を分かち合うことができれば、その困難もだいぶ和らぐだろう。

この世界を一歩一歩踏みしめて歩けば、目には見えないがその存在が感じられる天使が寄り添ってくれる。神のガイダンスに心を開き、豊かな創造的人生を送ってもらいたい。

新版ずっとやりたかったことを、やりなさい。②——目次

序章

第1週

起点の感覚を発見する

第2週

調和の感覚を発見する

第3週

一段高いところから見る感覚を発見する

第4週

冒険の感覚を発見する

第5週

ノーと言える感覚を発見する

第6週

境界の感覚を発見する

第7週

背中を押される感覚を発見する

第8週 見分ける能力を発見する

第9週 立ち直る感覚を発見する

第10週 仲間意識を発見する

第11週

信頼の感覚を発見する

第12週

創造の感覚を発見する

装幀――坂川事務所
装画――木村晴美
本文デザイン――株式会社FANTAGRAPH
本文DTP――山中 央
協力――株式会社鷗来堂

基本ツール

『ずっとやりたかったことを、やりなさい。』を使って、創造性を磨く訓練をしたことがある読者は、これから紹介する基本ツールは知っているだろう。今回初めて取り組む人たちにも、基本ツールになじんでもらう必要がある。それゆえ、まず三つの単純なツール——モーニング・ページ、アーティスト・デート、ウィークリー・ウォーク——についてのおさらいをしたい。この後に紹介する一二週間のコースでは、これらのツールを駆使することが求められる。

ツール1　モーニング・ページ

モーニング・ページは、私たちの創造性を回復させるもっとも大切なツールであり、創造的な人生の基盤となるものだ。前述した通り一日がはじまる前に書き綴《つづ》る〝意識の流れ〟だ。その日の優先順位を決定したり、自分が何に悩み、何を心配し、何に怒り、何を望んでいるかを明確にしたりするのに役立つ。

モーニング・ページに書くことは、断片的でまとまりがなく、愚痴も多い。アーティストが陥りやすい食べすぎや飲みすぎ、睡眠不足や考えすぎなども繰り返し綴られるだろう。

だが、一向にかまわない。**モーニング・ページとはいわば「脳の排水」であり、ネガティブなものを吸い取ってくれる。書けば、あらゆるものが栄養になる。**たとえば、いつもと違う恋人の声の調子、車のエンジンの異常音、今月の家賃が払えるかどうかの不安、友情に関する秘密、仕事についての思惑、猫用トイレを忘れないで買うためのメモが、書くことでいつか別のものになる。

私は二〇年間モーニング・ページを綴ってきた。私のモーニング・ページはシカゴ、ニューメキシコ、ニューヨーク、ロサンゼルスでの私の生活を目撃してきた。本を執筆したり、作曲したりしている最中、父が亡くなった折、離婚する際、家や馬を買い求めるとき、モーニング・ページは私を導いてくれた。ピアノのレッスン、運動、重要な人とのエネルギッシュな文通、パイを焼くこと、昔の原稿の書き直しなどに導いてくれたのもモーニング・ページだった。**モーニング・ページは毎日、私の人生や意識をすみずみまで掃除し、新鮮な考えが流れ込む準備をしてくれるほうきなのだ。**

私はモーニング・ページに、自分でデザインした"The Artist's Way Morning Pages Journal"というノートを用いている。ぴかぴかのラセン綴《と》じノートを使ってもいいだろう。パソコンに打ち込むという人もいるが、手書きを強くお勧めする。手書きの文字のかたちも、あなたの心模様を伝える大切な要素だからだ。

当然ながら、書くのがつらいときもある。「堅苦しい」「退屈だ」「同じことの繰り返しじゃないか」「こんなことをしていたら気がめいるだけだ」と思ってしまうのだ。そういった抵抗を潜《くぐ》り抜けて書いているうちに、私はモーニング・ページが心の癒しの一環だと信じるようになった。「忙しすぎて書けない」という人を私は知っている。

同情するが、「忙しい」というのはたいてい単なる言い訳だ。

モーニング・ページは時間を奪うが、時間を与えてくれるという逆説的な性質を持っている。なぜなら、モーニング・ページを続けるうちに、突然、**一日が小さな選択ポイントに満たされる**からだ。言い換えれば、〝一枚の大きな壁〟だった一日が、〝意識的に選択できる小さな時間の窓〟に分割される。たとえば「エルベルタに電話をしなくては」と書くことで、壁に小さな窓ができる。窓があれば、ふと空いた時間に彼女に電話をかける気になる。

モーニング・ページを書いていると、物事をきちんと理解しやすくなる。自分の深いところとつながるようになる。そのため、他人のスケジュールや優先順位にもはや振り回されなくなる。人を思いやる気持ちを持ちつづけたまま、今この瞬間や自分自身のことも大切にするようになる。

私はモーニング・ページを一種の〝引きこもりのプロセス〟と考えるのが好きだ。何かから逃れるために自分の中に引きこもるのではない。自ら進んでモーニング・ページの中に引きこもるのだ。そうやって、自分が一番大事にしているものや課題の核心へと自分を向かわせる。このプロセスにはおよそ三〇分要する。瞑想《めいそう》とほぼ同じくらいとあって、私はモーニング・ページを一種の瞑想と考えるようになった。忙しい人にとってとりわけ強力な、伝統にとらわれない瞑想である。

モーニング・ページの中には、不安、空想、心配事、希望、夢、関心事、信念などあらゆるものが自由に浮かんでいる。ページは意識が映し出されるスクリーンであり、私たちの思いは自分自身が眺めている山の前を流れていく雲のようなものである。

最初にモーニング・ページを書きはじめた頃の私は、人生、アート、仕事、すべてにおいて窮地に立たされていた。ある朝、ふと思いついてからずっと書きつづけている。この手書きの三ページは、仕事や生活や恋愛のもつれをほぐしてくれた。道なきところに道を示してくれた。今では、示された道を行けば、必ずそれが続いていくと信じている。

本書で紹介するプログラムに取り組んでいる間、いや、その後もずっと、モーニング・ページを書きつづけてもらいたい。必ず内なる教師のもとへ導かれ、その奥深い知恵に驚かされるだろう。**自分の教師に出会うための門を開けるのはあなたしかいない。**すぐに実行してほしい。

ツール2　アーティスト・デート

創造性の回復にとって大切な二つ目のツールはアーティスト・デートである。アーティスト・デートとは、冒険心に駆られて一週間に一度、一時間程度、あなたの創造性を刺激するものを探して歩く小さな旅だ。モーニング・ページが自分に課されたノルマだとすれば、アーティスト・デートは自分に課された遊びである。だからといって軽んじてはならない。「イマジネーションの遊び」という言葉は一般的にも十分通用する言葉だ。**すべてのアートはイマジネーションの遊びで成り立っている**のだから。

遊び方を忘れてしまったアーティストは、仕事のやり方も忘れてしまう。文章を書くにしろ、舞台で演じるにしろ、キャンバスに絵を描くにしろ、遊びを通して練習を積んでいなければ、確信をもって創作にはあたれない。

基本的に、アートはイメージを駆使するプロセスだ。アーティストは自分の内部にある意識の井戸へ下りていって、イメージや出来事を探す。ただし、注意を怠るとイメージを井戸の底から汲《く》み出しすぎて、資源を枯渇させてしまう。そうなると、新しいアイデアを捕まえるのがますます難しくなる。

週一回、意識的にアーティスト・デートをし、全力で創作に打ち込めば、内部の井戸は再びイメージで満たされ、充実感が湧いてくる。アーティスト・デートを続けると、シンクロニシティ――**適切なときに適切な場所で起こる意味のある偶然の一致**――が際立つようになる。長い間、家に閉じこもっている人がイライラしてくるように、アーティスト・デートをしないアーティストは閉塞感に襲われる。長い間体調を崩していたとき、私もそんな感覚を体験した。私の場合、アーティスト・デートを再開すると、必ず充実感が増し、作品に深みが出てくる。

これから紹介する一二週間のプログラムに取り組む間だけではなく、できればその後も、あなたの内なるアーティストを一週間に一度外に連れ出してもらいたい。おそらく、抵抗感やさぼりたい気持ちが出てくるだろう。内なるアーティストは気まぐれで、とても傷つきやすい。親が離婚してしまった子どものように愛情に飢えているのだ。内なるアーティストは、少なくとも週に一回、自分だけのために時間を割き、注意を向けて欲しいと望んでいる。自分の夢や苦しみをあなたに伝えたいのだ。それには痛みが伴うことがあるので、避けたくなるのも当然だ。そんな自分の中の抵抗感にも気をつけていてもらいたい。

ツール3　ウィークリー・ウォーク

ほとんどの人は急ぎ足で人生を過ごしており、忙しすぎてどこにも歩いていけない。さまざまな問題やトラブルに悩まされている私たちは、「ウォーキングなんて貴重な時間の無駄遣い」だと感じる。忙しい心には、「いつそれをやるの？」ということが負担になるのだ。しかし、ウォーキングこそ解決策だというのは真実だ。私生活においても創作活動においても方向性を見失っている時期、私はウォーキングが癒しや方向性をもたらしてくれることを発見した。

ウィークリー・ウォークというツールを発見した頃、私は一九六五年製のシボレーの小型トラック〝ルイーズ〟を持っていた。毎日、午後になるとルイーズに六匹の犬をのせて砂利道を走らせ、ヤマヨモギが咲く場所へと向かった。山道を一マイルほど入ったところで車を止め、犬たちに声の届く範囲で自由に走り回ってもいいという合図を出した。それからウォーキングをはじめた。一回は四五分と決め、最初に山すその小さな丘に向かって南西に歩き、次にタオス山に向かってまっすぐ北西に歩いた。

歩いていると、さまざまな感情が湧いてきた。離婚したこと、長年創作の相談相手になってくれた父の死、それらに伴う深い悲しみ。歩きながら私は、いつのまにかガイダンスを求めた。

歩いていると、雲が山の前を通過していくことがよくあった。その時、雲と一緒にガイダンスが降りてきたことに気づいた。何をどう書くべきかを知ったのだ。私の悲しくもつれた人生は、少しずつ、ひとりでに、もつれをほどきはじめた。「ひとりでに」と言ったのは、私は「歩いた」だけだったから。それ以来、ずっと歩きつづけている。

抱えている問題が細心の注意を要する映画のプロットだろうが、しつこく続く人間関係の対立だろうが、「それを胸に秘めて歩きなさい」というのはグッドアドバイスである。ネイティブ・アメリカンはビジョンを求めてさまよい歩く。オーストラリアの先住民族アボリジニは放浪の旅をする。この二つの文化は、歩くことが頭の中をすっきりさせることを知っているのだ。

現代の文化は頭が不平不満を生み出しているとは考えず、すべての知恵の源であると勘違いしている。本書のプログラムに取り組んでいる間は、一週間に少なくとも一度、二〇分間のウォーキングをすることになる。**歩くことで集中力をもって思考できるようになり、何らかの突破口となる**と、あなたは気づくだろう。シャーマンやスピリチュアルな探求者たちによく知られている〝イマジックネーション（imagic-nation：イメージの国）〟にコンタクトするのだ。本書のプログラムをきっかけに、歩く習慣や歩きながら愛する人と話す習慣をぜひ身につけてもらいたい。

基本ツールの使い方

１．モーニング・ページを書く。

普段より三〇分早く目覚まし時計をセットして、起きたらすぐ浮かんでくる思いを、流れるままにおよそ三ページにわたって書いていく。書いたものは読み返さないようにする。また他の誰にも読まれないようにする。理想を言えば、大きな封筒に入れ、どこかに隠しておくとよい。モーニング・ページはきっとあなたを劇的に変えてくれるだろう。

2. アーティスト・デートに出かける。

本書のプログラムに取り組んでいる間、毎週アーティスト・デートを実践する。たとえば近くのおもちゃ屋に出かければ、星のステッカーや奇抜な鉛筆、シャボン玉など、衝動買いしたくなるようなものが見つかるかもしれない。自分の中のアーティストに、そのうちの一つか二つを買ってあげよう。毎日、モーニング・ページを書き終えるたびに、金の星のステッカーを貼りたくなるかもしれない。アーティスト・デートで大切なことは、やり方ではなく神秘性にある。あなたの中にいるアーティストをうっとりと喜ばせることをやってもらいたい。

3. 一週間に一度ウォーキングをする。

一番快適なソックスと靴を履き、二〇分間の散歩に出かけよう。公園でもいいし、田舎道でもいいし、街中でもいい。どこを歩くかではなく、歩くことそのものが重要だ。

自分の体と心が何も考えなくなったと感じられるぐらいの距離を歩こう。ウォーキングが好きになり、一週間に何度もやりたくなっていることに気づくかもしれない。

歩くことで、新たな気持ちでプログラムに取り組む意欲が湧いてくるだろう。

アーティストになるための契約書

私　　　　　　　　　は、三つの基本ツールを定期的に活用します。このコースの間、モーニング・ページを毎日書き、アーティスト・デートとウォーキングを週に一度行います。加えて自分自身を大切にし、十分な睡眠をとり、食事に気を配り、人に優しく接します。

署名

年　月　日

第1週

起点の感覚を発見する

今週は創造性を回復する巡礼の旅へ出発します。旅の起点はあなたです。あなたは今いる場所から、今の状態のままでスタートします。期待に胸を膨らませている半面、半信半疑の気持ちもあるでしょう。興奮しながらも、どこか抵抗感があるかもしれません。第一週の課題は、これまでずっと向き合うのを避けてきた「あなた」を突き止めること。自分自身の創造性を避けるとは、自分自身を避けることです。逆に自分の中にある創造性と出会うとき、あなたは自分自身と出会います。その出会いは瞬時に訪れます。進んで自分自身であろうとすれば、自らの独自性の原点に導かれるのです。

行動が伴わない夢は「ただの夢」

「何らかの創作活動に携わりたい」と言う人は多く、実に素晴らしいことだ。私たちはもっと創造的な世界を必要としている。あなたにしかできない、独自の貢献が求められている。だが、いつ、どのようにして創作活動をはじめればいいのだろう？

「もう遅すぎる」

「まだ能力不足だ」

「成功できるわけがない」

みんな恐れている。その恐れは、あなたが腰掛けている椅子と同じぐらいリアルに感じられる。だが、違和感を覚えても、スタートすべきときもある。それがアートに取り組む方法だ。**何も考えず、ただはじめるしかない。**

今いるその場所から、あるがままの状態ではじめよう。創作者として、行きたいところに行くためには出発しなければならない。最高の出発点はあなたが今いる場所、あなた自身だ。

もう長い間、旅をつづけていてもスタート地点は変わらない。事実、年季の入ったアーティストが再出発しようというとき、自分が築いた地位にこだわることで、時間とエネルギーを無駄にすることが多い。

物はどこでも書ける。大事なのは、実際に書くことだ。絵はどこでも描ける。とにかく描くことだ。私の友人は「アトリエがなければ描けない」と言って、まるまる一年間を棒に振った。アトリエができあがって仕事に戻ったとき、彼は確かにちょっと大きめの絵を二、三枚描いたが、もっとも熱中したのは、その気になればテレビ台の上でも十分描けたであろうミニチュアの美しい木炭画だった。彼はアトリエがなくて絵が描けなかったのではなく、単に描こうとしなかっただけなのだ。

どんな生活の中にもクリエイティブになれる場所はある。どんなに物が溢《あふ》れていようが、何もなくてがらんとしていようが、創作活動はできる。「妨害」しているのは他でもない、あなた自身だ。

あなたが駆け出しのミュージシャンでピアノをマスターしたいなら、ピアノの前に座り、鍵盤に触れてほしい。翌日もピアノの前に座り、鍵盤に触れよう。一日に五分でもいいから何かしたほうがいい。ためらいがちな抱擁が情熱的な抱擁へと変わっていくように、五分が次には一〇分になる。創作するとは、人生に恋をするようなものだ。愛に心を開くように、クリエイティブな活動に心を開いてほしい。

どんなアートに取り組むにせよ、いっぺんに攻略しようとせず、少しずつ口説き落としていってもらいたい。急ぎすぎて期待できる関係をだめにしてしまったり、目標を高く設定しすぎて、道の途中で力尽きてしまったりする人があまりにも多すぎる。

大掛かりな創作は、大西洋側のニューヨークから太平洋側のロサンゼルスまで車で横断するのに似ている。まず車に乗って、旅立たなければ決して目的地には到着しない。全行程に比べれば、一日にカバーできる距離は微々たるものである。だが、その小さな一歩が大切だ。「赤ん坊のような一歩のどこにドラマがあるんですか?」と馬鹿にする人がいるかもしれない。そんな人は、**赤ん坊が最初の一歩を踏み出すときが、いかに劇的か**を知らないのだ。

今日、郵便物の中に友人のラリーからの封書を見つけた。彼は天性の作家で、「物語を書きたい」と思いながら、ずっと書かないまま何年も費やしてきた。だが、六月の平凡なある日、彼は画期的なことをした。ペンを手に持ち、書きはじめたのだ。私は今、彼から送られてきた、その物語のぶ厚い紙束を手にしている。彼に必要だったのは、何よりもまず、書きはじめることだった。

創造的な生活に憧れると、私たちはよく芝居がかったことをする。たとえば、愛する人たちを置き去りにした一人旅。異国の地なら本物のアーティストになれるというわけだ。私はそうした計画を聞くと「どうぞお好きに」と感じる。内なるアーティストが最高のパフォーマンスをするのは、「掛け金が安いときだ」と、私は経験から学んだ。ドラマは原稿の中だけにすれば、実際の原稿はどんどん溜《た》まっていく。

創作するというのは少しダイエットに似ている。まずはじめる必要があり、それが成功もしくは失敗のはじまりである。今日中に一冊の本を全部書きあげるのは無理だが、一ページなら書くことができる。今日一日で、完璧なピアニストになることはできないけれど、一五分間ピアノを弾く練習をすることはできる。今日ソーホーで個展を開けなくても、コッカー・スパニエルが心地よさそうに寝そべっている使いこなされた革椅子や、恋人の腕のたおやかな曲線をスケッチすることはできる。**何事であれ、はじめることはできるのだ。**

創造性とは自発性を伴うインスピレーションであり、それは信念の行為だ。そのフレーズにおける「行為」という言葉は、「信念」という言葉に劣らぬ重みを持っている。

行動が伴わない夢は、ただの夢にすぎない。夢は「鬼火」のような性質を持っている。実現しようとする確固たる意志がセットになった夢は、必ず現実となる。本気で取り組めば、夢は実現するのだ。**「〜したい」から「〜するつもりだ」に心を変えるとき、私たちはかわいそうな犠牲者であることをやめ、冒険家になる。**

そのことを証明するために、夢の大きなかたまりを実行可能で具体的な「小さなステップ」に分解しよう。その「小さなステップ」を一つ一つ踏んでいけば、それまで「大きな」リスクに感じられたものが徐々に小さくなっていく。すると、次のステップを踏むことがますます容易になる。

多くの人が、創造的な仕事をはじめるためには、作品を完成させ、確実に世間に認められる方法をきちんと把握していなければならないと考え、たじろぐ。一番大切な一歩を踏み出す前に、「確実に成功する」という保証を求めてしまう。しかし何より大切なのは本気で関わることだ。

本、演劇、詩、絵画など、何かを創造したいと思うとき、私たちはその願いを叶《かな》えたいと切望する。恋に憧れるのと同じように創作に憧れるのだ。最初はただの願望としてはじまるが、それを実現するには行動が伴わなければならない。現代の文化は、成果がすぐに出る満足を奨励し、創造的な欲求に基づいて行動することは勧めない。創造的な欲求については、まず考え、それらを疑い、後知恵でそうした欲求を批判するようしつけられる。つまり、アートを論じる評論家になるよう仕向けられるのだ。映画監督のマーティン・リットは「脳で考えることはアートの敵だ」と語ったが、その真意はナイキのスローガン〝Just do it.〟に従えということである。彼は「脳は創造のプロセスに反する」と言っているのではない。脳を〝創作について考える〟ことにではなく、〝創作することそのもの〟に使えと言いたいのだ。**考えることが敵なのではない。本当の敵は、考えすぎることだ。**もしあなたが何らかのプロジェクトを手がけたいと思っているなら、すでに〝考えすぎ病〟に感染している。

自分の計画を「願望の矢」と考えてみよう。あなたは標的をよく見て弓を引き、ふと不安になる。「狙いは正確だろうか、それとも上か下にズレているだろうか?」

そのうちに腕が疲れてきて、震えだす。そんな状態で矢を放っても、まともに飛んでいくはずがない。要するにあなたは、何かをはじめることと、何かを終わらせることを取り違えている。時間がたたなければ得られないし、あらかじめ保証もされない結果だけにとらわれ、作品をつくるプロセスを否定している。意志が方向を生み出すことを忘れている。**「それが私のやりたいことだ」と心の目で定めれば、方向を見誤ることはない。**

"Desire"は願望、欲望とも解釈され、有害な言葉とされる。だがこれこそ、実は創造という羅針盤の最高の導き手だ。乗馬のグランプリレースで恐ろしく高いフェンスを飛び越える馬術選手は、「フェンスの向こう側にハートを投げ出す」と語る。そうすれば、馬がついてくるというのだ。私たちも彼らに倣《なら》おう。私たちはアーティストという想念にたくさん無駄なものをくっつけ過ぎて、「私はこれをつくりたいのだろうか?」というもっともシンプルで明白な問いを忘れている。もし答えが「イエス」なら、はじめよう。矢を放とう!

踏み出すのには勇気がいる。空っぽのスペースに無頓着に踏み出す、タロットカードの「愚者」のようだと感じるかもしれない。しかしそれは誤解だ。偉大なる創造主はアーティストであり、他のアーティストたちと協力関係にあるのだ。それゆえ、私たちが創作活動に心を開けば、同時に偉大なる創造主に心を開くことになり、自動的にパートナーをあてがわれる。

ジョーゼフ・キャンベルは「千の目に見えない助けの手」との出会いについて語っ

ている。私はそれらの手を、あらゆる創造の努力を解き放たせる目に見えないクモの巣だと考える。スイッチを入れたり切ったりすることや、ドミノの最初の駒を倒すのに似ている。信念に基づいて行動するとスピリチュアルな連鎖反応が起きる。何かが、あるいは誰かが反応する。

夢をサポートする動きが出てくるのは、願望の矢を放つとき、すなわち、実際にプロジェクトに取り掛かるときである。動きを生み出すのはあなた自身だ。あなたの断固たる決意に人々や出来事が共振する。エネルギーはエネルギーを引き寄せる。あなたが放つ矢は、高速で走る小型トラックだ。元気な犬が引きつけられ、夢中で後を追いかけてくる。あなたがエネルギーと興奮を生み出せば、他の人は追いかけてくる。**「実際に行動に移せば、結果は後からついてくる」**のだ。

創造のエネルギーはあくまでエネルギーである。実際に創造せずに、創造することについてくよくよ考えていると、創造のエネルギーの無駄遣いになる。迷って二の足を踏んでいると、タイヤから空気が抜けていく。それなのに小型トラックを走らせようとすると、プロジェクトはパンクする。だから、一度熱い願望を持ったら、それに基づいて行動すべきである。**山を動かすのは、信念に基づく行動なのだから。**

私はこの本をマンハッタンのリバーサイド・ドライブにある家か、北ニューメキシコにある家の二階の寝室で書いている。時には両者を行き来する車の中や、長距離トラック運転手が給油や軽食のために立ち寄るトラックストップで書くこともある。私が描くドラマに登場する作家とは、かなり異なる行動パターンだ。ドラマでは、作家はオーストラリアのビーチを歩き、インスピレーションを求める。あるいは震えながら書くこと以外に何もすることのないヨセミテ近くの山小屋の中で凍えている。その様子は、「創作するとは創造的な火渡りやバンジージャンプである」といった印象を与える。私自身は、そんな恐ろしいことはやりたくない。ドラマは自分で創作するものだが、どのようにして創作されたかはドラマの中には描かれない。それは創造的な人生の皮肉である。

劇的な人生に苦しめられた著名なアーティストでさえ、現実の仕事の習慣は著しく平凡である場合が多い。たとえば、アーネスト・ヘミングウェイは、妻がいるときもいないときも、一日に五〇〇ワード書いたという。「エーデルワイス」で知られる作曲家リチャード・ロジャースは、毎朝九時から九時半まで作曲した。彼の同僚のオスカー・ハマースタイン二世は、ブロードウェイ・ミュージカルの興行主という本業がありながら、朝六時に起きて自分の農場で短時間働いた。彼らはどんな誘惑にも負けずに、安定して素晴らしい作品を生み出しつづけた。彼らはみな**「普段通りの生活の中で、自分にできることを、毎日少しずつつづけることが創造性を伸ばすコツだ」**と教えてくれる。

創作するのが難しいと思うのは、「先が長い」と感じるせいだ。だがそれは創作がプロセスであることを忘れたことからくる誤解である。自分自身を創造主から切り離してしまっているともいえる。「はじめるのは怖い」と感じるのは一人ぼっちが怖いからだ。自分のことを、旧約聖書に登場する巨人ゴリアテに対峙《たいじ》するちっぽけなダビデのように感じるためだろう。だが、私たちは決して一人ではない。神はどこにでもいる。創造は神とコンタクトする直接的な方法である。神の恩寵《おんちょう》にあずかるために、どこかへ出かけていく必要はない。

ゲーテは言った。**「自分にできると思うものや、自分にできると信じられるものをはじめなさい。行動はその中に魔法や神の恩寵やパワーを秘めている」**と。これは単なる決まり文句ではない。スピリチュアルな体験についての報告だ。初心者であることを受け入れ、大人特有のしらけた態度を捨てて、偉大なる創造主の助けを積極的に求めれば、誰にでもできる体験である。

恐ろしいサウンドトラックが鳴り響く頭の中のホラー映画を観るのをやめ、映画『白雪姫』の挿入歌「Whistle While You Work（口笛を吹いて働こう）」や「ジッパ・ディー・ドゥー・ダー」のような音楽を聴くようになれば、少しは前進しはじめるかもしれない。**現実的になろう。アートとは作品をつくる行為であり、それ以上のものではない。**プッチーニは心を裂かれるような悲劇「マダム・バタフライ」を作曲したが、それでも陽の当たる道を鼻歌まじりで歩いていた。彼はパスタを食べ、友人と共に過ごし、村の噂《うわさ》話からヒントを得た。優れた芸術作品は、三食ちゃんと食べて、友人のいる人たちから生まれるのだ。

今週の課題　行き詰まったときの対処法

行き詰まったとき、そこからどうやって抜け出せばいいかわからず、無力感を覚えることがある。そんな時はあまり一途《いちず》にならないほうがよい。思い詰めず、なんでもいいから、創造的な活動に打ち込んでみよう。ちょっとした創造的活動をするだけでも、犠牲者の立場から抜け出すきっかけになる。すると突然、自分には選択肢があることや、受身の態度が頑固な怠け癖を生み出していることに気づく。「今、〇〇をもっとうまくできなければ、何もする気になれない」と癇癪《かんしゃく》を起こしているのだとわかる。気づいたら、次に挙げるようなことを試してみよう。紙に1から20まで番号を振り、自分にできそうな「小さな創造活動」を二〇挙げる。私の例を参考にしてほしい。

①台所の窓枠にペンキを塗る。
②寝室のドアにレースのカーテンを下げる。
③素敵な花瓶にサクラ草を活ける。
④一階のシャワーカーテンを取り替える。
⑤アルバムを買ってきて犬の写真を整理する。
⑥妹に頼まれていたチョコレート・ファッジのレシピを送る。
⑦妹にチョコレート・ファッジを送る。
⑧普段履かないような真っ赤なソックスを買う。
⑨そのソックスを履いて教会に行く。

⑩パソコンで好きな詩を集めたファイルをつくる。
⑪友人たちそれぞれに素敵な詩を贈る。
⑫現在の生活の様子を写真に撮って、祖母に送る。
⑬適当な瓶を「神さまの瓶」と決めて、自分の夢と希望を育てる魔法の瓶にする。
⑭後悔や苛立《いら》ち、恐れなどを捨てる「悪魔の籠」を用意する。
⑮パジャマパーティを開き、参加者一人一人に怪談を披露してもらう。
⑯鍋にたっぷりスープをつくる。
⑰そんなに気に入っていない洋服を寄付する。
⑱車の中で聴くＣＤを揃《そろ》える。
⑲素敵な香水を買う。
⑳年配の友人を素晴らしい水族館に連れていく。

「ずっとやりたかったこと」に自分をつぎ込む

プロになったアーティストは、忙しくなりすぎて、しばしば創作のための創作ができなくなる。評判を得ることや依頼された仕事に忙殺され、「他のことをするエネルギーも時間もない」と思ってしまう。

だが、それは偽りだ。好きな作品をつくっていれば、そのこと自体がプロとしての腕を磨くために必要な時間とエネルギーを生み出してくれる。なぜなら、**好きなものをつくってこそ充足感を覚え、活力に満たされる**ものだ。その活力こそ、自分自身の願望を実現する強力なエネルギーである。

はじまりは何かをする「意志」を持つことだと書いた。確固たる「意志」を持ったとたん、スイッチが入る。意志を鮮明にすることで、私たちは自分の未来を予知すると同時に、未来をかたちづくる。**すべてはエネルギーであり、アイデアとは整理されたエネルギーにすぎない。**あるいは、エネルギーを注ぎ込むための一種の鋳型だと言ったほうがいいかもしれない。

本は一つのアイデアとしてはじまる。社会活動も建築もそうだ。夢や願望を前方に掲げ、それに向かって進むと、中身が具体化されていく。交響曲は一つのアイデアとしてはじまり、作曲家を通して現実となる。アーティストである私たちは、創造的なエネルギーというボールを投げると同時にキャッチする。

自分の好きなものをつくることに、本気で取り組もう。そうすれば必要なものが手元に引き寄せられてくるから、確実にキャッチしよう。レコーディング用のフリーのスタジオ、使用可能な編集設備、おばの屋根裏部屋から思いがけなく出てきた古い衣装、新しい劇団を探している教会のイベント係。創造のエネルギーは創造的な反応を誘発する。

好きな音楽を演奏することに、思い切って専念しよう。そうすれば人生の音楽がもっと素敵なものになる。愛し合うことが愛を生み出すように、作品をつくることが芸術を生み出す。創造的に生きるコツは、俳優がするように、瞬間瞬間に心を開き、受容することである。室内音楽を演奏する弦楽アンサンブルの演奏者たちのように、刻々と展開するメロディーの流れに身を任せよう。愛のために創造する人は、言葉では言い表せない人を引き付ける何かを放っている。それが「彼らにとってよいもの」を引き寄せる。

好きなことで創作にいそしんでいると、結果的にお金が入ってくる。お金は私たちが敷いた道の後についてくる。「○○をする！」と固く心に誓うと、そのために必要な財源が見つかる。全身全霊で関わろうとする意志が、必要なものを引き寄せるのだ。これは、あなたが親や学校から教えられた〝常識〟とは違うかもしれないが、厳然たるスピリチュアルな法則である。

お金は体系化されたエネルギーの形態である。私たちはYスペースを獲得するために、Xのお金が必要だとよく考えるが、実際に必要なのはスペースそのものだ。意志はお金というかたちで、またときに権利というかたちで、パワーを生み出す。アートは豊かさを生み出すが、その豊かさは多様なかたちを取る。キャッシュ・フローがすぐには増えなくても、チャンス・フローは増すだろう。人生を豊かにする偶然やシンクロニシティに遭遇することも増えるだろう。**受容性がすべての鍵であり、その鍵が宝箱を開ける。**

信仰は山をも動かす。アートを信念の行為とみなして専念すれば、道が明確になり、本当に山が動くことがわかりはじめる。「何か」に深く関わると、「どのようにして」

が引き寄せられるのだ。必要なお金は、いろいろなかたちで入ってくる。思いがけないボーナス、割のいいタイムリーなフリーの仕事、思わぬところからの遺産、マッチングファンド、企業からの奨学金など。自分の夢を叶えることにエネルギーを注いでいると、しばしば現金を投資してくれる人が現れる。

ある才能豊かなピアニストは、同郷の老夫婦から人柄と才能を見込まれて、一年間思わぬ経済的援助を受けた。不便な田舎に住んでいた若い俳優の卵は、オーディションを受けにいくための資金を提供され、合格して奨学金までもらえるようになった。自分の夢に真剣に取り組んでいると、思いやり深い何かが応えてくれる。偶然の一致も起こりはじめる。それはとりもなおさず、偉大なる創造主が私たちの創造的な探求に大きな関心を持っていることを示している。**アートとは全身全霊で関わることである。創造主は全身全霊で関わっているかどうかに興味を抱く。あなたが作品を生み出すのに充分な信念を示せば、創造主は関心を寄せ、応援してくれる。あらゆる手を使ってサポートしてくれるのだ。**

「自分が好きな曲」ではなく「仕事で頼まれた曲」をつくっていた作曲家が、自分自身のために祈りの曲をつくり、レコーディングした。彼はそれを瞑想《めいそう》のための音楽とみなし、「自分自身の精神性を磨ける」と考えた。友人の作曲家の家に招かれ、数日滞在していたときのこと。彼は友人のためにその短い曲を演奏した。すると、ドアのベルが鳴り、著名なレコード会社の重役が訪ねてきた。

「今のは何の曲ですか？」と重役は尋ねた。

「自分自身の思いを表現したくてつくった個人的な曲です」と彼は答えた。

「祈りってことですか？」

「そんな感じです」

「私はちょうど現代のスピリチュアル・ミュージックを手がける新しい部門のヘッドになったばかりなんです。さっき演奏していた曲でアルバムをつくりませんか？」

こうして些細《ささい》なレコーディングから、壮大な美しいアルバムが生まれた。それをきっかけに、その作曲家は新しい活路を見出した。大きな合唱団と仕事をはじめ、声楽のための曲をつくるようになったのだ。

「私はずっと合唱音楽が好きだったんです。スピリチュアルな価値を表現する現代の聖譚曲《オラトリオ》は、私にとって叶えられた祈りのようでした。それまで声に出せなかった祈りです」

自己表現における「自己」とは、単に限られた個人の声ではない。より高次の大きな力である「大いなる自己」の声でもあるのだ。私たちはそれの主体であると同時に客体でもある。

私たちは自らの創造性を表現するとき、偉大なる創造主が自らの聖なる性質と私たち自身の聖なる性質を探究し、表現し、広げるためのパイプとなる。私たちは鳴き鳥のようなものだ。誰かが一羽の本当の性質に声を与えるとそれは伝染し、すぐに他の鳥たちも歌いはじめる。言いたいことを表現しようとすると、それを聴きたいと思う人が必ず現れる。この法則は絶対的なものだ。

あなたは孤独の中で生きていないし、孤独の中で創造することもない。人はみな大きな全体の一部だ。「自分自身を表現する」と心に決めることは、「大いなる自己を表現する」と心に決めることでもある。

今週の課題　自分自身を表現する

番号を1から10まで振って、自分自身を表す肯定的な形容詞を一〇個挙げよう。私の例を挙げておく。

①創意に富む
②独創的
③ひょうきん
④よく働く
⑤ユーモアがある
⑥はっきりしている
⑦革新的
⑧寛大
⑨情熱的
⑩積極的

一〇の言葉を使い、あなたのユニークさを宣伝するキャッチコピーを書こう。こんなふうに。

「独創的でユーモアに溢れ、革新性に富むガイドです。私の鋭い洞察の数々を体験してください！」

この課題のポイントは「自分を変えること」ではなく、「自分を受け入れること」だと覚えておこう。もしあなたが情熱的な性格なら、情熱的なままでいてほしい。あなたの周りには「そんなに熱くならなくても」と冷笑する人がいるかもしれないが、世の中には情熱的であることを愛する人が必ずいる。あなたの場違いのユーモアがまじめな人たちを怒らせても、他の場所では拍手喝采を浴びることがある。よく指摘される自分の性格を否定せずに認めると、自分がどこで誰に評価されるかが正確にわかるようになる。

雪を見つめて静かに休む

窓の外には、美しい雪が静かに舞い降りている。リバーサイドパークの真っ黒な木々は線画のように見える。空は灰色に輝いている。温かいスープと編み物がよく似合う日。そう、魂を編み上げるのに最適な日だ。

私は普段、あわただしく過ごしている。だからこそ、常にせき立てる周囲の雑音を、雪が吸いとってくれるこんな日が慰めになる。この感覚は、ひどい風邪を引いて寝込んだとき、自分自身のペースを取り戻せたと感じるのに似ている。外の雪は小雪とは言えないが、吹雪ほどひどくはない。雪のひとひらひとひらが一定の速さで舞い降りてくる。まるで神が天空にある枕を揺らし、羽毛が降りそそいでいるかのように。雪が降りしきっていると、天がすごく身近に感じられる。

幼い少女だった頃、寝室の窓から車寄せに続く短い私道が見渡せた。車庫のてっぺんには照明がついていて、雪が降る日はベッドに横たわったまま、くるくる旋回しながら舞い降りてくる雪をずっと見ていたものだった。ときどき、雪はひらひらしたペチコートのように舞い上がることもあった。私はイリノイ州のリバティビルで育った。黄色い木と天然石でできた田舎の家で、小さな部屋と奇妙なコーナーがたくさんある、大き過ぎる山小屋のような住まい。想像力を膨らませるのには好都合の家だった。

私たちはすべて想像力の窓を必要とする。窓から雪を眺める場所や時間が欠かせない。雪が降り、黒々とした大ガラスが黒ずんだ枝を飛び回っている日は、エドガー・アラン・ポーが一世紀半前、ここからそう離れていない場所で同じ雪と黒い鳥を見て

『大鴉《おおがらす》』を書いた気持ちがわかるような気がする。

アーティストたちは窓から外を眺め、長い間、自分自身の魂を覗《のぞ》き込んできた。「外を眺める」ことには、「内を覗き込む」ことを可能にする何かがあるのだ。私たちはそれを忘れてしまっている。ちょっとペースダウンすれば、誰だって自分自身にも周りの世界にも優しく接することができる。それなのに、なぜ身構え、厳しい困難な世界に立ち向かうのだろう？

私たちはじっくり考える代わりに心配し、深く考える代わりに焦る。フットボールのチームでさえタイムアウトをとるのに、アーティストである私たちは休もうとしない。したいことが山ほどあるのに、そんな時間はないと感じるのだ。「休符（rest）」は連なる音符の間に差し込まれた「休み」を表す音楽用語である。休みがないと、音符の流れは聞く者を圧倒してしまうかもしれない。私たちの人生も同じだ。

私の友人の一人に名声を極めた音楽家がいる。彼は二つの大学で音楽を教え、世界中を飛び回っている。パイプオルガンのように荘厳な美しさを持つ彼の声は、ときどき憔悴《しょうすい》し切っているように聞こえる。彼は体力があるし、心も強い。だが、その強靭《きょうじん》さが弱点になっている。彼は休むことを忘れているのだ。

エゴは休息を嫌う。「エゴは神や眠りに、心労というもつれた糸を直してもらいたくないのだ」と、シェークスピアはマクベスに言わせている。エゴはすべてを自分でしたがる。しかし、**アーティストはエゴではなく魂に仕えなければならない。魂は休息を必要とする。**

魂は、驚きに満ちた世界に通じる窓を見つけるのを、助けてくれる。あなたはイマジネーションの中で跳ね上げ戸を開け、あまりにも閉塞感に満ちた生活に、より大きな世界の息吹をとり込める場所を突き止めなければならない。イマジネーションの窓は、あちこちにある。近所の図書館の上のほうにある小さな隙間に見つかるかもしれない。屋根の垂木《たるき》とほこりにまみれた背の高い学術書の間にまぎれていることもあるだろう。また、東洋の絨毯《じゅうたん》を売っている店で、イマジネーションがペルシャ絨毯の上に乗って、過ぎ去った過去に運ばれていくのを感じるかもしれない。時計屋で、チクタク時を刻む大時計や鳩《はと》時計に囲まれていると、時を超越した気分になるのはなんとも皮肉なことである。

アリソンは園芸用品店に行くと、必ずイマジネーションをかき立てられた。湿気のあるジャングルのような温室の空気、燃えるように輝く花の色の何かが彼女を特別な世界に誘うのだ。キャロライナは古着屋が好きだった。年代物のフロックコートに手を触れると、優しい世界に連れていかれる気がした。ヴィンテージのモデルカーは、デヴィッドの内にいる〝少年冒険家〟に火をつけた。美しい大型の昆虫に似た流線型のつややかな外観。ミニカーをショーケースの上で走らせるだけで、デヴィッドの内なるアーティストはワクワクする。

イマジネーションは直線的ではなく、通常の時空間を踏み越える。ヴィンテージの映画ポスターの世界にマイケルがスリルを感じるのはそのためだ。ロレインがシカゴ・ループにある多層階の大型織物店やグリーク・タウンの近くにあるさらに大きな織物店を訪ねるのが好きなのも同じ理由からだ。「私、何でもつくれるの」と彼女は目を輝かせる。仕事の服には濃紺のギャバジンを選ぶ一方で、さらさらの琥珀《こはく》織の布に触れ、世紀の変わり目に催されるティー・ダンスで自作のドレスを着た自分を想像するのだ。

安心と休息は、人それぞれにさまざまなかたちでもたらされる。私の子どもの頃からの友だちであるカロリーナは、白くて長いアンティークのナイトガウンを送ってくれた。それを見ると私はとても大切にされていると感じる。私はまた、パイを焼くと安心する――パイを焼くのはわが家の女性たちの伝統なのだ。もう一つの家族の伝統である野菜スープづくりも、仕事に追いまくられ、都会ずれしたてんてこ舞いの私の魂をなだめてくれる。母のドロシーは神経が高ぶるとピアノを弾いて、魂を落ち着かせる。

ジーンは思ってもみなかった離婚の苦しみの中で、お金に困って生活苦になるという恐れと焦燥にかられている自分に気づいた。なすべきことをすべてやるにはもっと時間が必要だと感じてもいた。それを見た年上の友人は、ジーンのかつての趣味、刺《し》繍《しゅう》の一種であるニードルポイントを再開することが、彼女の心を鎮め、創造の源に触れさせる役に立つのではないかと提案した。ひと針ひと針布を刺すことで、ジーンはハートと人生を修復しはじめた。**ペースダウンすることが、回復を加速させた**のだ。

私は今、白いレースのカーテンのかかった窓から雪を眺めながら、手動のタイプライターを打っている。白いレースは私の母が雪に抱いていた愛を思い出させる。おそらく、だだっ広い畑に囲まれた木造の農家で育ったせいだろう。母は雪の日が大好きだった。雪は魔法のように風景を変えた。晴れた日には一〇マイルも先の赤い小屋やサイロが見えるのだが、雪が降ると、何も見えなくなった。そのため、私たちはイマジネーションの中で、大きな葉っぱをつけた楓《かえで》やオークの木を伐採《ばっさい》する前に存在していたに違いない魅惑的な土地に連れ戻された。冬になると母は私たちをダイニング・テーブルの周りに座らせ、白くて固い紙で雪片をつくるやり方を教えてくれた。その紙の雪を窓にテープで貼り、暗くて短い冬の日々に雪を楽しんだ。休息を取ることを思い出させる雪は、今は安らかに休んでいる母のことを思い出させる。

マンハッタンでの日曜日、私はミュージカル仲間のエマ・ライブリーと共に、小さな教会に赴くことがある。「神は岩、神は港、神は安息の地、神は神聖な場所、神は砦《とりで》」。

しかし、何よりも神は休息と安心の場所なのである。

今週の課題　何もしない

一五分間、まったく何もしないでいてもらいたい。まず、心が鎮まり、広がっていくような音楽をかける。次に横になり、背筋を伸ばして腕を楽にし、イマジネーションがあなたに語りかけるままにさせる。目を閉じ、思考に身を任せる。過去や未来、忙しいためにまだ完全には味わえないでいる現在、思考があなたをどこに導こうが、ついていこう。音楽とゆっくりと流れる思考の囁《ささや》きを聴き、単純な言葉を自分自身に優しく繰り返す。「私は満ち足りている……私は満ち足りている……」。「もっと……になろうとする」のをやめ、あるがままの自分を認めよう。

……………………

チェック・イン

①今週は何日モーニング・ページをしましたか？　やらなかった日があるとすれば、それはなぜですか？　モーニング・ページをするのはあなたにとってどんな経験ですか？　今までより明晰《めいせき》になっていますか？　広範な感情を味わっていますか？　以前より目的意識が鮮明になりましたか？　心の落ち着きが増し、何があってもゆったりとしていられるようになりましたか？　何かに驚かされましたか？　解決を求める何度も繰り返される問題がありますか？

②今週、アーティスト・デートをしましたか？　幸福感が増したことに気がつきましたか？　あなたは何をし、どう感じましたか？　アーティスト・デー

トがなかなかできないなら、「さあ、出かけよう」と自分を強く促すことも必要です。

③ウィークリー・ウォークに出かけましたか？　どんな感じでしたか？　どんな感情、どんな気づきが浮かび上がってきましたか？　一回だけでなくもっと歩くことができましたか？　ウォーキングは楽観的になったり、視野を広げたりすることにどう影響しましたか？

④今週、自己発見に関して重要だと感じることが他に何かあれば、ノートに書き出してください。

第２週 調和の感覚を発見する

今週は自己認識のプロセスを推し進めます。自分が今生きている場所の境界や限界を設定し直せば、本来の自分に近づきます。本来の自分を取り戻そうとすると、身近な人たちの抵抗にあうことがあります。今週は困難や非難に直面しても、揺るがない自分の感覚を強化することを目指します。

隠されたアイデンティティ

私たちはみんな創造的である。一部の人はまねをすることによって、自分が創造的であることを知るが、ほとんどの場合、自分がいかに創造的であるかを知るのに、人まねをする必要はない。「創造することで食べていくつもりだ」と言うと、たいていはもっと堅実な職業に就いたほうがいいというアドバイスを受ける。もし「銀行に勤めることに興味がある」と言ったら同じようなアドバイスを受けるだろうか?

私たちは、人間として、またアーティストとして、今あるがままの存在である。けれども私たちは、**何かに映し出された自分の大きさを見て、本来の自分に「成る」存在でもある。**ディズニー映画の『シンデレラ』には、ドレスを身にまとった自分の姿を生まれて初めて見て、シンデレラが自分の美しさに気づくシーンがある。それは若者が初めて軍服を着たとき、軍人になるのに似ている。鏡が、「そうなの、私たちが夢見るもの、それが私たちなの」と言って返すとき、魔法のスイッチがクリックされるのだ。

しかし、そんな魔法の鏡に出会うことはめったにないし、変容する機会に恵まれることもない。夢を現実に変えてくれる魔法の杖《つえ》もない。グリム童話の『ルンペルシュティルツヒェン』のように、アーティストは自分が何をしているかを頻繁に名乗る必要がある。「私はアーティストです」「私は映画製作者です」「私は作曲家です」「私は画家です」「私は彫刻家です」「私は俳優です」など。ともすれば、世間の人がまだ知らない職業の名前を言わなければならないこともある。しかも、まだ実績のないアーティストは周囲から胡散《うさん》臭い目で見られることが多い。そうしたアーティストのアイデンティティは、非現実的とも言えるやみくもな〝内なる確信〟と結びついている。駆け出しの作曲家、作家、画家はやむにやまれぬ〝内なる衝動〟によって創作に励むのだ。

アーティストである私たちは、しばしば「みにくいアヒルの子」の境遇に置かれる。家族から「この子は変わっている」と見られ、自分自身もそうだと思うようになる。もちろん家族が支えてくれることもあるが、稀《まれ》なケースだ。創造したい、自己を表現したいという願望は、多くの場合、「自分を何様だと思っているの?」という言葉で迎えられる。私はこれを「ビックリハウスでの成長」と呼んでいる。そこでは魂の志が、わがままで非現実的に見える歪《ゆが》んだかたちで映し出される。「そんな夢など分不相応だ」というわけだ。周囲の決めつけに対して、返す言葉は見つからない。私たちの多くは、「○○ならできると思う」ぐらいしか言えない。自分を理解できない人たちや、見たままを認めない人たちに囲まれていると、自己像がぼやけてくる。その結果、私たちは自信喪失に陥る。「アーティストになるなんて馬鹿げた考えだし、やめたほうがいい」と思いはじめる。一部では「自分は周りの人たちが思う以上の存在だ」

と知っていながら、他の部分では、「自分は自分が思うほどたいした存在ではない」と恐れる。この葛藤はとてつもない苦痛だ。

ほとんどの人にとって、自分がアーティストだと宣言することは、「カミングアウト」のプロセスである。「自分を○○だと思うと、しっくりくる。そうだ、やっぱり私は○○なのだ」と感じるのだ。どんなカミングアウトもそうであるように動揺を伴うだろう。

さらに、自分勝手な思い込みから、自分の才能に蓋をしてしまうことがある。「あなたには素晴らしい音楽の才能がある」とジュリアスはいつも言われていた。しかし彼は耳を貸さなかった。音楽の才能があるのは、コンサートピアニストの兄やオペラを歌う妹だと思い込んでいたからだ。「僕は単なる鑑賞者。誰にだって聴衆が必要なのさ」とよく彼は言っていた。

丸々二〇年間、「音楽の才能がある」という言葉はジュリアスの耳には届かなかった。彼は作詞家の友人たちを助けるためにいくつも詞を書いた。「君は本当に音楽を聴く耳を持っているよ」と彼らに言われても無視しつづけた。だが、彼の音楽的才能を示す証拠は徐々に溜《た》まっていった。音楽一家として知られる彼の家族のことを誰も知らない異国の地を旅することが、作曲をしはじめるきっかけになったのは不思議な縁である。夏のヨーロッパでのバケーションが音楽への探検の旅になったのだ。

「空気中に確かに音楽が漂っていました。いたるところに」とジュリアスはその頃を振り返って言う。家族の役割から解放されたジュリアスは自分の「調べ」をメモに書き留め、ハミングして録音し、らくがき帳にざっと書き下ろしはじめた。彼は自分のことを作曲家とも、作詞家とも、ミュージシャンとも呼ばなかった。幸せ者と呼んだのだ。「多少は音楽の才があるかもしれない」と最終的に認めた。それ以来、曲を書き、音楽をつくることを少しずつ学んでいる。この本を書いているとき、彼はピアノのレッスンをはじめたばかりだった。「これだけ才能があれば、もっと伸びるでしょう」と先生に言われても、彼はもう反発しない。感謝の言葉だけを述べて、新たに認められた音楽の才能を開花させる道を探りつづけている。

ビリービング・ミラーを見つける

アーティストは正体を覆い隠すような環境の中にしばしば生まれてくる。自分の正体を悟る瞬間は、おとぎ話によく出てくるシーンに似ている。自分だとは知らない生き物がひび割れた鏡に映っているのを垣間見るのだ。「俺を理解してもいないくせに、知ったふうなことを言うな」というフレーズがぴったり収まるのはこういうときだ。「これがお前なんだよ」と言うのは往々にして年長のアーティストである。

私たちは、自分を正確に映し出す鏡「ビリービング・ミラー（believing mirror）」を必要としている。ビリービング・ミラーは私たちを創造的で有能な人物として映し出す。ありえないことではなく、ありうることを映し出すのだ。見込みがないものは映し出さない。鏡の魔法を支えているのは、**他人に左右されず、あるがままにものを見る目を持った人たち**である。

私はまだ駆け出しのアーティストだった二一歳の頃、経験豊かな著作権エージェント、スターリング・ロードに採用された。同じ年、後にピュリッツァー賞を獲得したウィリアム・マクファーソンに雇われ、彼のためにワシントン・ポスト紙に記事を書くようになった。彼らは私の中に何かを見つけたのだ。すべてのアーティストは私が今話したことと同じような話をする。年配のアーティストがどういうわけか自分に賭けてくれた、応援してくれたと言うのだ。

私たちアーティストはしばしば年上のアーティストに助けられる。ある不幸なバイオリニストは年上の作曲家と出会い、「君は編曲の仕事に向いているかもしれない」とアドバイスされる。その後、編曲の仕事をはじめ、成功する。歌の教師は若いピアニストに「歌うのではなく、奏でなさい」と忠告する。ある農家の妻は写真店のオーナーに「あなたには素晴らしい目が備わっている。本物のカメラを持ったらどんなに素晴らしい写真を撮ることか」と言われ、「カメラマンになれ」と勧められたように感じる。その言葉を内に秘めたまま、適切な励ましにたびたびあうと、カメラマンが現実のものになっていくのだ。

励ましは、ときに思いがけないところからやってくる。たとえば、近所の人や画材屋の店員や年老いたおばなどが通りすがりに興味を示してくる。関心のある分野の雑誌の記事や本に出会ったり、ラジオのトーク番組を聞いたり、ＤＶＤやインターネットのサイトに出会ったりすることもある。

私たちはまた**「インナー・サポート」と私が呼んでいる現象**を経験する。外部からのサポートがないのに、「自分は○○になることになっている」「自分は○○することになっている」「自分は○○にトライすることになっている」という思いがしつこく浮かんでくる現象である。

リチャード・ロジャースは医師の父とやはり医学の世界に入った兄のいる家庭で育った。彼の夢はブロードウェイで作曲することだった。家族にも応援したい気持ちはあったが、どんな方法でサポートしていいのかわからなかった。ロジャースはジェローム・カーンのミュージカルへ行ったとき、自分は作曲家になるべき運命にあることを知ったという。しかし、どうすれば作曲家になれるのか皆目わからなかった。彼は普通高校へ通いはじめるが、自分の興味を満たせず、ジュリアード音楽院の前身の学校へ入り直した。その学校でブロードウェイを目指す作曲家になりたいと思っていたのは彼だけだった。

「みんなとても親切でね」とロジャースは当時を振り返る。クラシックの音楽家を目指すクラスメートたちは親しみをこめた好奇の目で彼を見た。音楽を愛しているという点では同じだったが目指すところが違うので、クラスメートや兄弟の友人、家族の友人の手を借りながら、結局は自分の力で道を切り開いていかなければならなかった。道しるべは何もなかった。『ただやる』という方法で道を見出していったんだ」と後年、彼は語った。**「ただやる」という内的な衝動がアーティストの羅針盤なのだ。**

アーティストは自分で地図を作製することはあっても、地図を見出すことはめったにない。アーティストの仕事は、銀行マンの仕事のように階段を一段ずつ上っていく直線的でわかりやすいものではない。**アートも、アーティストの人生も決してまっすぐな道ではない。定められたルートなどないのだ。**

たとえば小説家は、A地点からB地点を経てC地点まで行けばなれるというものではない。小説家になるきっかけはいろいろなところに転がっている。小説家になる人も、学校の教師やジャーナリストや普通の主婦など、さまざまな人たちである。作曲家にしても、音楽学校に行けば必ずなれるかというとそうではない。音楽学校に行けば、素晴らしい理論家、熱烈な構造主義者、見識のある批評家になれるかもしれないが、作曲家になれるかどうかは怪しい。作曲家は音楽そのものによってつくり出されるのだ。

アイデンティティがシフトする苦しい時期、私たちは絶望に駆られて「自分が何者なのかわからない」と口走ったりする。それは当たっている。私たちは、自分の中にまだ一度も語られていない部分、まだ一度もその声を聞かされていない部分があるということを正しくも感じているのだ。私たちは自分が思っているよりずっと多様性に満ち、豊かで力強く、高尚な存在だ。

アーティストとはそういうものだ。画家はイライラと退屈さから陶芸家になり、思いもよらなかった自分の情熱を発見する。俳優は映画監督になり、作家は演技をするようになる。何も予測できない。ただ後で懐かしく思い出してみると、運命の足跡がはっきりと見て取れる。「これこそ私がやることになっていたものなのだ」と。進んで耳を傾けるようになると、「静かな小さい声」が大きくなっていくような気がするのは、創造的な人生の神秘的な幸福の一つだ。人生の織物は縦糸と横糸が複雑に絡み合っており、オマハで祈る声はマンハッタンで祈られた声と同じようにはっきりと聞こえてくる。**「本来の自分になるのを助けてください」と祈れば、そうなるのである。**

作曲家であり作詞家でもあるコール・ポーターはインディアナ出身だ。インディアナは、今でこそ素晴らしい音楽学校があるが、かつては音楽のメッカではなかった。彼の記憶に残っているのは、中流階級化した母親の励ましの言葉だけだった。のちに「ビギン・ザ・ビギン」をつくる彼は、生まれながらの音楽家だった。一曲もつくらないうちから彼はそれを知っていた。ハートの声を聞いていたからだ。

アートはハートの中で芽生える。私たちはハートの願いに注意深く耳を傾けることによって、夢に見ていた作品をつくることに導かれ、夢が現実となる。だから、映画『フィールド・オブ・ドリームス』に登場する農夫のように、どんな夢であろうと実現されると信じなければならない。

夢は人それぞれに異なる。ある人にとっては、配偶者や尊敬している隣人に認められることかもしれない。留学の奨学金をもらうことを夢見ている人もいるだろうし、自分の写真集が出版されることを夢見ている人もいるだろう。またクリスマスのミサでソロで歌うことを夢見ている人もいるかもしれない。

アーティスト自身が開花しなければ、決してアートの花は咲かない。これがスピリチュアルな法則だ。私たちは野バラのように、ネブラスカの道端で見出されるかもしれない。風雨で傷んだ田舎の家の壁に優雅なつたを這《は》わせ、漂っているかもしれない。アートはアートを引き寄せる。一人が「私はアーティストです」と言えば、周りの人もアーティストだと名乗り出る。「あなたがアーティストであることはずっと前からわかっていた」と言う人もいるだろうし、「実は私もそうなの」と打ち明ける人もいるだろう。

私たちアーティストは神秘家と同じように、さまざまな声を聴く。創作に関するガイダンスを求めているときはとくにそうだ。ガイダンスの声に従うと、内的欲求と外部の出来事が偶然にかみ合うシンクロニシティをたびたび経験する。**自分の進むべき道をいやおうなく知らされるのだ。**真のアイデンティティとは何なのかを真剣に問えば問うほど、ガイダンスは明確になり揺るぎないものになっていく。

まだ若く、駆け出しのライターだった頃、私は生活のためにベビーシッターもしていた。高校時代の仲間から電話があり、ワシントン・ポスト紙の公開質問状の仕事をする気はないかと尋ねてきた。私は面接に行った。「自分がライターだとは思わないで欲しい」と面接官は陰気な感じで警告した。「私はライターです。ジャーナリストだなんて思わないでください」と私は応じた。私は彼に雇われた。私たちはどちらも正しかった。私は彼に代わって、ワシントン・ポスト紙のアート部門を担当し、第一線のジャーナリストに上りつめた。

「常にガイダンスを信じろ」と言っているのではない。ただガイダンスは存在するということ。私たちが偉大なる創造主によってつくられているということは、私たち自身が創造的であるよう意図されているということだ。その意図に協力しようとすると、あらゆるスピリチュアルな道が語る「静かで小さな声」が以前にもまして現実味を帯びるようになる。**自分の内側へと入っていくと、そこには「ある人」ないし「あるもの」が存在しており、私たちのアイデンティティについて黙ってはいないのだ。**

私たちは言ってみれば、大いなる創造主によって造られた〝作品〟である。自己表現とは私たちの内部で働いている神の力を表現することにほかならない。多くのアーティストの物語が神秘的な偶然の一致や「虫の知らせ」に満ちているのはそのためだ。アートはもっとも純粋な祈りの形態だと言えるかもしれない。創作はまさに「創造主」へといたる道なのだ。

今週の課題 自分のアイデンティティを突き止める

できるだけ素早く空白を埋め、以下の質問に答えてもらいたい。

①小さいとき、大きくなったら［　　　］になりたいと夢見ていた。
②子どもの頃、どんな創作活動への興味が奨励されましたか？［　　　］
③子どもの頃、どんな創作活動への興味が抑えられましたか？［　　　］

④もっと激励されていたとしたら、私はたぶん□を試していただろう。

⑤自分の才能を見出してくれた先生は□である。

⑥自分の才能を見出してくれた子どもの頃の友人は□である。

⑦もしもう一度人生をやり直せるとしたら、早くから挑戦してみたい創作活動は
□だ。

⑧今の人生ではもう遅すぎると思っているのは□の理由からだ。

⑨子どもの頃好きだったことで今の自分にできることは□だ。

⑩この夢に向かって、まずは□に取り組む。

このような質問に答えようとすると、寂しさを感じる人が多い。課題が終わったら、一時間まるまる予定をとって、大人の自分をウォーキングというささやかなアドベンチャーに連れていってもらいたい。その最中に、いろいろな感情、直観、洞察が湧き上がってきても、驚かないこと。あなたの中のアーティストは長い間、あなたと話す機会を待っていたのだから。

「自分の全体」のサイズを知る

創造性を伸ばすとき、極めて重要な問題は自分自身をどう正確に把握するかである。**今現在の自分の大きさがわからなければ、この先どのくらい大きくなれるかをどうやって知りえよう。**私たちは頭でっかちであることや、傲慢であることを恐れて、「ありのままの自分を制限しすぎているのではないだろうか?」と自問することはめったにない。自分が拡大していくのは恐ろしいことでもある。成長することに違和感を覚えたり、「間違っている」と感じたりすることがありうるのだ。

象を説明しろと言われた、目が不自由な三人の物語を知っているだろうか。一人の男は象の鼻を触って、「象とは細長く、蛇のようにくねくねしたものだ」と言った。もう一人の男は足を触って「象は丸くがっちりしていて、大木のようだ」と言った。三人目の男は象の胴体を触って「象は壁のようだ」と言った。

この逸話の要点は、人は自らの経験に照らして、物事をごく狭い観点からとらえることがあるということと、部分をすべて足し合わせたものは、どの部分よりも大きくなるということである。

私たちはアーティストとして、この象のような立場に置かれることがたびたびある。不思議の国のキノコを食べたアリスのように幻覚にとらわれ、サイズが変わってしまう経験をする。**ある日は、自分がとても大きく能力のある存在だと感じる。次の日には、前日の大きなサイズは誇大妄想にすぎず、本当はもっと小さく不安な存在なのだと感じる。**サイズが変化するたびに、痛みが増していく。それはアイデンティティの危機による痛みである。祈っても無駄だと感じ、神自身が私たちの新しいアイデンティティをつくり出しているように思われる。その痛みが消えるように祈れば祈るほど、それは強くなっていく。

作家になって二五年たった四五歳のとき、私は突然メロディーを聴きはじめた。小さなチャペルが大きなオルガンの音で満たされるように、私は音楽で満たされた。恐ろしかった。自分は「作家」だとばかり思っていたからだ。自分の大きさが変わるとき、私たちは「いったい私はどんな存在なのだろう?」といぶかりはじめる。そして周りの人に助けを求めるが、往々にしてトラブルの元となる。友人たちはあなたの一部、象でいえば鼻の部分や尻尾しか知らない。要するに、友人たちが映し返してくれるのは、それぞれの人が快適に感じているあなたの一部分や見てすぐわかる部分だけなのだ。そのようにして、私たちはうかつにも矮小化《わいしょう》され、断片化される。そのためアイデンティティがシフトするとき、しばしば「こなごなに打ち砕かれる」かのように感じる。というのも、**自分の全体像を鮮明に見るのを助けてくれる人はそうざらにはいない**からだ。

当然ながら友人たちは、各自に見えるあなたのイメージを強化したがる。脅威をもたらす存在になって欲しくないのだ。言い換えれば大きくなったあなたを見て、「自分はつまらない小さな人間だ、自分には価値がない」と思ったりしたくはない。

とはいえ、友人がみな競争心に駆られていると言いたいのではない。あなたを特定の方法で見ること、たとえば、映画監督ではなく脚本家として見ることに慣れているということにすぎない。そのように見ることで自分自身をあなたに関係づけることが習慣になっているだけだ。

あなたが大きな存在になりはじめると、あなたと友人の両方を脅かす可能性がある。友人たちは見捨てられるのではないかと心配する。あなたは自分が偉ぶって見えるのではないかと心配する。「本当のところ、私は象かもしれないと思うんだ。自分で考えているよりずっと大きな存在かもしれないと。でも心配しなくていい。象は義理堅い生き物だからね」と自分自身や他人に向かって言うのは非常に難しい。

これまで知らなかった創造的な自分が新たに浮かび上がってきても、私たちはそれから目を逸らす場合が多い。ダンボのように、新たに発見した素晴らしい耳を恥じるよう仕向けられるからだ。

友人の中には、大きくなろうとすると、以前の大きさに引き戻そうとする者さえいる。彼らはあなたに対する考え方を何度も変える。あなたのほうからそうした友人に電話することもあるだろう。「あなたは完璧な劇作家なのに、なぜ映画の脚本家になろうなんて思うの?」と言ってもらいたいのだ。友だちに反対してもらうことで、以前の心地よいサイズに戻りたいと思うのだ。問題は、**あなたはもはや以前のようなサイズではないし、以前のようなかたちもしていない**ということである。

突然作曲をはじめたとき、私は自分がおかしくなったのではないかと思った。友人の多くもそう考えた。私はもう以前のジュリアではなかった。作曲するには、文章を書くのとは異なる才能を必要とする。「あなたは作家よ」と友だちの一人は嘆き悲しんだ。

だが、作曲家の新しい友人は「君にはメロディーをつくる才能がある」と言ってくれた。新たに生まれてくる創造性にまつわるアイデンティティを信じつづけるのは難しい。友人以上に自分自身が、おかしなことをしているのではないかと怖くなるかもしれない。新しい才能は本物であるとは思えないことがよくある。「ただいい気になっているだけじゃないのか？」と自分を責めたくなることもある。とくに、新しい才能が長年考えてみたこともないものだった場合には、自分の行動が正気ではないと感じられるかもしれない。しかし、**自分が常軌を逸しているように見えるとき、私たちは往々にしてもっとも正気なのだ**。

ミケランジェロが天井近くで仰向けになって仕事をする姿は極めて奇妙に見えた。汗と石膏と絵具で目に痛みを覚えていたミケランジェロ本人でさえ、傑作を描くのをいつも楽しんでいたわけではなかった。身体を足場に縛り付けられたミケランジェロは、不自然な姿勢で絵を描くために腕は疲れるし、「私はいったい何をしているのだろう？」と疑問に感じたかもしれない。

「いったい全体、自分は何をしているのだろう？」

「私は本当のところ、何者なのだろう？」

これこそ私たちが知ろうとしていることだ。人に聞くのも一つの方法である。年配のアーティストや経験を積んだアーティストは、「もちろん、あなたは俳優ですよ」「もちろんあなたは作家ですよ」と言ってくれることがある。彼らは私たちのアイデンティティを嗅ぎ分けることができる。自分自身のアイデンティティと共鳴するからである。彼らはさなぎに入った赤ん坊の象を見たのだ。私たちは自分が何者なのか知らないかもしれないが、彼らにはそれがわかる。

私の周りには、私をごく普通に音楽家とみなす音楽家の数が増えている。二つのミュージカルの仕事を一緒に手がけた友人は、私が本も書くということを二年間も知らなかった。突然新しい才能が現れてきたら、次のことを覚えておいてもらいたい。象が長期の記憶を持っているなら、寿命も長いはずだ。一回の人生であなたはさまざまな芸術的才能を花開かせるかもしれない。

ネルソン・マンデラは「自分の光を隠すこと、自分を小さく見せようとすることは誰のためにもならない」と語った。しかし私たちはそれを謙虚と呼び、小さな自分を演じ、現状にとどまろうとする。自分の中の創造的なパワーが拡大するよう促すと縮こまり、本当はそうでないのに「このほうが快適だ」と言う。

私たちはスピリチュアルな存在であり、魂が大きく育つときは一緒に成長しなければならない。過去の自分に安楽にとどまってはいられない。偉大なる創造主が創造を通して探求し、拡大しているときは協力しなければならない。さもないと精神のバランスが崩れてしまうだろう。それがスピリチュアルな法則だ。

小さくふるまおうとすることはできる。しかし、宇宙が私たちのために大きな計画を持っているなら、それに抗《あらが》うより協力したほうがよい。創造性は神だけではなく、私たち自身の本質なのだ。私たちが本来の大きさになることに身を委ねれば、素晴らしい出来事が次々に起こってくる。ある意味、大いなる創造主が私たちをどの大きさにするかは、私たちのあずかり知ることではない。私たちはアーティストとして活動する。私たちは大いなる創造主の芸術作品なのである。だから、余計な手出しをするべきではない。

今週の課題　自分のサイズを変える

あなたにはすでに素晴らしい実績があるかもしれない。責任あるきつい仕事を抱え、豊富なキャリアを持っているかもしれない。それでも自分自身の夢を考える段になると、突然謙虚になり、自分の夢が大きすぎて、とても実現するとは思えなくなる。達成する能力が自分にあるかどうかを疑う。次に紹介するクイズを、疑いの気持ちを少なくするためにやってみよう。

---

①もし自分で認めることができるなら、私には＿＿＿＿する秘密の才能があると思う。

②もし怖くなかったら、自分に＿＿＿＿をやってみるように言うだろう。

③自分自身の親友として、自分が＿＿＿＿をやろうとしているのを見たら、絶対に応援するだろう。

④私が受けた称賛であまりにも立派すぎて本当とは思えなかったのは＿＿＿＿だ。

⑤もしその称賛に従って行動するなら、＿＿＿＿を自分にやらせたい。

⑥私の秘密のアイデンティティを一番応援してくれる人は＿＿＿＿だ。

⑦私の夢を話さないようにすべき人は＿＿＿＿だ。

⑧自分の夢に向かって踏み出せる現実的でもっとも小さいステップは＿＿＿＿だ。
⑨自分の夢に向かっていくための最大のステップは＿＿＿＿だ。
⑩自分にとって正しいと感じられるステップは＿＿＿＿だ。

私たちはときに、人生の出来事に圧倒される。人の欲求や期待、自分自身の過剰な責任感によって押しつぶされる。そんなとき、完全に道を見失ったかのように感じ、ヘンゼルとグレーテルのように、人生の暗い森の中をさまよっているような気になる。「私はどこにいるの？　私は誰？」と疑問に駆られ、苦悩し、しばしば怒りすら覚える。

そんなときは**「願望リスト」**をつくろう。**自分が何者であるかを思い出し、アイデンティティを強化するために小さな具体的な行動を起こす手助けとなる。**

「願望リスト」をつくるには、紙に1から20まで番号を振り、「〇〇したい（I wish）」というフレーズを素早く完成させる。あなたの願望は大きなものから小さなものまで、自分でできる単純な楽しみから大きな人生の望みにいたるまで、多岐にわたるだろう。このツールでいくつかの小さな実行可能なステップがわかる。さらに重要なのは、願望が明確になることで、自分の立ち位置がはっきりすることだろう。

…………………………………………

①もっと健康になりたい。
②自分にぴったりの香水を手に入れたい。
③娘に会いたい。
④部下に遅刻せず出社してもらいたい。もし遅れる場合は、少なくとも電話連絡が欲しい。
⑤ウォーキング用の素敵なウェアを手に入れたい。

…………………………………………

それぞれの「願望」はしばしばちょっとした行動をほのめかす。たとえば……

…………………………………………

①健康になる――ウォーキングの回数を増やす。病院に行く。骨密度テストの結果をチェックする。
②香水――デパートへ行っていくつかの香水を試してみる。
③娘――具体的に娘を訪問する予定を立てる。娘に電話をかけ、「実際に」招待する。

…………………………………………

ただ娘を恋しく思っているだけで、何もしないでいては何も起こらない。

④部下——定時に出社しない部下に電話をかけ、現在の居場所といつ来るかを確認する。

⑤ウェア——買い物が嫌いでも探しに行く。近くに裁縫のできる人を探す。

…………………………

願望リストは、「楽観主義を取り戻すには、具体的な行動をすべきだ」と教えてくれる。自分のために行動する習慣がつくと、人の要求にあまり振り回されなくなる。

知識を「具体化」するためには、文字通り身体に入り込まなければならない。右記の願望リストで得られた情報をもう一度振り返ってみてもらいたい。そして、イマジネーションの中で、自分自身が新しいより大きなアイデンティティに入るのを許してあげよう。**私たちがより大きな自己に快適に住む術《すべ》を最初に学ぶのはイマジネーションを通してなのだ。**

「自分の道」はコントロールできない

アーティストの人生は直線的ではない。それなのに私たちはそれを忘れてしまっている。人生の「計画を立てようと」したり、キャリアの「計画を立てようと」したりする。あたかもそれが可能であるかのように。私たちはまた、自分の成長の「計画を立てようと」する。

「自分の道をコントロールできる」という考えは、広告や本、コントロールできないものをコントロールする術を学ぶことができると吹聴する専門家によって押し付けられる。「力をつけよ！」と雑誌の見出しは高らかに喧伝《けんでん》する。セミナーや健康のための会議も、幻想でしかないゴールを約束し、期待させる。

しかし、アーティストとしての人生は、技をマスターすることだけではなく「神秘」に関わっている。**成功するためには、外にいるリーダーではなく、自分自身の内なるリーダー、すなわち昔からアーティストたちが認めてきた「インスピレーション」に従う方法を習得しなければならない。**「何か」が私たちに作品をつくるように告げるのだから、その「何か」を信頼する必要がある。

私たちは、自分が本当のところ、どこに向かっているのかわからない。また、宇宙が私たちのために何らかのプラン――私たちが気に入るかもしれない何らかの価値のあるプラン――を持っているとは信じられない。それゆえイマジネーションは、籠の中に閉じ込められた鳥のように、私たちを取り巻く環境という籠の中を死に物狂いで飛び回りはじめる。**私たちは自由を欲し、やがては手に入れるだろうが、地に足をつけたまま徐々に手に入れる必要がある。**

一方で、「自分はもう成功している」とつぶやく人もいるかもしれない。何年もの時間と膨大なエネルギーを費やし、トップにまで上りつめたものの、不安になり、「もはやこんな人生は自分には合わない。新しい人生を探さなければ」という思いに駆られている人もいるだろう。仕事の重圧に「何もかも放り出したい」誘惑に駆られ、南フランスや北アフリカに逃亡することを夢見る人もいるだろう。「もし仕事を辞めたら、二度と○○をする必要がない。なんて素敵なんだろう！」と考える人もいるだろう。今の職業は完璧な天職かもしれないし、違うかもしれない。少なくとも、これまでの人生で築き上げてきたものを完全に壊さない限り、どのように変えたらいいのかはわからない。

準備ができたとき、変容が起こるというのがスピリチュアルな法則である。私たちは誰しも、偉大な創造のエネルギーのパイプである。「個性的でありたい」という憧れは、単なる向こうみずなエゴの願望ではない。新しい表現の場を模索する創造的なエネルギーへの的確な反応なのである。私たちはみんな創造主であると同時に被造物でもあるのだ。

「すべて自分の思い通りにコントロールしたい」というエゴの欲求を手放すと、偉大なる創造主が方向性を示しはじめる。たとえば、ヨガをやってみようと思うと、郵便物の中にヨガ教室のチラシを見つける。フランスへの興味をつのらせ、「でもフランスに行くと太るわ」と思ったとたん、ヨーロッパ自転車旅行の広告を見つける。願いごとや夢や目標を明確にすると、どういうわけか情報、人、チャンスが引き寄せられてくるという不思議な感覚を味わうのだ。スピリチュアルな言い方をすれば、「神のほうへ一歩踏み出すと、神はあなたのほうに何千歩も近づいてくる」。

それを**「開かれた心」**あるいは**「初心を忘れない意志」**と呼んでもらいたい。受容性と寛大さは偉大なアーティストの気質を特徴づけるものである。意識的にこれらの資質を育てていけば、成長し、変容する機会が与えられる。一気に大きく変わるというのではなく、少しずつ変わっていくだろう。その小さな転換の一つ一つには、内的な揺れが伴うかもしれない。自分がなじんでいたアイデンティティが変化するとき、「何が起こっているんだろう？」「私は何者なのだろう？」「私は何をやっているのだろう？」という疑問が生じる可能性は大いにある。

実際に、自分が人生を変えられることがわかりはじめると、私たちはしばしばパニックを起こす。それも当然である。たとえば、長いこと幽閉されていた囚人は、独房のドアを開けて自由に出ていくことができると気づいたとき、うろたえる。監禁状態に慣れきってしまうと自由になるのは恐ろしく、だからパニックを起こすのだ。「自分が何者なのかわからない！」という恐怖で喘《あえ》いでしまう。

同様に、自分のアイデンティティに新しい部分があると発見して驚くことがよくある。たとえば、たった一種類の鏡――研究仲間とか会社の同僚など――に取り囲まれている場合、彼らは「自分の理解できる部分のあなた」だけしか見ようとせず、あなたの限られた一面しか映し出さない。全体性のようなものを示してはくれないのだ。バードウォッチングと同じで、最初いろいろな種類の鳥がみんな同じように見えるが、飛び立つと羽根の色が違っているのがわかり、種類が違うことに気づくようなものだ。

マイケルは初めて仕事に就いた頃、孤独で疎外されていたが、それも当然だった。頭が切れ、軽妙な機知に富んだマイケルは、つながりが密な学問の世界には合わなかったのだ。職場において、彼のユーモアは疑いの目で見られ、彼の場違いな陽気さは歓迎されなかった。周りには尊大な人たちが多く、自分がいかにも役立たずであるかのようにマイケルは感じた。だが、自分がかけがえのない人間だということにいったん気づくと、自分の個性が評価される付き合いや気晴らしを探しはじめた。そして、最終的にアカデミズムの世界から抜け出し、創造的な仕事をはじめた。現在、三冊の著書がある彼は、快活でユーモアに満ちた講義スタイルが評判になっている。

自分のサイズが変化しているときには、「私は大きく明晰でパワフルだ」と感じる日もあるし、「小さくて無防備だ」と感じる日もある。あるときは幸せに満ちていると感じ、またあるときは怒りを感じる。**それでいいのだ**。私たちが同一視している自己は偽りのように思えるが、実は「偽り」ではなく、不完全なだけだ。手足を切断されてもなお、痛みやかゆみを感じる幻肢痛の逆を私たちは経験しているのだ。かゆみや痛みは、新しい創造的な「手足」の出現の前兆かもしれない。

「直線的であること」にこだわらない

パニックを起こさないようにするには、変化を実験とみなし、自分自身を科学のプロジェクトとして扱うとよい。新しいアイデンティティを少しずつ試し、使用に耐えうるかどうかを見てみる必要がある。この時期に一番必要なものはユーモアのセンスかもしれない。全面的に自分をつくり直す必要はない。新しく発見された自分を優しく活用してあげればいいのだ。「優しく」というのがキーワードになる。パニックになるのは正気を失ったからではなく、ただそう感じているだけなのだ。

「パニックになったことにパニックを起こさない」

もしパニックになったら、こう自分に言い聞かせよう。「いい兆候だ。私はバラバラになりつつある」。

私たちはすでに在る自分――完璧な創造主の完璧な被造物――になりつつある過程にいるというのがスピリチュアルな法則だ。つまり非常に苦しい不安な状態にあっても、なお私たちは聖なる秩序の中にあり、神の目的に近づきつつあるということ。

プロセスを信じる心、すなわち「私たちは変化しても、宇宙からの変わらぬ支援を得ることができる」という信念を持つことは、安らかな成長に欠かせない。

野のユリはつぼみとして出現した。そのつぼみが素晴らしい成長を遂げたように、私たちも成長する。そう信じるよう私たちは求められている。蝶々《ちょうちょう》は、不恰好《ぶかっこう》だが自分を守ってくれるさなぎから生まれる。私たち人間も成長するとき、同じように守られていることを思い出さなければならない。私たちが経験する不安定さ、ぶざまさ、パニック、それらもまた変化のプロセスにおいては自然なものである。偉大なる創造主は自らの被造物のすべてがアイデンティティを切り替えるときに痛みを感じるのを知っている。あらゆる次元の人生の冒険物語は、絶えまない変容とかたちの変化の物語である。

「成長したい」という自分の欲求や願望に従って行動することとは、スピリチュアルな法則に従って行動することでもある。「尋ねる」前に、来るべき欲求が明らかとなる。成長の軌跡はそれほど孤独なものではない。私たちは普遍的な痛みを経験しているのだ。私たちが感じる寂しさ、疎外感、絶望、疑いは、これまで多くの人たちが味わい、乗り越えてきたものである。そして私たちすべてを創造し、今もなお創造しつづけている大いなる創造主によって何度も答えられてきたものだ。

創造的な人生とは、私たちをつくっているものと私たちがなりたいものとの絶え間ない共同作業である。今この瞬間の「真の自分のかたち」に関するインスピレーションや指示に意識的に心を開けば、創造性に導かれるだけではなく、癒されるだろう。

今週の課題 変化を受け入れる

アーティストとしての自分のサイズやかたちが変化しようとするとき、自分がおろかに見えやしないかと恐ろしくなる。誰でも「完成形」でありたいし、「秀でた」人でありたい。「鑑賞するに価する作品だ！」というレビューを読みたいと願うことも珍しくない。不幸にも、変化に伴うリスクは「自分は無防備だ」という感覚をもたらす。だからこそときには、自分の秘密の夢をただしゃべってみるのも大きな安心につながる。ここでその練習をしよう。できるだけすみやかに次の文章を完成させてもらいたい。

①もし、そんなに馬鹿げていなかったら、＿＿＿をしてみたい。

②もし、そんなに値段が高くないなら、▢を所有したい。
③もし、二二歳に戻れるなら、▢を勉強したい。
④もし、五年間休みが取れて費用も出してもらえるなら、▢を勉強したい。
⑤もし、そんなにくだらなくないなら、▢をしたい。
⑥もし、自分の秘密の夢に屈服したら、私は▢をするだろう。
⑦もし、理想的な両親を持ち、素晴らしい子ども時代を過ごしていたら、私は▢だろう。
⑧誰にも話していない夢は▢だ。
⑨尊敬していて自分にとてもよく似ているアーティストは▢だ。
⑩自分のほうが才能があると思って心の中で見下しているアーティストは▢だ。

たった今認めたことを馬鹿馬鹿しいと思う前にペンを手にとろう。大人の自分から子どものアーティストに向けて手紙を書こう。少なくとも一五分間、あなたの内なる幼いアーティストに向けて、明らかになった夢について書いてもらいたい。内なるア

ーティストのためにできる具体的な行動を見つけよう。

チェック・イン

①今週は何日モーニング・ページをしましたか？　やらなかった日があるとすれば、それはなぜですか？　モーニング・ページをするのはあなたにとってどんな経験ですか？　今までより明晰になっていますか？　広範な感情を味わっていますか？　以前より目的意識が鮮明になりましたか？　心の落ち着きが増し、何事があってもゆったりとしていられるようになりましたか？　何かに驚かされましたか？　解決を求める何度も繰り返される問題がありますか？

②今週、アーティスト・デートをしましたか？　幸福感が増したことに気がつきましたか？　あなたは何をし、どう感じましたか？　アーティスト・デートがなかなかできないなら、ときにアーティスト・デートをするよう自分を説得する必要があるかもしれません。

③ウィークリー・ウォークに出かけましたか？　どんな感じでしたか？　どんな感情、どんな気づきが浮かび上がってきましたか？　一回だけでなくもっと歩くことができましたか？　ウォーキングは楽観的になったり、視野を広げたりすることにどう影響しましたか？

④今週、自己発見に関して重要だと感じることが他に何かあれば、ノートに書き出してください。

第3週

一段高いところから見る感覚を発見する

人はみな関わり合いの中で生きており、創造性はそれぞれの人が生きている固有の文化的風土の中で発達します。それぞれの文化に古くから伝わる神話はアートやアーティストについての考え方に深く浸透しています。今週は、社会の中でのアーティストのポジションについて、先入観を洗い流す作業をします。アートは私たちすべてにとって強壮剤であり、健康にいいものです。アーティストであるあなたは文化的ヒーラーなのです。

創造性の「出口」を見つける

人はみなアーティストである。とは言っても、社会的に成功したアーティストもいれば、創造性を堂々と表現するのを敬遠し、美的センスにこだわった家を建てたり、創造的な人生を送ったりしているプライベートなアーティストもいる。たとえ公にはアーティストではなく、独創性がないように見えたとしても、私たち全員がアーティストであることには変わりがない。すべての人のＤＮＡには創造性が組み込まれているのだから。

人間について語るとき、有効だと思われるたった一つのレッテルがある。**「創造的」**というレッテルだ。私は二五年間教えてきた（創作活動はそれよりも長い）が、その間、まったく創造性を持たない人に一度も出会ったことがない。**人はさまざまなかたちで創造性を発揮する。**自分のことを、常軌を逸していると思ったり、人から「頭がおかしい」というレッテルを貼られたりするのは、創造性が足りないからではなく、創造的なエネルギーが有り余っているからだ。

作家になる前のサラは、家族や友人から「神経過敏」「神経質」「いかれている」と思われてきた。彼女には〝有り余るエネルギー〟があった。それが外側に溢《あふ》れ出し、毎日の生活にドラマをつくり出していた。彼女はいつも何かと激しく戦っていた。何をしてもテンションが高く、敵と戦っている感じになる。

サラはセラピストからセラピストへと渡り歩き、あらゆる抗うつ剤を試し、一時しのぎに熱中できるものを探し歩いた。瞑想《めいそう》やエネルギーを高めるためのワークもやったし、自助グループにも参加した。どれも多少は役に立ったが、心底癒してはくれなかった。最後の最後に、サラは創造性のツールを使いはじめた。モーニング・ページを書き、アーティスト・デートをし、さまざまなアーティスト・ウェイのエクササイズをやったのだ。すると気分が軽くなり、エネルギーが安定した。

サラの家庭にさまざまな創造性が芽吹きはじめた。子どもたちと、ハロウィンには仮面を、クリスマスにはクッキーや紙の雪をつくった。新年を迎えるまでには、ずっと夢見ていた本の執筆にチャレンジする決心をした。子どもたちが放課後、課外活動をしている間に、なんとか自分のための時間を捻出し、書きはじめた。電話がかかってくると、子どもたちが「ママは今何か書いてます」と言って対処してくれた。

サラが書いていたのは本だけではなかった。自分のすべての創造のエネルギーを人間関係の葛藤に費やしていたときに経験した「歪《ゆが》められた人生のドラマ」を書き直していたのだ。それによってサラは落ち着きを取り戻した。自己表現は長年のセラピーでも触れられなかった性格上の問題も解決した。

これまでにサラは五冊の本を書き、そのうち四冊が出版された。もはやサラは「常軌を逸して」はいない。仕事に夢中になっているのだ。色とりどりの内的自己を表現する方法を見出したことで、彼女の人生は穏やかだが生き生きと精彩を放ち、彼女の夢は総天然色の鮮やかさを帯びるようになった。

「小さい頃、ずっと作家になりたいと思っていました」と彼女は言う。「ただ、本当に作家になれるとは思わなかった。だから夢をあきらめて、自分自身を見失っていたんですね」

夢を取り戻す勇気を見出したことで、置き忘れていた自分自身の一部がまだ生きており、健全なままでいることも発見した。とうとうその部分が歓迎されるときがきたのだ。

人々が自分自身の創造性を回避しようとすることに、信じられないほどの創造性を発揮するさまを私は目撃してきた。セラピストはそのような歪みを神経症と言うかもしれないが、私は「創造的な結び目」と呼ぶ。たとえば、「自分は創造的ではないから、みじめなのだろう」と考えるのだ。

まず「正気を失っている」「誇大妄想」「変わり者」などといった不愉快なレッテルを取り除くことからはじめよう。私たちの本質は創造的だ。だからこそ創造性を用いると治療効果がある。私たちの内部にあるものは、不愉快なものや恐ろしいものばかりではない。恥ずかしいものや秘密めいたもの、神経症的なものでもない。私たちの内的な世界は複雑かつ巧妙であり、色と光と影が力強く交錯する世界である。自然界に負けず劣らず荘厳な意識の大伽藍《がらん》だ。そうした内的な豊かさこそ、アーティストが表現するものだ。

偉大なる創造主は私たち一人ひとりの中に住んでいる。すべての人は、自分が進むべき道や仲間が進むべき道を明るく照らし出す〝聖なる火〟を灯《とも》す創造のキャンドルを内に秘めている。あなたは自分の優雅さ、パワー、威厳に気づいていないかもしれないが、色褪《あ》せることなく輝く、大きくて美しい存在である。

人間は定義上、創造的な生き物だ。人はみな何事かをなすよう、古い言い方を借りれば「ひとかどの人間になるよう」定められている。自分自身や自分の人生に興味を失うとき、あるいは「夢なんかどうでもいい、実現することなどありえない」と思うときは、スピリチュアルな遺産をないがしろにしている。そんなとき、私たちは憂鬱になって疲れ果て、身体的な病に陥ることさえある。不機嫌でイライラし、緊張をつのらせる。そんな自分のことを神経症的だと見なすかもしれないが、実際はみじめなだけだ。自分の創造的な部分を抑圧してしまっているから、みじめになってしまう。

それらの部分は、私たちが「正常」と呼ぶ籠の中に収まりきれないほど大きくて活発だ。多くの文化では、自分の本心を隠すよう訓練され、それを表に出すと罰せられる。だから誰でも大人になると、本心を他人に明かさないようにする。そのうちに、自分でも自分の本当の気持ちがわからなくなる。正気を失っていると感じさせたり、おかしな行動を取らせたりするのは、本心を隠しているからなのだ。

私たちは自分のあらを探し、自分を矯正して、自分にレッテルを貼るよう訓練される。宗教のほとんどは原罪を強調する。すべてとは言わないが、ほとんどのセラピーは過去に負った心の傷に焦点を合わせ、才能については見ようとしない。たとえば、アルコール依存症を治療する「ツエルブ・ステッププログラム」の大半は、性格の欠点に焦点を合わせており、その長所を見ることはあまりない。

ほとんどの人は、私が「言葉の傷」と呼ぶものを抱えている。たとえば私は「気性が激しく近視眼的」だと言われつづけてきた。現代の文化は創造性を悪者扱いするきらいがあり、アーティストはすっからかんで、変わり者で、イカレており、酒飲みで利己的であると決め付ける。創造性は私たちを爆破する可能性のあるニトログリセリンの化合物のようなもの！　ナンセンスきわまりない。

あなたの本質は美しく、かけがえのないものだ。それを表現するとき、あなたは自分自身の中というより世界との関わりの中で、癒しをもたらす変容を経験するだろう。あなたは故障してはいないし、無力でもない。あなたはとてつもなく大きな存在である。その真実を表現するとき、癒しが起こる。自分自身のスピリチュアルな偉大さと、自分は欠点だらけだという誤った認識との間にある溝が埋められる。

創造性は薬である。それは危険でも、身勝手でもない。人生を肯定する基本的なものだといっていい。創造性は、使えば使うほど安定し、簡単に使えるようになる。それを土台にして定期的に利用すれば、より幸せでより健康になる。ユーモアや受容的な態度も身につく。より総合的で効率的な自己感覚を摑《つか》む鍵になるのは、自己を監視することや修正することではなく、表現することなのだ。

もちろん不幸に思うときもあるだろう。しかしそれは神経症的だからでも、既存の枠組みに自分を合わせる必要があるからでもない。むしろ自分をきちんと表現すべきで、それはそう簡単ではないからだ。

自分をきちんと表現すれば、自分自身も既存の枠組みも変えられる。創造的な変化は心の中ではじまる。**自らの内面から出発し、外に向かって自分が愛するものや大切にしているものを表現するようになれば、あなたは幸福になり、世界もまた健全になっていく。**

『ずっとやりたかったことを、やりなさい。』で紹介したツールやプログラムは多くのセラピストから教えてもらったものでもある。彼らは頻繁にアーティスト・ウェイの実践グループの指揮を執り、「奇跡的な癒し」を報告する。私が見るところ、**癒しは決して奇跡ではない**。健康はいつもそこにあって、創造性として見出され、表現されるのを待っている。心の病気の実態について論争するつもりはない。私が興味を持っているのは心の健康の実態である。私たちの社会は、そして私たちの世界も「病んで」いるかもしれない。だが、私たちは自らの内部に、社会や自分自身を癒す確かな薬を携えている。

今週の課題　歩きながら感謝する

私たちにできるもっとも効果的な癒しの方法の一つは歩くことである。歩いて少し

「体を揺らせば」、ネガティブな状態や憂鬱な気分にとどまっていることが難しくなる。ポジティブなことを考えて歩いていると、穏やかな覚醒状態に入り込むことがある。自分自身を癒す方法として、一歩足を踏み出すたびに何かに感謝するという古来の方法を意識的に用いてもいいだろう。

まず外に出て、二〇分間歩くという目標を設定しよう。歩きながら、自分の人生の恵みを具体的に思い浮かべることによって、心の中を晴れやかにしてもらいたい。人々、出来事、状況など、すべてが感謝の対象になりうる。人生のよきことに焦点を合わせることに熱中すると、心も足取りも軽くなるだろう。

アートは治癒的に働くが、セラピーではない

アートには癒す力がある。しかし、アートはセラピーではない。セラピーは理解することを通しての変容を目指す。一方、アートはもっと直接的に変容を引き起こそうとする。自分でも理解しがたいものについて作品をつくると、それが理解できるようになる。創作という経験を通して、少なくともそのものとの関係が理解できるようになる。

なる。単に頭で理解するというよりは、身体全体で理解するのだ。そのような意味で、**アートは創作者が意識していようがいまいが、治癒的に「働く」**。

セラピーは傷ついた感情を「客観的に」眺めることで、心を鎮めようとする。一方、アートは外部の現実の知覚を変えるのではなく、私たちが表現するリアリティを通してその現実を変えるために、傷ついた感情を用いる。たとえば、『メサイア』と呼ばれるオラトリオを生み出したのは、作曲家ヘンデルの神に対する法悦的ではあるが複雑で葛藤だらけの気持ちだった。そのメサイアのおかげで、多くの人たちが神をそれまでと違ったかたちで理解できるようになった。

ハーパー・リーは一九六〇年、『アラバマ物語』を出版した。現在、マンハッタンに住んでいる彼女は、そのシンプルな一冊の本を書くことで偉大なる癒しを成し遂げた。彼女の作品を読む者はすべて、読み終わった後、以前よりも完全で慈悲深くなる。また、自分自身の傷つきやすい内面である子どものような自己との触れあいを強める。本、詩、劇、交響曲のすべては、魂を癒すことを目指している。アートという錬金術によって、自分自身のことをよりよく感じられるようにしてくれるのだ。

ユング派のセラピストであるバーニスは、患者には内省でなく、音楽を聴いたり、楽器を演奏したりすることをよく勧める。「音楽は私たちの中のより高次のものに触れさせてくれます」と彼女は言う。確かに音楽は高次のものに直接触れさせてくれるかもしれない。だが音楽に限らずどんな芸術も、日常の枠組みを超えたものに触れさせてくれる。地味な創造活動でさえ何らかの治療効果を持つのは、一つ高い次元から物事を見ることを可能にするからだ。おいしくパイが焼けると気分がとてもよくなるが、シンプルな曲を書いたり、子どもに愛していることを伝える詩を書いたりしても気分がいい。子どもが電話をかけてきて、「お手紙ありがとう」と言うのは、自分が大切にされていると感じるからだ。

内なるアーティストにとって、あるものについて頭で理解するよりも、それについて描いたり、書いたり、曲をつくったりするほうがずっと効果がある。頭で理解しても癒しにはつながらない。また、多くの治療モデルに反するが、言葉や身体で感情を表現しただけでは癒されない。人間は複雑で創造的な生き物である。私たちは自分自身の複雑さを表現する何かを創造したとき、自分自身の創造的な内的プロセスを通して曇りのない明晰《めいせき》さに達する。その点、多くのセラピストや教師はあまりに操作的であり、あるがままで創造的な患者や生徒に対して、頭を使うよう勧める。これはまったく無駄な場合が多い。セラピーは人々を〝正常〟に戻そうとするが、アートは常識とは無縁の独自性を表現することを目指す。

アートは、情緒不安定でも自由に生きることを可能にする。アルコール依存症が原因で三九歳の若さでこの世を去った英国詩人ディラン・トマスは代表作「ファーン・ヒル」の中で次のように詠《うた》っている。

——時がぼくをつかまえ、若さと死を結びつけていた
ぼくは鎖につながれたまま、海のように歌っていたけれど

ホロコーストの犠牲者は収容所の壁に爪で蝶々《ちょうちょう》を描いた。その創造行為が何を語っているかは明らかだ。「あなたがたは、私の魂までは殺せない」と語っているのだ。

アートは人生という原石を金に変える錬金術だ。燃えるようなイマジネーションを使って芸術作品を創作するスキルを学ぶには、早くからはじめ、十分な訓練を積んだほうがよい。生きたアートの作品——や生きる術《すべ》——をつくりたいなら、めまぐるしく変化する人生の急流にどっぷりつかり、人生が波乱万丈で力強く、神秘に満ちて

いることを受け入れなければならない。「修復」しようとすれば、人生を貶《おとし》め、軽んじることになる。だからありのままに受け入れ、表現したほうがいいとアーティストは考える。**何かを知的に理解するより、打ち砕かれた自己の断片から何かをつくり出すほうが、はるかに癒されるのだ。**

「本のページや舞台やキャンバスやフィルムに、自分の内面のドラマを定着させる」方法をアーティストは学ぶ。だが、イマジネーションの中で美女と野獣の出会いを上手に演出できるようになるには時間がかかる。若いアーティストは激しい感情を、内的世界ではなく、外側の世界で行動するための合図だと勘違いするかもしれない。揺れ動く感情が創造性のむき出しの神経を痛めつけるとき、二つの選択肢がある。それに基づいて行動するか、それを表現するかの選択肢である。

錬金術としてのアートにおいては、恋人を失った痛みは悲痛な愛の歌になる。方向性を見失ったみじめさはジャズになる。次の言葉がアーティストの信条にならなければならない。

「間違っているものなんか何もない。無駄なものなんて何もない。神経症的なものなんて何もない。手放すものなんか何もない。アートにおいてはすべてが可能である」

今週の課題　コラージュをつくる

セラピーのありふれた目標は、恨みを異なった方法で鎮めることだ。「彼ら」が「それ」をしたがゆえに、気分が悪い。ほとんどのセラピーの狙いは、嫌な思いを鎮めることである。私たちはなぜ「彼ら」が「それ」をしたのかを理解して心穏やかになる。だが、アートはもっとアナーキーだ。もっと積極的に自己を主張する。アートは反応ではなく行動である。私たちは源である自分自身に直接浸ることで、自分がいなければ存在しえない新しいものをつくり出す。それゆえ、アートは前向きである。

写真が載った雑誌の山を脇に置いて、厚紙とのりを用意してもらいたい。はさみと、セロハンテープも用意しよう。一時間取って自分の意識を探り、もっと十分に理解したいと感じている状況を探そう。

あなたには、明らかに破壊的なのに終わらせられない魅惑的な人間関係があるだろうか？　たとえば、封建的な従属関係にある暴君の上司がいないだろうか？　近すぎて一心同体のように感じている友人や家族、恋人はいないだろうか？　広々とした自然な空間を懐かしく感じているのに、高層ビルの谷間に住んでいるだろうか？　これらのジレンマはいずれもコラージュづくりの素晴らしい動力源になる。

テーマを心に留めたまま、二〇分間、あなたを引き付けるイメージやあなたのテーマとつながっていると感じられる写真をより分けよう。次の二〇分間、それらを並べ、順番に厚紙に貼り付けていく。そして最後の二〇分間は、あなたが発見したことを書くことに充てよう。

このプロセスを通して発見することにあなたは驚くかもしれないし、興味をそそられるかもしれない。一方的で非難の的になりそうな関係こそ、創造の火種となることが明らかになるかもしれない。もっと「地球に優しい」生活や環境への憧れが、都会的なイメージやエネルギーへの愛によって後回しにされているかもしれない。コラージュを通して発見することは、あなたの頭の中にあったテーマから外れているかもしれない。代わりに、もっとホリスティックな癒しの感覚が生まれてくるかもしれない。

怒りを創造のパワーに変える

無視されて怒るのは、傲慢でも誇大妄想でもない。そろそろサイズを変え、以前より大きくふるまわなければならないと告げる合図だ。私たちはしばしば、自分を小さく感じる。自分の言うことなど聞いてもらえないと思う。その原因は、本当に小さいからではなく、小さく感じるよう行動しているからだ。

問題はもののとらえ方にある。私たちは怒ると、「バランス感覚を失う」——これは的確な表現だ。怒れば、自分の本当の大きさやパワーの感覚を見失ってしまう。英語ではそうした状態を「hopping mad（カンカンに怒る）」と表現する。そのようなとき、自分自身をちっぽけで無能に感じる。

激しい怒りは視野を狭くし、性格をも歪める。怒りのパワーが変化を引き起こす力になりうることに気づいていないからだ。「言葉に言い表せないほど」怒っているとき、本当の自分はあまりにも大きすぎて言葉では言い表せない。そんなとき、私たちはまだ自分のパワーに声と方向性を与えられていない。怒りにとらわれ、自分を無力に感じるとき、エネルギーは充満している。それなのに、そのエネルギーを効果的に使う方法がわからないので怒っているのだ。

眠れないとき、あるいは不公平や侮辱によって「食い物にされて」いるとき、私たちを食い物にしている怪物は、居場所を奪われた自分自身のパワーに向けられた怒りである。私たちはとても大きなパワーを持っている。そのパーソナル・パワーこそ、「激しい怒り」の正体だ。その人為的に生み出された怒りの壁が、自分を取るに足らない小さな存在と感じさせるのである。それが私たちの内部にあるパワーであることに気づくまで、怒りは目の前に立ち塞がる壁でありつづける。

怒りは自分や他人のために進んで物事に取り組むよう求める。また、私たちが避けようとしている道を指し示す。往々にして私たちは控えめに行動しようとするが、それは自分本来の大きさや明晰さを拒むことである。怒りは「一歩前に進み出て、声を上げよう」と知らせてくれる。しかし私たちはそれを嫌い、後ずさりすることを夢想する。

いじめに対して怒りを感じるのは素晴らしい兆候である。いったん怒りを自分のものとして受け入れれば、それはいじめを自分自身や他人に許してしまうことに対する怒りとなる。自分の怒りであれば、利用することができる。確かにその怒りは耐えがたく、歪んでいるように感じるが、実際には必要な矯正策である。私たちの怒りがそれほど大きいなら、私たちも大きい。

遠慮が人を怒らせることがある。自分のために声を上げるべきだとわかっていても、できないことに気づくのだ。そんなとき、大声で叫ぶ必要はないが、自分の真実を行動に表し、訴える必要がある。**行動は言葉より多くを語る。だから、自分の創造的な価値を明確にする行動を起こさなければならない。**

何度も出版を拒否されて怒った作家は自費出版するかもしれない――私もそうしたし、これからもずっとそうするつもりだ。レコード界のいわゆる「先端技術」に不満をつのらせたミュージシャンはもっとコスト効率のよいやり方でCDをつくるかもしれない。それは長年セラピーに通って欲求不満の感情を「受け入れる」よりもずっと安いし、エネルギーを無駄にせずに済む。創造的な活動は、健康を害する可能性がある恨みや敵意の感情を浄化する役割も果たす。

幸運なことに、アーティストは頑固だ。精神科医から「夢を見ていないで、堅実な秘書を目指すべきだ」とアドバイスされたある女性は本を書きつづけ、ベストセラー作家になった（私のこと）。ドキュメンタリーの仕事を首になったある男性は映画を撮りつづけて有名な映画監督になった（マーティン・スコセッシ）。ボストン大学の演技プログラムから外された才能ある女性は俳優業を続け、アカデミー賞助演女優賞を受賞した（ジーナ・デイヴィス）。ある弁護士は「担当する案件にもっと時間を費やすべきだ」と言われながらも、小説も書くことを続けて大作家にのしあがった（ジョン・グリシャム）。

これらのアーティストたちは、**心の中の声をはっきりと聴き、それに従った**のだ。そして数人の外部の「誰か」が、彼らの本当の正体を知っていると囁《ささや》いた（あるいは叫んだ）。そうした外部の声がアーティストとしての彼らのアイデンティティを肯定し、彼らの運命を変えるのだ。

私たちは不当な扱いを受けて怒りを感じたとしても、「いつか大物になるかもしれない」と言ってくれる人たちの言葉を信じられるだけの勇気を持っている。あまりに軽んじられれば、自分がアーティストであることを名乗り出るだろう。最初のうちは怒りの感情を大量に「飲み込んで」いるだけだとしても。

舞台の中央に立てるのは、そこに進み出る勇気のある者だけだ。才能はある者もいれば、ない者もいる。私たちは、大胆にスポットライトを浴びようとする者の傲慢さや才能のなさを怒ってけなすのではなく、自分の怒りを、ボルテージを上げるために使う必要がある。「私はアーティストです」と名乗り出るのだ。そうすれば、自尊心を感じる。自尊心は本当の「自己」から生まれる。**周囲からなんと呼ばれようと、私たちはアーティストとして名乗り出なくてはいけない。**

怒りは行動への呼びかけである。自分の光を輝かせることは、困難だがとても大切だ。誰かがアーティストとして認めてくれるのを待ったり、耐えられないのに耐えられるようなふりをしたりするのではなく、自分から名乗ることが重要だ。「誰も私のことを真剣に受け止めてくれない」と不平をこぼす人は、「私は自分自身を大切に受け止めていません」と打ち明けているに等しい。自分の美学が自分にとって重要であるなら、それを具体的な形で行動に移さなければならない。

あなたがつくったミュージカル・コメディの上演が不成功に終わったら、新たな作品を書こう。発表した小説が酷評されたら、新たな短編や詩、あなたがまだ自分自身を信じていることをあなたの内的世界に知らせる何かを書こう。自分で自分をアーティストとして認めていないと、人に軽んじられる可能性は高まる。自分がアーティストであることを認め、どんなかたちであれそれを具体的に示せば、見る目がない人に「才能がない」と言われたり、おざなりに扱われたりしても、自尊心を傷つけられない。

怒りは強力な燃料であり、創作やより創造的な人生を送るために活用できる。怒りを無視したり、不平を言ってそのエネルギーを浪費したりすると、貴重な燃料を消耗することになり、明晰さも失われる。怒りはサーチライトであり、私たちの道徳的な領域を示してくれる。他人に負わされたダメージを示してくれる。なかんずく怒りは、選択肢を示してくれる。何かに怒りを感じたら、その怒りをぐっと飲み込んでどうにかやり過ごすか、あるいはその怒りを活用して創造するか、選択肢は二つに一つである。

怒りは、詩、劇、小説、映画を生み出す原動力となる。また交響曲や絵画を生み出す原動力になる。怒りを錬金術で黄金に変えるのではなく、否定すべきものと考えてしまうと、アーティストとして去勢されるリスクを冒すことになる。**怒りはしばしば、自分でも持っていることに気づかない力の宝庫を使うことを求める。**私たちは自分の感情のレパートリーの一部である英雄的な行為に駆り立てられる。自分が感じているよりも大きく行動し、結果的にかつての自分よりも大きな存在になれる。

怒りは心地よいものではない。創作活動に集中的に怒りを利用するには、感情的に成熟する必要がある。感情的に成熟すれば、世界がほんの少しだけ変わる。怒りは自分の未熟さではなく、成熟や経験豊かな判断力、さらには憤りやすい気質を健全な変化のためにかたちにすることを促す。

今週の課題　怒りを創造の燃料にする

私たちのほとんどは怒りに「達した」と感じるが、自分自身が「怒りである」とは感じない。ここで用いるツールはその点、驚くべきものである。あなたはたぶん、自分が思っているよりも怒っている。せき止められた怒りは、あなたが認め、もっと直接的に触れるようになれば、強力な創造性の燃料源になる。

ペンを手に取り、一枚の紙に1から50まで番号を振ってもらいたい。次に、歴史的《ヒストリック》なことからヒステリックなことまで、怒りを感じている不満な出来事を五〇列挙しよう。些細《ささい》なことも取り上げること。ほんの些細なことがどれだけあなたを怒らせているかに、びっくりするだろう。

①カトリック教会がラテン語を使うのをやめたことに腹が立つ
②教会がおかしなフォークソングを採用することに腹が立つ
③キャンディショップが店じまいしたことに腹が立つ
④私の姉が兄とけんかしていることに腹が立つ

たとえば、こんな具合だ。書き終わってしばらくすると、トースターからパンが飛び出すときのように、「それに対して何ができるだろう？」という疑問が湧き上がってくるだろう。〝怒りの犠牲者〟でいたくなかったら、直感的に前向きの解決策を探し出し、それも書き留めるといい。

アーティスト・マップをつくる

アーティストは地図製作者である。世界の地図をつくるのだ。自分の内側の世界と自分が見ている世界。その世界はときにとても奇妙だ。できあがった地図があまりにも現実離れしていたり、歪んでいたりするため受け入れられないこともある。マゼランは推測でつくられた地図を手に航海した。アーティストである私たちは、自分が見て「知って」いるもののかたちを魔法で浮かび上がらせたり、推測したりしている。

偉大な作品は、まだ解決されていない問題について多くの人々が抱いているイマジネーションに焦点を合わせる。ジョン・スタインベックの小説『怒りの葡萄《ぶどう》』は、大恐慌下で土地を奪われ、仕事も誇りも失った農民たちの苦悩を描いた。ケン・キージーの『カッコーの巣の上で』は、患者の人間性までも統制しようとする精神科病院から自由を勝ち取ろうとする試みを描いた。小説（novel）が「新しい（novel）」のは、読者に新しい何かを伝えようとするからだ。知られていようがいまいが、有名であろうがなかろうが、アートはすべてハートの領土を地図化しようとする試みだ。

もう一度言おう。アーティストは地図製作者である。私たちは自分自身の経験に基づいて地図を描く。自らの経験を描き、自分が遭遇し、人がいずれは遭遇するであろう領域でスケッチをする。小説や曲を通して知覚されることは同時代の意識のコンセンサスを表す地図より先を行っているかもしれない。それゆえ、**アーティストは自分が見たものや聞いたものを述べるための勇気ばかりか、英雄的な心意気さえ持たなけ**

ればならない。

ベートーベンは初期の頃、個人的にも仕事の上でも好かれていた。作品は多くの人に聴かれ、広く崇められ、彼自身は偉大なる才能の持ち主として認められた。人生は輝き、将来の見通しは明るかった。

ところが、やがて彼の運命は変わっていった。作品は近寄りがたく、抽象的で難解であるとみなされるようになった。難聴との戦いが彼の孤独を深めた。自殺も図りかねないほどの悲惨なうつ状態に陥り、にっちもさっちもいかなくなり、ベートーベンは窮地に追い詰められた。彼は曲を書くことを求められる一方で、音楽家としての才能を疑問視された。かと言って自分に正直になり、初期の形式に戻ることはできなかった。自分自身と神以外、作品の聴き手はいないように思われた。ベートーベンは自殺を考えたが、生きることを選んだ。ある有名な神への手紙の中で、たとえどんなに受け入れてくれる人が少なくても、音楽を書きつづけることを誓っている。彼は「ただ神の栄光のために」曲を書いた。

その結果できあがった音楽は、同時代の人々にとってはモダンで進みすぎていたが、死後に大傑作として認められるようになった。先見の明があり、理論的にも形式的にも時代の先を行っていたベートーベンは、同時代の人々のためではなく、私たちの時代の人々のために作曲をしたのである。

晩年のベートーベンは彼の時代についてというより、むしろ私たちの時代について多くを語った。アーティストである私たちはコンセンサスを得られた現実だけでなく、近づきつつある現実の輪郭も描く。エズラ・パウンドがアーティストのことを「民族のアンテナ」と呼んだのはそのためだ。アーティストが感じたことはしばしば現実的ではないと無視される。だが実際には、それはまだ見えていない現実の一部分なのである。ジョージ・オーウェルは『1984年』よりもっと未来のことを教えてくれた。ジョージ・ガーシュインは都市革命についてどんな人口統計よりも多くのことを教えてくれた。

アーティストである私たちは心の領土を探検し、勇敢にも暗い森に深く分け入り、道があるから生き残れると、人間という種に報告する。私たちは意識の斥候《せっこう》であり、共同体や文化のための開拓者なのだ。

アーティストたちは必要に迫られて、私たちが無視しがちな危険を報告する。峡谷が通行不能なため予期せぬ迂回《うかい》をしなければならないことを報告しに戻ってくる斥候のように、アーティストは人には耐えられない経験を報告するかもしれない。創造的な人生の冒険はそれまで見えなかった領土を浮かび上がらせることにある。**人間の物語は地球と同じぐらい古いが、人間の意識は、深宇宙に焦点を合わせる精密な望遠鏡のように、常に既知の世界の向こう側に照準を合わせている。**アーティストである私たちはいつも目を凝らして暗闇から誕生するかたちを見分け、記録する。

私たちは気力、勇気、根気、見ぬく力、粘り強さなどを基に機能する。山が存在しないところに山が現れ、湖がないところで湖水が光を浴びて輝く。アーティストは人が見るようにはものを見ない。アーティストのイマジネーションは空想的なイメージや怖いイメージ、啓発的なイメージなど、さまざまなイメージをつなぎ合わせる。アーティストの内的世界はおとぎ話に似ていて、人食い鬼、巨人や小人、怪物、魔女などが跋扈《ばっこ》している。すべてが劇的に表現され、その激しさがイマジネーションの生の材料から作品を生み出す。アーティストが成熟するにつれて、激しい感情を包み込むスキルも成熟する。

アーティストは内的世界が明らかにした世界を示す。フランツ・カフカは「Kafka-esque（カフカ風）」という言葉ができる前からカフカだった。ジョージ・オーウェルは「Orwellian（オーウェル的、全体主義の管理下にあること）」という言葉が生まれる前から存在していた。私たちはめいめい世界を覗《のぞ》く内的レンズを携えている。そのレンズを通して見えるものを明らかにする意欲がアーティストの質を決定するのだ。より広い新しい現実を取りこむために、絶えずそのレンズを開けていなければならない。

五〇代半ばのある女性は毎日作曲する。彼女は子どもの頃から音楽に惹かれていた。しかし四〇代になるまで、自分のつくった曲を公にする勇気を持てなかった。「そんなことをするには年を取り過ぎているわ」と言う彼女の年収は、作品をＣＤ化する費用をまかなうのに十分だった。彼女は高級な服、子どもへの贈り物、外食にお金を費やすこともできただろう。だが、**自分にとってもっとも大事なことは創造的な活動を通して自分の心を表現すること**だと知っていた。

「僕が両親の物語を書かなかったら、誰が書くっていうんだい？」と、ある作家は家族の長い苦労話をしながら私に言った。ある女性アーティストは「コンピューターのクラスがとてもエキサイティングなの。今では、あまり堅苦しく考えないようにしているわ。これまで美術家というとても狭い枠に自分を閉じ込めていた気がする」と述べた。アーティストにとって、創作行為は〝お告げの行為〟である。最初は自分自身に向けて、次に世界に向けて、「聞いて！　見て！　こんなふうに見えるの！」と訴えているのだ。

鳥類研究家であり、鳥を描く画家として知られるジェームズ・オーデュボンのように、偉大なアートはときに、「私はこんなに美しいものを見ました」と世界に向かって表現する単純な行為によって生み出される。もちろん私たちがアーティストとして見るものがすべて美しいとは限らない。またそれを美しく表現できるとは限らない。だが、大雑把な手書きの地図でも私たちに方向感覚を示してくれるように、アートによってつくられた地図は、私たちの向かうべき方向をはっきりと示してくれる。

今週の課題　自分の興味をマッピングする

地図は大陸全体を大雑把にスケッチすることからはじまる。同じように私たちも創造的に興味のある分野を簡単にスケッチすることからはじめよう。次の文を完成させてもらいたい。

＊興味がある五つのトピックスは――

①
②
③
④
⑤

＊興味がある五人の人物は――

①
②
③
④
⑤

＊興味がある五つのアートの形態は――

①
②
③
④
⑤

＊自分にもできる五つのプロジェクトは――

①
②
③
④
⑤

自分が「すべきこと」ではなく、「できること」の地図をつくると、確率の世界からもっと興味深い可能性の領域にシフトする。興味のあることをはっきり表明すると、その領域を磁石のように引き付け、私たちの興味に訴える人間、場所、物を自分のほうに引き寄せるらしい。

チェック・イン

①今週は何日モーニング・ページをしましたか？　やらなかった日があるとすれば、それはなぜですか？　モーニング・ページをするのはあなたにとってどんな経験ですか？　今までより明晰になっていますか？　広範な感情を味わっていますか？　以前より目的意識が鮮明になりましたか？　心の落ち着きが増し、何事があってもゆったりとしていられるようになりましたか？　何かに驚かされましたか？　解決を求める何度も繰り返される問題がありますか？

②今週、アーティスト・デートをしましたか？　幸福感が増したことに気がつきましたか？　あなたは何をし、どう感じましたか？　アーティスト・デートをする時間がなかなかとれないなら、「デートに行こう」と自分を強く誘

う必要があるかもしれません。

③ウィークリー・ウォークに出かけましたか？　どんな感じでしたか？　どんな感情、どんな気づきが浮かび上がってきましたか？　一回だけでなくもっと歩くことができましたか？　ウォーキングは楽観的になったり、視野を広げたりすることにどう影響しましたか？

④今週、自己発見に関して重要だと感じることが他に何かあれば、ノートに書き出してください。

第4週

冒険の感覚を発見する

今週はあなたの心の荷物を整理し、捨てていきます。テーマは、あなたがこれまで以上に自由な感覚を得られるようにすること。あなたは意識的に心を開かなくてはなりません。また、アーティストとしての表現を妨げてきたかもしれない多くの無意識のメカニズムを捨てることになるでしょう。今週は自己表現への道として、自分を受容することに焦点を当てていきます。

アーティストと小さな冒険

往々にして私たちは「自分が愛しているものをよく知っている」と思っている。しかし実際には、その一部しか知らないと認めたほうが正確である。自分では気づかずに愛しているものがたくさんあるのだ。それが何かを知るためには、心を開く必要がある。

一九世紀の写真展をワクワクしながら一時間見て回ることは、コンピューター・グラフィックスのプログラムに六か月間関わるよりずっと自分の中のビジュアル・アーティストを刺激する。専門家気取りで画材店に行くより動物園を訪れたほうが、創造的な本能はずっと刺激される。

人間はもともと冒険好きだ。幼児がよろよろしながら一歩ずつ、自分のテリトリーを広げるのを見てもらいたい。ティーンエイジャーはすぐ門限を破ろうとするし、八〇歳のおばあさんになっても、ロシアへの美術紀行ツアーに申し込む人が後を絶たない。

魂は冒険することで成長する。冒険は私たちにとって軽率なふるまいどころか、大切な栄養なのだ。**冒険をしたいという欲求を無視するとは、自分の本性を無視すること**である。私たちはしばしば冒険心を抑圧して、「大人になる」とか「規律を守る」と言う。あまりに大人ぶったり、規律を重んじたりすると、自分の中に存在するわんぱくで子どもっぽい革新主義者が反抗心をくすぶらせる。反抗は快活でおおらかなものではなく、頑固で自己陶酔的な気難しさを伴うことが多い。リスクを冒すのはあまりに危険だと思うかもしれないが、リスクを避けると抑うつ状態を招く。

抑うつは感情的な流砂である。一度それにはまってしまうと、抜けるのは難しい。もがけばもがくほど疲れ果て、うつ状態がひどくなる。心のダメージは克服するより避けるほうが簡単だ。あえてリスクを冒すことによって、もっとひどいリスクを遠ざけるのである。**リスクを恐れない勇気を持つようになれば、役に立つリスクと役に立たないリスクの違いがおのずとわかってくる。**

アデルはマンハッタンに住んでいる。気分のいい日は、街の活気を心地よいと感じる。アッパーウエストサイドに建ち並ぶビルの豊かな赤いレンガ色の色調に、大人びたさわやかさを感じるのだ。窓辺のプランターも、窓ごしに垣間見える美しくペンキが塗られた部屋の壁も彼女は気に入っている。しかし気分の悪い日は、街に幽閉されているように感じる。心情的には西部の人間であるアデルは、広々とした開かれた空間と地平線に憧れているのだ。調子が悪いときに街にいると、狭くるしくて息がつまりそうになる。最悪の日、彼女は乗馬クラブに出かける。

乗馬クラブはそう広々としてはいないが、馬がいる。馬の汗の臭いが充満しているだけで、別世界のように感じられる。普段と違う世界に足を踏み入れると、冒険心がくすぐられ、胸が躍る。だから、高層ビルに囲まれて飼いならされた家畜になったような気分になると、アデルはそこを訪れたくなるのだ。

温室育ちのキャロラインは時折、自分の世界がハムスターの踏み車のように単調に感じられる。そんなとき、彼女は素敵な花屋を訪れる。何よりも素早く気分を晴らしてくれると知っているからだ。枝編みの籠や緑青《ろくしょう》色に塗られた花瓶にアレンジされた色とりどりの繊細な花や大胆な花を見ると心がなごむ。買い求めたガーベラの鮮やかな色は、彼女の小さなキッチンに華やぎを与える。花束を買うと、この地球は喜びに満ちたガーデンだという楽観的な気分になり、お金と時間を有意義に使ったと感じる。

物腰の柔らかい作家のアダムは旅行代理店を訪れることにスリルを感じる。彼は仕事を放り出して旅立つことはできないが、イマジネーションの中で大胆な休暇をとる。『最もよく使われるエジプト語』というガイドブックを買い、ピラミッド見学のキーフレーズをいくつか覚える。『ボストンへの一日旅行のためのポケットガイド』を買い、実行できそうな旅行の計画を立ててみる。彼にとって肝心なのは実際に旅行することではなく、「自分にも旅行ができる」と知ることなのだ。

「人生はだいたいうまくいっていますが、自分はすべてから解放される許可証を持っているって確認したいんです」とアダムは説明する。スポーツ用品店に行き、アスリートが専門以外のスポーツを取り入れる「クロストレーニング」用の新しいシューズを見たり、自転車店に行き、フランス自転車ツアーのパンフレットを見たりする。そうしたことがアダムの〝ミスターいい人の仮面〟に適度な刺激をもたらす。

創造的なイマジネーションは鬼火のようなもので、積極果敢な攻撃ではなく、誘惑によっておだてられやすい。また、恋愛のように、深刻すぎたり性急になりすぎると、すぐに楽しさが色褪《あ》せる。私たちは好奇心をそそるものと戯れ、流し目で見ながらそれに近づく必要がある。新しく興味が湧くものを見つけたら、すぐに基本計画に着手するのではなく、まずは子どもの本にあたってみたほうがいいだろう。

たとえば、自動車を発明した人の小説が書きたくて、自動車のエンジンのしくみを知りたければ、子どもの本を読むことをお勧めする。あなたが知りたいことをきっと教えてくれるだろう。物理の力学の法則について書かれた学術書を読んでも、芽を出しはじめた興味を叩《たた》き潰《つぶ》すことにしかならない。**情報はたくさんあったほうがいいが、**

ありすぎるのはかえって逆効果。冒険はあなたの手に負えないことではなく、どうにかやり遂げられるものでなければならない。

創造的なイマジネーションは底が浅いと言いたいのではない。選択的だと言いたいのだ。イマジネーションにあまりに多くの事実を投入して負荷をかけすぎると、ギアを加速に入れるどころか、失速させる。伝記作家は、かき集めた大量の事実から真実をより分ける。詩人や小説家は一つの事実からたくさんの真実を直観的に感じ取る。事実が有り余るほどに溢れていたり、性急になりすぎたりすると、アーティストの頭は風通しが悪くなる。その結果、イマジネーションは刺激されるどころか、窒息させられてしまう。創造性が最高に発揮されるのは、知的なお荷物を背負いすぎていないときなのだ。心理的な荷物が軽ければ軽いほど、重大な仕事ができるようになるというのは創造的人生の逆説の一つだ。

「完璧の罠《わな》」から自由になる

有能なアーティストは何かに熱中するのを好む。映画監督のマイク・ニコルズはアラビア馬を育てているし、フランシス・フォード・コッポラは葡萄《ぶどう》を育てている。小説家のジョン・ニコルズは熱心なバード・ウォッチャーだ。彫刻家のケビン・キャノンは素晴らしいジャズ・ギターを弾く。彼らはみな偉大な創造者からヒントをもらって、人生を謳歌《おうか》する欲求を育んでいる。

真のアーティストになるためには「完璧」に物事をこなさなければならないと言う人がいる。しかし、**「完璧」という言葉はのびのびとした自然らしさを打ち消してしまう（私が思うに、批評家とは、その言葉を持ち出すのが好きな連中である）**。偉大な芸術を尊ぶのは悪いことではないが、偉大なアーティストと自分を比較して「私なんてたいしたことない」と厳しい評価をしてしまうと、創造に欠かせない遊び心を失ってしまうので注意したい。

自然の自由奔放さに目を向けよう。木々は曲がっているし、山はでこぼこしている。おかしな恰好《かっこう》の生き物もたくさんいる。だが、神はとにかくそれらのすべてを創造した。神はウサギのような長い耳とブタのような鼻をもつツチブタを見て、自分にデザインのセンスがないとは思わなかった。神はフグもつくったが、できあがったその姿にがっかりなどしなかった。創造主はいろいろなものをこれまでつくってきたし、今もつくりつづけている。

シエスタ（昼寝）をしているせいか、ヨーロッパの映画監督たちは創作という仕事をのびのびと楽しんでいる。アメリカ人はヨーロッパからエスプレッソを取り入れたが、コーヒー・ブレイクに「小休止」を取る習慣は身につけなかった。多くの現代人は愚かなことをしでかさないよう心配するあまり、ただ遊ぶということを忘れている。そのため創造性を直線的なものとみなし、ゴールだけを目指す。気晴らしが単に気分を晴らすだけのものではないことを忘れているのだ。

この厳格さは私たち自身が招き入れたものだ。**自分の才能を発揮することほどおもしろいことはないのに、ほとんどの人は才能をきつく鎖でつなぎとめている。**解き放ったら、ライオンを飼い馴《な》らすような調教師が必要になると恐れているかのように。

子どもの頃はピアノをいじくりまわすことに熱中するかもしれない。何時間も即興的に演奏し、心の中にあるものや子ども特有の不安を吐き出すかもしれない。周囲の人は、「お前には才能がある。真剣に学べば、プロになれるかもしれないぞ」と言ったりする。するとどうなるだろう?

子どもは急に真剣になり、ピアノで「遊ぶ」のではなく、「練習」をしはじめる。

完璧さを追い求め、競争をはじめる。音楽学校に行き、特別上級クラスに通い、集中講義を受ける。その結果、素晴らしい経歴を手に入れるかもしれないが、燃えるような情熱は冷めていく。音楽はマスターすべきものになり、小さな子どもは曲芸師のように驚くべき速さで鍵盤を叩く音楽家になる。しかし最初にあったワクワクした感覚は忘れてしまう。

やる価値のあるものは、下手でもやる価値がある。人はこうした考えを嫌う。初心者はみな、下手でもやる価値があると知っているが、上達するにつれ忘れてしまう。うまくなり、創作が出世するためのものになると、セックスが子どもをつくるためのものになったときのように、〝やる気〟がそがれてしまう。プロセスを楽しむのではなく結果にとらわれ、すべてが前戯でしかなくなる。さっさとケリをつけ、あわただしくメインディッシュ——ここでは華々しい成功——を平らげようとするのだ。

繁栄、安全性、名声といったものに心を奪われることによって、私たちはプロセスを楽しむことから切り離される。すると、創作は創造の喜びを味わったり、観念の遊びをしたりするためのものではなく、完璧を期すものや、他人の顔色をうかがうものになってしまう。たとえば、初めて詩の本を出す詩人は、読者や批評家にどう受け止められるかを心配するあまり、創作の喜びを感じることができない。

創造性の表現が計算し尽くされた〝仕事〟になってしまうと、私たちは非情で計算高くなってしまう。探偵小説の主人公ならそんな性格も悪くはないが、人生には楽しみを見出せるものが必要である。

創造的な自己は好奇心旺盛な幼い動物のように、好奇心から鼻をあちこちに突込む。私たちの創造的な自己にも同様な自由が必要だ。何がイマジネーションを誘発する引き金になるかはわからない。画家のジョージア・オキーフは割れた皿にイマジネーションをかき立てられ、「あのこなごなになったお皿から六枚の絵ができあがったのよ」と家族に書き送った。魂の喜びの本質はとても複雑なのだ。

杖《つえ》と石、大理石とクジャクの羽根、滑らかな灰色の川石――ふと目を引くものはそれぞれにユニークなかたちで語りかけてくる。私たちアーティストは、波打ち際を歩きながら浜辺の風変わりな物を拾う人に似ている。打ち上げられた物はさまざまな物語を語りかける。アートを「天職（calling：呼びかけ）」と呼ぶのには理由がある。私たちはその「呼びかけ」に応えなければならない。直観は衝動として話しかけてくる。**直観を抑え込むのではなく、探究することを学ぼう。直観は創造性を育む鍵だ。**

ある街に引っ越したケントンは言う。「どのみち僕はそこに住んだろうけど、街について何も知らなかった。どのくらい古い街なのかも、歴史的に重要な転換点も知らなかった。素敵な新しい仕事に就いていたけど、少し寂しかった。ルーツがないような気がしたんだ」

ケントンは衝動に駆られて、近所に新しくできたおしゃれな本屋の建築関係の書棚をあさりはじめた。そこでビクトリア様式の建築についての本を見つけ、近隣に由緒ある歴史的な建造物がたくさんあることに気づいた。すると、それまで見過ごしていた古典建築様式や屋根つきのポーチが目につくようになった。

次にケントンは古本屋へ行き、「地元の作家」の棚でリフォームのガイドブックを見つけ、五〇セントで買った。土曜日の午後には、近所の図書館で行われている「この地域の歴史を知ろう」という講義に出席した。その際見つけた近所のガーデン・ツアーに参加して、地元のミニコミ紙に掲載する写真つきエッセイのアイデアを得た。そして、現在婚約中の女性と運命的な出会いを果たした。**運命というものは、ファンファーレと共に派手に進入してくるものではなく、とても控えめなかたちで訪れるものなのだ。**

今週の課題
日々の小さな冒険をスケッチする

アーティストの栄養になる冒険は大掛かりなものや強烈なものである必要はない。おそらく私たちの多くは過剰なぐらい冒険に満ちた生活をしている。朝晩のニュースの見出しを見れば、爆撃や殺人など、ぞっとする出来事に満ちている。だからこそ、普段は見すごしがちな小さな冒険を取り上げたい。私たちはみな冒険に満ちた生活をしているが、そのことに気づくには、それなりの目を養わなければならない。

オフィス用品店あるいは画材屋に行き、スケッチができる白紙のノートを手に入れよう。鉛筆かペンと一緒にそのノートを持ち歩けば、日々のちょっとした人生の冒険をとらえられる。医院の待合室や待ちくたびれたバス停の人々をスケッチすることによって、あるいは、友人が目の前でおしろいをパタパタと鼻先にはたいている間、コーヒーの入ったマグカップをスケッチすることによって、一瞬の冒険に入り込み、物事に集中する時間を持つといい。やがて自分がいかに面白い物や人々に囲まれて生活しているかがわかってくるだろう。スケッチを楽しむためには、「上手に描く必要はない」と心得ておくこと。

二一歳の夏、私はニューヨーク中、スケッチブックを持ち歩いた。私の最初の著作権エージェントになった会社の待合室で描いた下手なスケッチを今でも持っている。不恰好な植物や座り心地の悪い椅子の絵を見ると、またたくまに当時に連れ戻され、作家を志した頃のワクワクした気持ちが蘇ってくる。同じスケッチブックの数ページ後に、友人のニック・カリエロを描いた絵もある。「年寄りくさいよ」とニックは文句を言ったものだったが、年齢を重ねた今では、私が描いた通りの姿になっている。

人生の冒険のほとんどはあいまいなまま私たちの前を駆け抜けていく。その元凶はスピードだ。だが、スケッチブックは時間を止める。通りすぎていくそれぞれの瞬間の大切さに焦点を合わせる簡単な瞑想《めいそう》だ。人生の素晴らしい冒険は行間に存在することが多い。あるとき、ある場所でどう感じたかに冒険は潜んでいる。このツールを使えば、通りすぎていく冒険のパレードを思い出し、味わうことができるだろう。

自分を「改善」するのをやめる

キャサリンは音域が広く、芝居がかった澄んだ声を持つ、評判の若い歌手だった。彼女は狭い所でも自由自在に曲がるマセラティ車のように指揮に反応した。彼女はアメリカで最高の音楽学校に行き、もっとも厳格で評判の高い指導者の指導を受けた。そして競争に勝ち、注目を集めた。

オペラの世界での成功は約束されているかのように見えた。しかし、彼女が本当に望んでいたのは、ブロードウェイの舞台で歌うことだった。キャサリンは、報われない恋の痛みに苦しむ蝶々《ちょうちょう》夫人のようにオペラを歌ったが、内心ではミュージカルで歌うことを夢見て、とうとう健康を損ねてしまった。

「それ以上悲劇のアリアを歌う気力がなかったの。歌う才能を授けてもらったかもしれないけど、そっくりそのままお返ししたかった。オペラはボーカル的にではなく感情的な面で私には荷が重かった。私はなりたくない職業の訓練を強《し》いられ、同調してきたの。その結果、心が折れ、健康も害してしまったわ」

幸運にも、キャサリンは聡明な年上の女性に出会い、**「あなたが人生で望んでいるものは称賛を浴びること？　それとも幸せになること？」**と尋ねられた。キャサリンは、オペラで成功したいという動機が、大嫌いなはずの「俗物根性」に根差していることにはたと気づいた。彼女は勇気を出して、自分の心の本当の願いを認めた。今ではブロードウェイに照準を定め直し、地道な努力を続けている。彼女は笑いながら言う。「たまたまオペラっていう靴が足にピッタリしていたから、ずっと履かなくちゃいけないいんだと思ってたの」

アートの原点はあくまで今ある自分である。ところが、すでに実現されている「あるがままの自分」を見失い、将来なりうる「別の自分」を追い求めようとする人が多い。たとえば、才能があるミュージシャンが「不協和音とミニマリズムこそ自分の音楽的才能には望ましい」と決め込む。小型の作品を好む彫刻家が、「高くそびえ立つ攻撃的な大作がなければ、自分の才能などたいしたことはない」と感じる。ドキュメンタリーを得意とする映画作家が、自分には絶対仕上げられないコメディタッチの舞台劇を称賛する。驚くべきシンプルさで人の心を動かす線画アーティストが「油絵だけが本物の芸術だ」と決めつける。

偉大な編集者であるアーサー・クレッチマーは私にこう語った。「作家とはどういう人種だろう？　作家は自分が簡単につくり出せるものを尊重しない。自分の専門技術を俎上《そじょう》に載せて、徹底的にこきおろすんだ」

私たちはときにアーティストとして、自己否定的な美学を振りかざす。それは思春期の若者が自分の見た目に悩むのと似た、一種の自己嫌悪である。他の人が持っているものより自分の持ち物はよくないし、美しくないと思い込むのだ。自分が小柄でエキゾチックで浅黒ければ、「背が高くて色白のブロンドになりたい」と願う。もし自分が北欧の美人であれば、「茶色の瞳とゴーギャンの絵に出てくる女性のような官能的な褐色の肌がいい」と思う。

言い換えれば、どんな人であれ、現在の自分は「なりたい自分」ではないということだ。コメディアンはドラマに出ることに憧れ、ドラマ俳優はコメディに出たがる。生まれながらの短編作家は長編小説で賞を取ることに憧れる。生まれながらの小説家は舞台に憧れる。自分が手際よくこなせるものには価値がないと、私たちはどういうわけか思い込んでいるのだ。

アートは計画的にできるものではない。創造的な腹筋運動をやって、自分自身を偉大なアーティストに「鍛え上げられる」わけではない。**偉大なアーティストは実際にはもっとも偉大なアマチュアである**――アマチュアという言葉は「愛する」という意味のラテン語「amare」から派生したものだ。ピカソは偉大なるアマチュアのよい例だ。

彼はゴミ捨て場でブリキの缶や錆《さ》びたバネに美しさを見出した。道端で発見したものに喜んだ彼は、愛する物を寄せ集めることによって偉大な作品を生み出し、世界中の人たちを喜ばせた。もし彼が自分に「パブロ、落ち着け！　お前は巨匠だ。ブリキ缶なんてふさわしくないぞ。ゲルニカを真剣に考えろ」と言ったとしたら、その損失は果てしないものになっていただろう。

「私たちはみな子どもとして生まれる。問題はいかにして子どものままにとどまるかだ」

こう言ったのはピカソだというのは驚くにあたらない。モーツァルトは子どものままだったと言われている。私たちはなぜ、こんなにも大人になってしまうのだろう？

自分自身を喜ばせよう。そうすれば、アーティストとしてさらに飛躍できる。「すべき」ことに向かって頑張るのではなく、自分が愛するものに熱中すれば、ペースは速まり、エネルギーは上昇し、楽観的でいられるようになる。

自分が好きなものは栄養になる。もしシューベルトの曲が大好きなら、シューベルトの曲を演奏しよう。これといった理由もないのに黄色が気になるのなら、クロゼットを黄色に塗って気分を変えてみたらどうだろう。自分に抵抗するのではなく、抵抗しがたい自分自身を発見することにエネルギーをつぎ込もう。花屋のショーウインドーでアマリリスを見つけて、「これが欲しい」と思ったら、幸運だと喜ぼう。

子どもは桁はずれのスピードで学んでいく。観察していると、興味から興味へ渡り歩き、むさぼるように学んでいくのがわかる。ブロック、クレヨン、レゴ、あの手この手でいろいろと試していく。私たちはアーティストのためのカリキュラムをつくろうとするとき、内なるアーティストが子どもっぽくて気まぐれだということを忘れてしまう。内なるアーティストは罠《わな》にかけるより気を引くほうが功を奏する。カリキュラムより好奇心が私たちを駆り立てるのだ。真剣なアートは真剣な遊びを必要とする。遊びとは、そもそも無秩序でいたずら好きなのだ。

アーティストになるためには、あるがままでいることを学ばなければならない。よりよくなろうとするのをやめ、あるがままの自分を評価するのだ。これといった理由もなく、ただあなたを喜ばせることをしてみよう。たとえば、今まで着たこともない色の風変わりな絹の切れ端を買って、それで自分の〝祭壇〟を飾ってみたらどうだろう。その布の上にゼラニウムの花を置いてもいい。人々にはあまりよく思われていないが、「芸術家を気取って」みてもらいたい。偉大なアーティストの中には、パジャマのままで創作する人が大勢いる。アーネスト・ヘミングウェイとオスカー・ハマースタイン二世は二人とも立ったままで仕事をしていた——理由は、ただそれが好きだから！

やすやすと自然にできるものをやることを自分に許せば、創作活動においても、人生においても、ずっと遠くまで行ける。馬を描くことが好きなら、椅子を描くのをやめよう。バレエに励みたいなら、モダン・ジャズは他の人に任せておこう。ブロードウェイを深く愛しているなら、ショパンに別れを告げよう。

アーティストは困難を美徳とみなし、たやすさをスラム街見物と同等視する傾向がある。私たちは気楽さの中で、授かった才能を楽しむということをしない。代わりに、難しい分野に取り組む決心をする。それを「自己を改善する」と言う。確かに、おぼつかない分野で進歩を遂げることはある。しかし、たやすく取り組める分野で才能を発揮する喜びを味わわなければ、自己表現する機会を自分自身から奪ってしまうことになる。「自己」は自分で勝手気ままに楽しむものをいくつか持っている。アーティストとしてそれらの自然の感情や好みを無視するのは危険なことだ。

私は高尚な芸術（high art）をあきらめるべきだと言っているのではない。軽トラックの窓から親しい人に手を振るように、「こんにちは、アート！（Hi, art!）」と気楽にあいさつしようと勧めたいのだ。

今週の課題　秘密の欲求を生きてみる

生真面目さは、あるがままの自分でいることの敵だ。「愛すべき」と「愛している」とはまったく異質のものだ。もっと無秩序な禁断の快楽を認めたらどうだろう？　フランスの秘密の恋愛は結婚より長く続くことが多い。なぜなら公には許されない楽しみだからだ。次のパターンで、文を一〇つくって欲しい。

＊実を言えば、私は［　　　　　　　］するのが好きだ。

一〇の文を完成させた今、あなたは夢の網を投げ、潜在意識から秘密の願望をすくい上げた。もう一度ペンを取って、一五分間、秘密の願望の一つに浸りきってもらいたい。それをするのはどんな感じだろう？　それをしているとき、どこにいるだろう？誰が応援してくれるだろう？　あなたを驚かせるものは何だろう？　この心の映画をできるだけ鮮明に上映しよう。登場する脇役や画像の色を具体的に思い浮かべるのだ。自発性はしばしばイマジネーションからはじまる。ステラ・メリル・マンが言っているように、「求め、信じ、受け取りなさい」。自分の中の秘密の願望をイメージすることを自分に許そう。

「普通の枠」を破る

アーティストである私たちは革新者であり、実験し探究する。私たちは新しい物をつくるか、少なくとも今ある物をつくり直すかする。たとえ過去の偉大なアーティストの絵を模写するワークショップに参加していようが、絵を描けば、技術の面でも経験の面でもわずかながら進歩する。ピアニストがフランクやベートーベンの曲に取り組んだり、ドビュッシーの曲を解釈したりすれば、それらの作品に何らかの個人的な味付けをすることになる。古典的なバレエの新しい舞台であれ、高校で上演される一〇〇万回目の「ロミオとジュリエット」であれ、一つ一つのアートの表現はその作品に、そして世界に新しい息を吹き込む。意図的に自分の創造の領域を押し広げ、探究するとき、私たちはさらに革新的になる。

アートに関わる人の中には保守的な人もいる。アーティストはもっとも革新的な人種だが、その作品を扱うエージェント、マネージャー、発行者、ギャラリーのオーナー、キュレーター、プロデューサーは保守主義者であることが多い。アーティストたる私たちは、革新的すぎて後戻りできなくならないよう、注意しなければならない。同時に、保守主義者があまり保守的にならないよう歯止めをかける必要もある。

保守主義者は過去にうまくいった例に倣おうとする。彼らはどうすればうまくいくかという前例を語るばかりで、どうすればうまくいく可能性があるかについては語らない。「それではビジネスとして成り立たない」というのが彼らの口ぐせだ。

アーティストであり革新主義者である私たちは常に「どうすればできるか？」を問わなければならない。策を講じたり、本を出版したり、映画を撮ったり、戯曲を演じたりする既存とは別の方法を常に探し、見つけなければならない。アーティストとは「どうなされているか」ではなく、「どうすればなしうるか」の実践者なのだ。アーティストは問題ではなく、回答を見つける責任を負っている。創作することに関心を持っている。だが、保守主義者はしばしばすでにあるもので間に合わせようとする。

ジーンはゴードンと出会って結婚したとき、さまざまな創作活動に携わっていた。絵画、彫刻、写真が彼女のお気に入りの仕事であり、キャリアだった。ところが、夫のゴードンは「君は何か一つ、得意分野を持つべきだ。そして、自分を売り出したほうがいい」と真面目な顔で忠告した。「思いつきで気に入ったものをかたっぱしから追いかけちゃだめなんだ。そんなことをしていたら、商売にならんぞ」

夫の「専門家的な意見」に背中を押されたジーンは、自分自身の願望ではなく夫の願望に従って仕事をするようになった。結婚後の一〇年間、彼女はほぼ夫に言われたようにした。その結果、仕事の上ではどんどん「成功」していくように感じたが、そのうちにスランプに陥り、意欲を失った。そして、うつがはじまり、やがて離婚へといたった。夫が「息がつまりそうだ」と言って彼女の元を去ると、ジーンは自由になれたことに気づいた。そのあと数か月ほど、方向性を見失って混乱したが、徐々に自分を取り戻し、再び多彩な興味を探究しはじめた。

「自分のことを窮屈な枠に閉じ込めようとしていたんです。たとえば、『私はピアニストだ』というようにね。今では、さまざまな創造のスキルを使っています」

新しいコンピューターのスキルを身につけたジーンはレイアウトやニュースレタ

ーの書き方も学んだ。彼女は今、デザインの分野で活躍している。

アーティストは発明品を大量生産する人より、発明家に似ている。もちろん、発明も生産も両方するかもしれないが、基本的に人が大量につくるかもしれないものを最初につくる役割だ。

エージェント、マネージャー、プロデューサー、ディーラー、キュレーターの中にも、創意に富むクリエイターはいる。アーティストの創作に大胆な発想を持ち込む人もいるが、ごく少数である。もともと保守的な彼らは売れる可能性のあるものよりすでに売れているもののほうに目が行く。良い面より悪い面を探す傾向がある。加えて、短期に確実に売れて、儲《もう》けが保証されているものを探そうとする。マーケットを信頼して優れた商品をつくれば、長期的に見て必ず良い報酬につながるとは考えないのだ。

アーティストの私たちはたとえ「できない」ことでも、いずれ誰かがそれをすることをよく知っている。どこかで誰かが境界線のフェンスを少し押し戻し、テリトリーを広げる決心をするのだ。『ショーボート』はミュージカルシアターに重大な関心をもたらした。『オクラホマ!』や『回転木馬』はそれ自体ドラマとして成立しうる実話をミュージカルに持ち込んだ。リチャード・ロジャースやオスカー・ハマースタイン二世以降、ミュージカルはお決まりのラブストーリーから脱却し、現実の問題やアイデアを扱うものになった。彼らは境界線を押し広げ、みんなのために新しい創作の分野を切り開いたのだ。

これらの例がはっきり示しているように、**アーティストである私たちはまず自分の内部の声にもっと注意深く耳を傾けなければならない**。外からのアドバイスは、その後で聞けばいい。これは単なるスピリチュアルな法則ではなく、ビジネスにも欠かせない知恵だ。商売と創造性の相互作用は巧妙なダンスのようなものであり、私たちアーティストがリードしなければならない。

あなたが何かの企画を手がけていて、前年のシリーズの続行を求められたら、新しい方向性を示そう。相手は心配したり、ため息をもらしたりするだろうが、騙《だま》されてはならない。ディーラータイプの人はアーティストタイプの人が何を感じているかわからない。新しい方向性にマーケットがすぐについてくることも理解できない。学習意欲があるアーティストにとって、価値ある作品を生み出すために、新しい方向性を模索するのは当然のことなのに。

「成功は続かない」ということは、アーティストの人生にとって自明である。問題は、成功に導いた要素を分析しすぎることにある。とりわけ、既存の成功を繰り返すのではなく、挑発的な新しいものをつくろうとするアーティストにとってはそうだ。アーティストにとって、成功とはただ単にマーケットの要求に従うことではなく、変わりやすい自分自身の興味に寄り添い、自分なりに尊いと感じられる作品を生み出しつづけることなのだ。私は、「短編小説は売れない」とずっと言われてきたが、売れることを発見した。「回想劇は受けない」と長年言われてきたが、それで賞を得た。「第一人称を使って小説を書くな」とさんざん言われてきたが、私が書いた私小説はよい評価を受け、自分でも満足している。

善意からなされる忠告でさえ、アーティストをスランプに陥らせる。アーティストが何かをつくらなければ、そもそも売るものがない。スピリットをたびたび押し殺せば、作品も死に絶え、売るものがなくなる。それを忘れた人は、アーティストに忠告をする。だが、私たちはアーティストだ。**何もつくらず、忠告するだけの人が打ち消すことのできない内的なパワーを持っている。**常に鍵となるのはそれだ。

保守主義者は「自分は勝算があるかどうかを知っている」と考えたがる。しかしそれも、アーティストが予期せぬ素晴らしい作品をつくり、新たなマーケットを生み出すまでの話である。アーティストは何よりもまず、自分自身が自分の作品の源である。私たちは二人といないユニークな存在だから、あらゆる想定をするマーケットは、実際に誰とでも相思相愛になりやすい。
私がこんなことを言うのは、創造性がスピリチュアルなものだということを知っており、そう信じているからである。「信仰は山をも動かす」とキリストは言ったが、文字通りの意味だろう。
「求めよ、さらば与えられん」「門を叩け、さらば開かれん」（いずれもマタイの福音書七章七節）。これらは単にスピリチュアルな決まり文句ではない。物事を創造することに関わる法則なのだ。

「求める　信じる　受け取る」

私たちアーティストはいつも決まってインスピレーションを求める。私たちはキリストの例に倣い、自分のビジョンが、お金やサポートやチャンスとして物質化するのを求めることができる。偉大なる創造主が必ず手を貸してくれると信じれば、創造的な夢が満足をもたらすビジョンとして訪れるだろう。そのとき、私たちはどんな障害をも乗り越えるスピリチュアルなパワーにチャンネルを合わせることになる。

今週の課題

内なる革新主義者と保守主義者の対話

保守主義者は私たちの内部にもいる。内なる保守主義者は、もっと拡大したいという衝動を監視する門番の役割を果たす。アーティストとしてのキャリアは、内なる革新主義者と保守主義者の実りある対話によって築かれる。これは訓練によって磨くことができるスキルだから、ペンを取って、両者に対話をさせてもらいたい。だいたい、次のようなものになるだろう。

革新主義者：学校に戻りたい。私は一〇年間自分のスタジオに閉じこもっていた。寂しいし、退屈だ。
保守主義者：お前の仕事はスタジオで作品をつくることだ。簡単にやめることなんかできないよ。
革新主義者：でも、絶対学校に戻りたい。
保守主義者：それじゃ、一週間に一度クラスに出るっていうのはどうだい？　それをするぐらいの時間ならあるだろう。面白いクラスを選べれば、刺激にもなる。

革新主義者：それはいい考えだ。急にやめるほどラディカルではないしね。ありがとう。

……………………………

チェック・イン

①今週は何日モーニング・ページをしましたか？　やらなかった日があるとすれば、それはなぜですか？　モーニング・ページをするのはあなたにとってどんな経験ですか？　今までより明晰《めいせき》になっていますか？　広範な感情を味わっていますか？　以前より目的意識が鮮明になりましたか？　心の落ち着きが増し、何事があってもゆったりとしていられるようになりましたか？　何かに驚かされましたか？　解決を求める何度も繰り返される問題がありますか？

②今週、アーティスト・デートをしましたか？　幸福感が増したことに気がつ

きましたか？　あなたは何をし、どう感じましたか？　アーティスト・デートがなかなかできないなら、「さあ、出かけよう」と自分を強く促すことも必要です。

③ウィークリー・ウォークに出かけましたか？　どんな感じでしたか？　どんな感情、どんな気づきが浮かび上がってきましたか？　一回だけでなくもっと歩くことができましたか？　ウォーキングは楽観的になったり、視野を広げたりすることにどう影響しましたか？

④今週、自己発見に関して重要だと感じることが他に何かあれば、ノートに書き出してください。

第5週 ノーと言える感覚を発見する

創造的な自己を認めるとは、周囲の大切な人々にノーと言うことかもしれません。今週はあなたの「創造者としてのアイデンティティ」を確立していきます。自分の領域を知るプロセスでは、これまで自分の役割だと思っていたものを見直すことになるでしょう。エネルギーがあなたのテリトリーに跳ね返ってくると、感情の高まりを覚えるでしょう。

創造性を高めるパートナー・奪うパートナー

私たちの性的エネルギーと創造的エネルギーは密接に絡み合っている。愛の歌や愛の一四行詩《ソネット》、感傷的な失恋の歌があるのはそのためだ。「恋の炎を燃やす（carrying a torch）」というフレーズもある。人は報われない恋をしていてもなお「恋に焦がれる」

ほどの燃える火花を内に秘めている。

私たちは創造的なイマジネーションを刺激する人に出会うと、突然、創造性に目覚める。言うべきことが見つかり、それを表現するために新しい方法を模索するようになる。絵画やダンス、詩、あるいは彫刻を通して言いたいことを表現する。

それはある意味で恋に似ている。恋の相手は自分の内なるアーティストだ。突然、意識に浮かび上がってくる内なるアーティストは刺激的で冒険心に溢《あふ》れ、危険な匂いさえ漂わせている。私たちはエネルギーの高まりを感じ、夜が更けるのも忘れて創作に精を出す。朝も一時間早く起きてイーゼルに向かう。まるで通勤途中にこっそりと愛をかわすかのように。

創造的エネルギーも性的エネルギーも神聖なエネルギーである。それらは同じ源――私たちの内的な核――から湧き出てくる。性的エネルギーを無駄に浪費することがいかに危険かは誰でもわかっている。創造的なエネルギーも無駄に浪費しないようにしなければならない。ところが、無駄遣いするよう求められることはしばしばある。

アーティストとして生きるなら、人が求めてくるものや、見返りとして与えてくれるものに気をつけなければならない。パートナーや友人はあなたを条件づけて、無意識にさまざまな行動を取らせる。人から報酬をもらう際には、何の見返りなのか気をつけなければならない。さもないと、知らず識《し》らずのうちに人に操作されることになる。そうなれば、創作活動そのものに支障をきたす恐れがある。

祝福が創造性を育むのに対し、厳格さは絶望を育む。美徳やしつけという名目の下に心を縛ると、創造の核となる情熱の炎が、隙間風に煽《あお》られるローソクの炎のように揺らぎはじめる。

創造性は栄養となるものや暖かさに敏感に反応する。私たちは子どもっぽくふるまうことを禁じられたり、あまりに感受性が強すぎると決めつけられたりすると、天才児が権威を振りかざす教師に対してするように学ぶことを拒絶し、成長することを止める。すると、莫大なエネルギーが抵抗することへと回され、時間がたつと、無関心という固い殻に閉じこもるようになる。

宇宙はエネルギーに溢れている。肥沃で豊かで、騒々しくさえある。私たちもまたそうである。大半の人はほんの少しの「励まし」があるだけで、溌剌《はつらつ》として元気になり、ユーモアをたたえ、悪ふざけさえする。多くの人に欠けているのはまさにそのほんの少しの「励まし」である。そのため、人生をわびしくて困難なものだと考え、兵役を務めるように過ごさなければならないと思っている。

あなたも子どもの頃は夢や野心を持ち、喜びや燃えるような情熱を感じていたはずだ。居間でバレエの練習をし、元気な声で歌い、べたべたと素手で絵を描くのを好んだろう。愛は情熱的でエネルギッシュなパワーだ。創造性を開花させるには、愛し愛される権利を取り戻さなければならない。自分自身に関して、また自分の考えや奇行や野心に関して寛容になろう。自分をたしなめたり、「大人になれ」と人にたしなめられてうなずいたりするのではなく、間抜けで粗野で愚かにさえなる権利を回復しなければならない。

セックスの際、私たちは「前戯」をうんぬんするが、自分が愛しているものと戯れることを自分に許さなければならない。靴ひもをぐいぐい引っ張って、自分自身にもっとよくなるよう問いかけるのではなく、靴ひもをゆるめて靴を脱ぎ、緑の草の上を裸足で歩いてみるほうがいい。

創造性は官能的なものであり、私たちもそうだ。自分の情熱を抑え込むのではなく祝福すれば、さらなる情熱が湧き、それが創作活動の燃料となる。

アーティストにとって、どのようなパートナーシップを持つかは重要だ。中には、さまざまな要求を出して、あなたの創造的なエネルギーを吸い取ってしまう人もいる。そのようなパートナーと付き合うときには、面倒見がよくなりすぎないように注意しよう。そうでないと、あなたの中のアーティストが機嫌を損ね、憂鬱になってしまうかもしれない。

むさぼるように愛情を求める男性と結婚したある女性作家は、離婚したとたん、枯渇していた創作エネルギーと性的エネルギーの両方が勢いよく湧き出てきたことに驚いた。狭い動物園の檻《おり》の中で、長いこと精神安定剤漬けになっていた後に目覚めた雌ライオンのようだった。創造的エネルギーと性的エネルギーがつながっていることを彼女は鋭敏に悟った。創造の情熱が衰えると、性的自己もまた衰える。

芸術の歴史には、魅力的な作品を生み出すきっかけになった刺激的な不倫のストーリーがたくさんある。とはいえ、不倫を勧めるつもりはない。ただ、あなたの溢れんばかりのエネルギーを奪い取り、セクシャリティや創造性を弱める絆やもつれた関係は避けたほうがいいと言いたいのだ。結婚相手には、できるだけユーモアを解する人を選ぼう。**ユーモアに溢れた陽気な結婚生活はよい作品を育てるゆりかごになる。**

アーティストとして男女がいたわりをもって支え合うには、お互い過剰に世話を焼かれることで去勢されるべきではない。もし男性が相手に母親役を求めているなら、女性のセクシーなドレスに情熱的に反応することはないだろう。同じように、手厚い保護を求めて夫に父親役を求める女性もいる。

性衝動はアートという名の下に昇華されうるが、必ず昇華されなければならないということではない。有害な性的ゴタゴタは私たちの創造性にダメージをもたらすが、元気づけてくれる関係は創造性を育み、刺激する。自己中心的で貪欲な女優と結婚したダニエルは自分がだんだん消耗してきているのを感じ、創作意欲も衰えていった。後に、彼のことや彼の作品を魅力的だとみなす女性アーティストと関係を持ち、ダニエルの創作意欲は演劇、小説、映画すべての分野で確実に蘇った。気の合う女性とカップルになることで、独創性が刺激されたのだ。

アーティストとセクシャリティにまつわる神話はネガティブなものが多く、アーティストの乱交や自己破壊的な性的耽溺《たんでき》にこだわる傾向がある。だが、はるかに有害なのは、過剰な保護によって創造性やセクシャリティがエッセンスを抜き取られてしまうことだ。アーティストが自分の創造的かつ性的なエネルギーに敏感に反応する関係に落ち着くと、才能を開花させるということはめったに語られることがない。

恋する術《アート》があるなら、アートを恋する術《アート》もあるにちがいない。

今週の課題　情熱を取り戻す

恋をすると、相手が魅力的に思える。そんな相手と一緒にいる自分も魅力的に感じる。同じように創造性を取り戻すと、自分自身がとても魅力的であることに気づく。私たちは自分自身のアイデア、洞察、インスピレーション、衝動などと恋に落ちる。すると生き生きとした活力に満たされ、表現意欲が湧く。

次の文をできるだけ素早く完成させてもらいたい。

①友だちの中で私に創造性や力を感じさせる人物は［　　］だ。
②友だちの中で私を消耗させ、弱らせる人物は［　　］だ。
③今までの人間関係で過剰な世話で私を消耗させた関係は［　　］だ。
④現在の人間関係で私が去勢されてしまうように感じる人は［　　］だ。
⑤お互いにもっとも育み合える創造的な友情は［　　］との友情だ。

知り合いや親友をより分けてあなたの情熱の炎をかきたててくれる人物を選び出したら、次に同じ質問を自分自身に向けてしてみよう。「私は、自分自身が情熱を持つことを許しているだろうか？」。ペンを取り、自分にラブレターを書こう。できるだけ具体的に、愛情を込めて。

優しくするのをやめて正直になる

「慈善は家庭からはじまる」というのは言い古された決まり文句ではなく、一つの方向性を示している。**まず自分自身をいたわり、次に周りの人々に優しく接する**ということだ。上下関係であまりにも自分を卑下していると、いつも人の言いなりになっている気分になり、怒りっぽくなる。仕事にも身が入らず、おろそかになる。すぐに作品にもそれが反映され、気難しくて消化不良の色調を帯びる。自分自身を過小評価するとき、私たちは自分自身を他人の人生の中に文字通り「埋めてしまう」のだ。そうなると、他人の期待に合わせてしまい、自分の価値を見くびるようになる。

人の価値観は指紋のように各自まったく異なっている。私たちはそれぞれが独自の優先順位の体系を持っている。それは他人には理解できないが、本人にとっては、なくてはならないものだ。本当の自分を妨害すると、たちまち自分に価値がないように感じる。すると、自分のために行動することができなくなり、さらに苦しむようになる。

若いシングル・マザーだった頃、私はほんの少しでもいいから娘と離れている時間を持ちたいと思い、そのことに罪の意識を感じていた。だが私には、静寂の中で自分自身の内なる声を聴く必要があった。娘の小さな手をしっかり握っているかどうかを心配するのではなく、**自分自身の魂の手を引きたかった**。

子育てが忙しいうちは、夢を追いかけるのは後回しにするしかなかった。書くことはやめなかったが、夢を追いかけるのをやめた。すると私は怒りっぽくなった。それが娘のドミニカにも影響し、快活さが失われていくことに気づいた。私は不機嫌になって苛立ち、うしろめたさを感じた。「もっと書く時間が欲しい。母親になる前のあの贅沢《ぜいたく》な時間を取り戻したい」、そんな思いに駆られた私は、窮地に追い詰められていくのを感じた。

そんなとき、「一晩、休みを取りなさい」と女優である年上の友人が助言してくれた。

「**あなたの中のアーティストの面倒をみてやるのよ。**そうすれば素晴らしい母親になれるわ。**今あるこの現実を見る必要があるの。**世間は母親を優先すべきだと言うけど、あなたの場合、それはあてはまらないわ。自分に正直になって、内なるアーティストを優先させれば、きっといい母親になれるわ。自分に嘘《うそ》をつけば、どうなると思う？児童虐待の原因ってほとんどの場合、いつも一緒にいすぎるせいだってことを知ってる？」

私たちが人生を踏み誤るのは、正直な自分を抑え込んでしまうからだ。その原因は、芸術的才能の開花に欠かせない自由をいましめる文化にある。その自由とは、他人の顔色をうかがわずに、もう少し自分自身に正直になることを許す自由である。リチャード・ロジャースはピアノを弾く時間を必要とし、毎朝その時間を取った。それで献身的な父親になれたのだ。

私は「優しすぎる」ことが子どもの虐待の原因の一つになることを知らなかったが、信じることはできた。友人の過激ともいえるアドバイスを受け入れた私は、毎朝一時間早起きし、娘がまだ眠っている間に、モーニング・ページを書きはじめた。アーティスト・デートもはじめた。娘のために遠慮していたワクワクする冒険をいくつか実行したのだ。その自己治療は映画の草案という報酬をもたらした。脚本を書いて、パラマウント社に売ったのだ。もっと素晴らしかったのは、以前、私が下手な詩だと思って読もうともしなかった短い詩を、母が流しの上に貼ったのは正解だったことに気づいたことだった。

ざらざらの砥石《といし》の上に鼻をくっつけて
長い間そのままでいたならば、
小川のせせらぎや鳥のさえずりなんてものは
この世に存在しないことにすぐ気づくだろう
お前の世界に存在するものは
お前と砥石、そして呪わしいお前の鼻だけだ

私は二五年間、創造性について教え、大半の創造的な人間はわがままでなさすぎる、という結論に達した。表現を志すなら「僕って自分勝手だろうか?」と聞くのではなく、「僕って、十分に自分勝手だろうか?」と聞くべきだ。「十分に自分勝手」でなけ

れば、表現するための自己を持てはしない。

アーティストはあまりに長期間、いい人でいつづけると、まったくいい人でいられなくなる。「いまいましいピアノを弾かずにいられないの」「何日も書いていないわ。頭が変になりそうよ」「イーゼルに向かわなければ、子どもたちにどんなことをするかわからないわ」などと喚《わめ》きたてるようになる。

言うべきときにきちんと「ノー」と言っていれば、自分に正直でいられて、仕事をする時間も場所も手に入る。ところが「イエス」とばかり言っていると、徐々に恨みが蓄積し、やがて抑えきれなくなる。それでもなお「いい人」でいつづけると、潰瘍ができたり、高血圧になったりする。アーティストにとって、あまりに高潔であることは、まったくもって美徳ではない。それどころか、破壊的に働くのだ。

アーティストとしてのキャリアを支えるのは才能と性格という二つの要素である。ここでいう「性格」という言葉は、よい性格や悪い性格ではなく、その人の個性を意味する。気まぐれな性格と結びついた偉大な才能は気まぐれなキャリアを生み出す。つまり、見事な輝きを放ったかと思うと、次には期待を裏切ったりする。質のよい創作活動を維持するには自制が大切だ。卓越さという目標に向かう役に立たないものを追い払う勇気が必要だ。それが個性を持つということである。

「役に立たないもの」は人によって異なる。ある人にとっては、過度に芝居じみた友だちかもしれない。他の人にとっては、祝杯と自慢話ばかりの酒浸りのディナーパーティかもしれない。アーティストをだめにするものは作品もだめにする。そのようなものは避けなければならないと、アーティストは苦い経験を通して学んでいく。コンサート・バイオリニストの巨匠は本番の前日に飲むたった一杯のウィスキーが、手の動きを鈍くし、完璧な演奏をできなくさせることを学ぶ。飛行機のパイロットは、アルコールや薬物を乱用していないかどうかを定期的にチェックされる。「self-indulgence（自己耽溺）」は正確には「self-endangerment（自分を危険に陥れること）」と綴《つづ》ることを覚えておかなければならない。私たちの自己はほんの小さな悪癖の餌食になる。**自分を守れるほどにわがままになることは、自分の利益になる。**自己防衛は「身勝手でよくない」ことに思えるかもしれない。だが、自分のためにならない誘いには「ノー」と言ってもいいのだ。

アーティストにとって、「いい人」でいることは、自分に正直でいることほど重要ではない。私たちがあるがままの自分でいて、本当に言いたいことを話せば、他人の欠点の責任を背負い込むことをやめ、自分自身の行動に対して責任を取れるようになる。そうなれば、驚くべき変化が起きる。自分のより高次のパワーと同調するようになり、創造的な恵みが自由に流れるようになるのだ。

私たちが神を演じるのをやめると、神が私たちを通じて力を発揮するようになる。たとえば、もっぱら記事や短編小説を書いていた私は、創作に行き詰まっていた男性作家の友人を救おうとするのをやめたとき、自分の本を執筆できるようになった。それまで彼に多大なエネルギーを奪われていたのだ。

ある作曲家は、手間がかかるガールフレンドと別れたことで、一〇年間温めていたアルバムをついに完成させた。「燃え尽き症候群」と診断されていたある女性画家は、エネルギーを消耗する近所の環境保全グループでボランティアとして働くのをやめ、突然、絵を描く時間も絵を教える時間もあることに気づいた。聖人のようにふるまうのをやめたことで収入も安定し、彼女ははるかに自由になったと感じた。

自分の優先順位をきちんと知り、周りの人に伝えることが、円満な関係を築くことの第一歩となる。自分自身の思いをはっきり伝えることが、相互の信頼に基づく正直な関係を生み出すのだ。正直はまず自分自身からはじまる。私たちの時間とエネルギーを習慣的に奪っている人たちを突き止めることが大切だ。だが、それは最初のステップにすぎない。そのような人たちを避けるのが次のステップとなる。ところが、ここでつまずく人が多い。自分に嘘をついてでも、まわりの人と仲良くしたほうがいいと思う人が多数派であるためだ。

だが、自分が憤りを感じる人や環境を受け入れるふりをすると、私たちは不機嫌になる。一方、正直に自分を愛すれば、自分の性格にとっても創作活動にとっても、奇跡的な効果を発揮する。

「じゃあ、ジュリア、利己的になるべきだと言うの?」と言う人がいるかもしれない。私は個人的に、恨みを内に秘めて長い間苦しむよりは利己的なほうがいいと思っている。自分の時間を取ることが、本当に利己的なのだろうか? **自己表現するためには自己が必要だ。**他にも自己を必要とする理由はたくさんある。見かけだけの空疎な人生は吟味する価値がなく、絵画や彫刻や演劇を通して表現する価値もない。

さらに、アートの世界で名を馳《は》せると、さまざまな要求をされるようになり、創作する時間が削られてしまう危険がある。あるアートのジャンルで頂点に立つ男性は、人にアドバイスを与えたり、権威づけのために自分の名義を貸したりする仕事に忙殺され、自分の人生を送っている気がしなくなった。

「私は今頂点にいます。ずっとそこに到達したいと思っていたんですが、到達してみると、あまり好きになれませんでした」と彼は言う。当然だろう。個人的に創作に打ち込む時間を失ってしまったのだから。しかし、創作こそ今のトップの座に彼を運んできてくれた乗り物なのである。


他人に「ノー」と言うことを学ぶまでは、自分自身に対しても自分のアートに対しても「イエス」と言うことはできない。悪気がなくても、あなたが与えられる以上のことを要求する人は、あなたを傷つける。無理をして与えつづけると、自分で自分を傷つけることにもなる。


実際にノーと言えない人は、「断るべきだとはわかっていたんですが……」などと言い訳がましいことを言う。だが、ただわかっていてもしようがない。断るときには次のようにきっぱり断らなければならない。

「いいえ、もうこれ以上誰一人、余分に生徒を受け持つことはできません」

「いいえ、もうこれ以上、委員会の仕事を引き受けることはできません」

「いいえ、もうこれ以上、お役には立てません」

名声を獲得したある年配の女優は私にこう警告した。「健康でありながら人気者でいるのは不可能なんです。人々は欲しいものを要求します。それを与えないと、怒りますから」

確かにそうだ。だが私たちの内なるアーティストもまた、自分が欲するものを要求する。もし私たちがその要求に応じないと、私たちの核そのものに怒りが積もる。創作活動をしたがる内なるアーティストを潑剌とした才能ある若者とみなせば、「今はだめ」「聞き分けのいい子でいなさい」「もう少し待ちなさい」といったネガティブな言い方がいかに意気消沈させるものか想像できるだろう。

やり直すのに遅すぎるということはない。私たちは何年も、いや一生の間でも、内なるアーティストを無視しつづけることができる。だが、内なるアーティストはとても立ち直りが早く、パワフルで頑固なので、ほんのちょっとでもチャンスを与えさえすれば、すぐに息を吹き返す。人を助けることばかりにエネルギーを使わずに、内なるアーティストの囁《ささや》きにきちんと耳を傾けよう。必ず自分自身の助けになるはずだ。積極的に内なるアーティストを愛すれば、内なるアーティストは愛をもって報いてくれる。恋人同士は秘密を打ち明け、夢を分かち合う。どんな逆境にあろうとも、人の目を盗んで逢瀬《おうせ》を重ねる。それと同じで、心をこめて内なるアーティストに愛を告げれば、素晴らしい作品を生み出してくれるだろう。

今週の課題　自己表現する「自己」を見つける

多くの人は自分をなげうって一生懸命働く。自分を表現するためには自己が必要だということを忘れているのだ。ここでちょっとした考古学をやってみよう。「できる」に到達するまで、あなたの「すべき」を掘り起こしてみよう。①～⑤の文を、それぞれ五パターンずつ完成させてもらいたい。内なる門番を巧みにかわしながら素早く書こう。

①もし、それが利己的でないのなら、私は［　　　］をしてみたい。
②もしそれがそんなにお金がかからないなら、私は［　　　］をしてみたい。
③もしそれが軽薄なことではないなら、私は［　　　］をしてみたい。
④もしそれがそんなに怖いものでなければ、私は［　　　］の話をしたい。

⑤もし自分にあと五回人生があったら、私は［　　　　］になりたい。

今、あなたが書いたものは力強い夢のリストであり、予期せぬかたちで実現するかもしれない。今まで思いもしなかった「異質」な自分が実際に出現してきたとしても驚かないように！

自分のエネルギーをお金のように扱う

あらゆる行動は創造的エネルギーを必要とする。人はそれに気づいていない。アーティストである私たちは、**エネルギーをお金と同じように考えることを学ぶべきだ。**「私はエネルギーを賢く使っているだろうか？　この人物、この状況、この時間の使い方に対して適切にエネルギーを投資しているだろうか？」

退屈な友人との電話はエネルギーを消耗させる。あなたの「創造的なエネルギーの口座」からエネルギーが引き出されるのだ。一方的にフィードバックを要求される電話や会話は、株の売買の指南をし、大儲《もう》けさせたのに感謝もされないのに似ている。

逆に、お互いのためになる会話は双方にとって利益がある。

私たちは単に情報をダウンロードするサイトではない。お互いの成長を支えあう対話のパートナーなのだ。私には、刺激的な会話相手になってくれる音楽家の友人がいる。彼と会話すると、無性にものが書きたくなってくる。

人としても、アーティストとしても、私たちは自分をありのままに見てもらいたいと思う。ところが、家族でも友人でもパートナーでも、当然の配当すらない、あなたが一方的にエネルギーを与える関係の相手がいるとしたら、それはよい投資とは言えない。多くの人がそういうふうにして「創造的なエネルギーの蓄え」を枯渇させてしまう。

私たちは、「この人を愛しているだろうか？」と尋ねるだけではなく、「この関係は自分を愛することにつながるだろうか？」と問いかけなければならない。 あなたのアーティストとしてのアイデンティティを脅かす関係はすべて、自分を愛することにはつながらない。

創造的な人は神と人間の両方の源から栄養を与えられ、支えられることになっている。ところが、誰かの栄養源になって、自分の時間や才能、エネルギーの蓄えを自由に使うのを許していると、自分に必要な栄養が手に入らなくなる。ためらわずにエネルギーを要求する人たちに時間を自由に使わせ、注意を奪うままにさせるのは、上限額なしの創造のクレジットカードを渡すようなものである。そういう人は手当たり次第に私たちのエネルギーを消費する。それではいざ自分が何かをしようとするとき、エネルギーが枯渇してしまう。

創造性は背中を押してくれる状況の中では広がり、皮肉や敵意に満ちている状況の中では、自己防衛しなければならないため萎縮する。アーティストが学究的な世界でよい作品に恵まれないのはそのためだ。アーティストの親しい友人たちが安全で賢い必要があるのもそのためだ。ただし、率直な意見すら怖がるほど、私たちの内なる創造的な子どものうぬぼれを強くさせるのは禁物である。

私たちが創造的な内なる声やエネルギーを失うのは、わけのわからない病気のせいではない。たいていは、何らかの理由でエネルギーが浪費されているからなのだ。たとえば、ミーティングがいつ終わるのか、あるいは、締め切りがいつなのかはっきり示されないときがある。そんなときは待機状態に置かれ、何にも手がつけられない。上司やクライアントなど、気まぐれな人物の都合のつき次第、いつ何時「お呼び」がかかるかわからないからだ。人の都合に合わせるために自分の人生や計画を一時的に棚上げにすると、往々にして有り金を全部すってしまった気分になる。

エネルギーをお金だと考えてみよう。

「この人は、私が別のことに投資したい時間とエネルギーをあまりに多く奪ってはいないだろうか？」

「彼は必要なときがきても換金できない投資みたいな人ではないだろうか？」

もしイエスなら、彼らは高くつく人間であるだけではなく、あなたの貴重な時間を奪い取る相手だ。

私たちの創造的なエネルギーは神の遺産である。誰かがそれを浪費するのを許すと、私たち自身、創造的に破綻し、善意やよい気分が枯渇し、短気になる。その結果、自分自身に効果的に投資するエネルギーが不足してしまう。

アーティストは、自分のエネルギーをお金と同じように節約しなければならない。

個人的にも、創造する上でも、実りのあるように使わなくてはならないのだ。目に見えるかたちで、満足、成長、達成感が得られるよう人やプロジェクトに賢くエネルギーを投資しなければならない。

お金を何かに投資したときは正当な見返りを期待し、要求する。エネルギーを投資したときも、同じように正当な見返りを期待し、受け取る権利がある。では、自分の友人や家族や仕事の同僚に寛大さを示すべきではないのだろうか？　そんなことはない。ただ、いつ、どこでなら自分のエネルギーの投資が正当に評価されるかに気を配る必要があるということだ。

「正当な評価」は、こちらが差し出したものに見合う見返りを含んでいる。そのことをはっきりさせよう。たとえば、愛しているからおいしいアップルパイを焼いてあげるとしよう。そのとき相手がその行為について感謝せず、「レシピをいただけますか？」と言ったら、こちらの意図を認識していないことになる。つまり、「正当に評価」していないのだ。同様に、あなたが友人や伴侶や同僚に鋭い洞察を提供したら、それを正当に評価してもらわなければならない。

三五年の経験を持つアーティストとして、私は法律事務所のシニアパートナーと同等のレベルにある。うぬぼれでこんなことを言っているのではない。単なる熟練のレベルを言っているのだ。私は親しい友人がアートで身を立てることについて悩んでいたら、喜んで相談にのるかもしれない。だが、ランチの献立をどうするかについての相談にはのれない。

アーティストである私たちは全員、自分自身や他人に賢く投資しなければならない。私たちは、自分の時間や才能や鋭い観察力を投資したことの価値を認めてもらい、敬われる資格があるのだ。

友人関係においては、こちらが持ち出したスキルをきちんと理解し認めてくれる仲間が必要である。友人と仕事の状況や経済的な窮地について話すのはまったく問題ない。だが、それらの友人が自身の経験から何らかのアドバイスをしてくれたら、あなたは軽くうなずくだけでいい。あなたのアドバイスに対しても、彼らが軽くうなずくだけというのが望ましい。お互いに相手を尊重するこうしたやりとりは暗黙のうちになされるが、なくてはならないものである。さもないと、軽んじられているような、利用されているような気持ちを抱くかもしれない。

アーティストはごく普通に若いアーティストを弟子に取る。養子に迎えることさえある。だが、そのような習わしを仔細《しさい》に検討してみると、年長者から若者へ、若者から年長者への互恵的なエネルギーの流れがあることがわかる。弟子は自分自身だけではなく、師匠も助ける。そのような関係は物議をかもすかもしれないが、お互いに触媒となる。

ジョージア・オキーフは弟子のジュアン・ハミルトンに多大な恩恵を施したが、同時にジュアンからも恩恵を受けていた。音楽の世界では、徒弟制度はごくありふれている。アーロン・コープランドはレナード・バーンスタインを助け、バーンスタインはコープランドを助けた。「私たちが若いアーティストに教えることの一つはプロ意識です」と熟練した音楽家は述べる。

通常、指導する側の年長のアーティストにとって報酬は現実的だが、要求が非現実的なものになることもある。たとえば、年長のアーティストは若い人の力になってやりたいという思いから、自分が取り戻せる以上のエネルギーを費やしてしまうかもしれない。また、無思慮にレッスンをすっぽかしてはスケジュール変更を要求する弟子が、師匠の予定をめちゃくちゃにしてしまう可能性もある。

指導しても感謝されていないと感じる場合、肩入れしすぎているか、本当に感謝されていないかのどちらかである。その両方だということもありうる。関係がしっくりいかないときは何かが狂っているのだ。

私たちが消耗していると感じるのは、消耗させられているからにほかならない。あなたのエネルギーのタンクを空にした当人が再び満たすのを助けてくれなかったら、他のところでエネルギーを補給しなければならない。エネルギーを吸い取った人物に、内心で小さな赤旗を立てることも肝心だ。

友人に負担をかけられすぎていると感じたら、次のように自問しよう。「これは家族の死や失業のような特別な助けが必要な稀《まれ》な状況なのだろうか？　それとも、この人は人に世話を焼かせる性格で、私の時間やエネルギーを習慣的に奪わずにはいられないのだろうか？」

私たちアーティストは繊細な心を持っている。だから、人に無視されると傷つくし、ぞんざいに扱われると嫌気が差す。また、自分を見下したり、病人のように扱ったりする人たちと一緒にいると、消耗してげんなりしてしまう。アーティストはときに常軌を逸した考え方をするが、批判的な目で見るのではなく、理解してくれる人が必要である。交響曲や脚本は常軌を逸したアイデアとしてはじまる。小説、夜想曲、銅像、バレエ、すべてそうである。

作家は書かなければならない。ピアニストはピアノを弾き、画家は絵を描き、歌手は歌わなければならない。創造的なエネルギーは人々との互恵的な関係の中で活用されるが、もしこちらが援助の手を差し伸べても、その真意を汲《く》み取ってもらえなければ、知らないうちに打ちのめされることになる。

アランは本の原稿を採用されたが、出版する段になると書き直しを要求された。彼の妻はアランが抱え込まされたプレッシャーを理解せず、彼が書き直しをする「静かな時間」を選んで大勢の親戚を招待し、大騒ぎをした。プリマドンナのようにお高くとまっていると思われたくないアランは、集中を妨げる大声に怒りをつのらせ、葛藤した。そして傷ついたアランはとうとう近所にあるモーテルに部屋を借りて、パソコンと未完成の原稿を持って引きこもった。

彼は妻や家族を愛していないわけではなかった。ただ、作品を仕上げるとても繊細な局面にいた。求められていることをこなせるだけの才能が自分にあるかどうか確信を持てないアーティストにとって、心臓が破れるほど困難な時期にあることを、家族の者たちが理解できなかったのだ。

アーティストにとってもっともつらいのは、理解してもらえないことである。だから少なくとも私的な場所では、内なるアーティストを尊重してもらうことがとても大切だ。家の周りを「俺は偉大なアーティストだ」といった雰囲気で歩き回るべきだと言っているのではない。あなたが作家なのに、執筆の時間を尊重してくれないとしたら、その人はあなたのことを敬っていないということだ。あなたがピアニストなのに、練習する必要性を尊重してくれないとしたら、その人はあなたが個人的にも職業的にも大切にしているものの優先順位を尊重していないのだ。

自分自身の問題でしばしば他人を打ちのめしてしまう人がいる。たとえば、優秀な人は自分の忙しさに他人を巻き込み、傷つける。相手が他人を妨害するどんなパターンを持っているかを見分けるには練習が必要だ。

創作を仕事にしはじめた頃、聖人のように見なされることはめったにない。しかし作品が評価され、人々に尊敬されるようになると、人に褒められることに対して脆《もろ》くなる。人々の口車に乗せられていい気になり、作品をつくるというアーティストの本分を忘れて、人を指導することに心を奪われるからだ。よい指導者や教師になるのは素晴らしいことだが、**まず何よりも自分自身であること、つまり自分自身のために行動する能動的なアーティストであることを忘れてはならない**。

私たちは「大きければ大きいほどいい」「多ければ多いほどいい」と考える文化の中で生きている。だが、アーティストが多くのことに手を出しすぎると、エネルギーが拡散してしまい、何一つ自分のものにできなくなる。調子に乗って手を広げすぎると、どうしても自分自身のことがおろそかになり、創作に集中できなくなる。アーティストにとってもっとも大切なのは、気に入った作品をつくることであり、他人に「いい人」や「高潔な人」と思われることではないことを肝に銘じよう。

要求ばかりする人や、自分の人生のドラマに巻き込む人から私たちを護ってくれる物理的な壁や精神的な壁がないと、ストレス過剰になり、神経はショートし、頭が混乱する。つまり、いくらエネルギーに満たされても、そのエネルギーはアースをしていないため、使えないのだ。当然、創作活動も行き詰まることになる。

「夜一一時以降、朝八時前は電話お断り」「土曜日は休み」「レッスンをすっぽかした人のための補習はしない」といった**境界線を引くようになると、自分への信頼感を取り戻せる**。なぜなら、安全だと感じるようになるからだ。今現在の自分を大切にしないで、未来を信じるのは難しい。いつも人のために食料を調達しなければならないと考えていると、自分自身の思考にまで頭が回らなくなるのだ。

同僚を助けることばかりに気を使っていると、必ず消耗し、エネルギーを使い果たしてしまう。自分の時間やエネルギーを他人が好き勝手に使うのを愚かにも放置しておくと、いずれ私たちは自分の創造的な人生を奪われ、泥棒に鍵を渡してしまったことを発見するのだ。

神を演じているかのように、全知全能になって万人にすべてを与えようとすると、神は私たち自身の人生に奇跡を起こすことができない。なぜなら神の手が私たちの人生に介入する時間や空間がなくなるからである。神の資源が無尽蔵であるのは真実だが、私たち人間は限りある存在である。だから疲れるのだ！　面倒な人は、極力避けたほうがよい。

今週の課題　自分自身に投資しよう

自己破壊的なパターンを理解するには、自分自身を少し深く探ってみる必要がある。私たちは「利己的であってはならない」と言われつづけているため、他人の要求や期待を見て見ぬふりをすることがなかなかできない。内なるアーティストは他のアーティストを世話することに大きな関心を持っているかもしれないが、他人の世話ばかり焼いていると、自分の中の創造の井戸が涸《か》れてしまい、楽観的に物事を考えられなくなる。

三〇分、書く時間を取ってもらいたい。あなたの内なるアーティストの親友になり変わって、あなた宛てに一通の手紙を書こう。その手紙では、あなたにいくつかのささやかな提案――もちろん善意からなされる提案――をする。たとえば、「もっと睡眠を取りなさい」「アニーに会うのを少し控えなさい」「人体画のクラスを取りなさい」「新しい友だちが必要だ」といった具合。あなたの人生に今もっとも必要なものを正直に書いてもらいたい。三〇分で書き終わったら、手紙を念入りに読み返し、しまっておく。もし心から信頼できる友人がいたら、手紙を読んでもらってもいいだろう。

チェック・イン

①今週は何日モーニング・ページをしましたか？　やらなかった日があるとすれば、それはなぜですか？　モーニング・ページを書くのはあなたにとってどんな経験ですか？　経験が明瞭になってきていますか？　さまざまな感情を味わっていますか？　物事に動じない感覚や目的意識が強まっています

か？　心の静寂はどうでしょう？　何かに驚かされましたか？　解決を求める何度も繰り返される問題がありますか？

②今週、アーティスト・デートをしましたか？　幸福感が深まったことに気がつきましたか？　あなたは何をし、どう感じましたか？「アーティスト・デートなどできない」と思えるときがあるので、自分自身を説得する必要もあると覚えておいてください。

③ウィークリー・ウォークに出かけましたか？　どんな感じでしたか？　どんな感情、どんな気づきが浮かび上がってきましたか？　一度だけでなく何度も歩くことができましたか？　ウォーキングは楽観的になったり、大局的なものの見方をすることにどう影響しましたか？

④今週、自己発見に関して重要だと感じることが他に何かあれば、ノートに書き出してください。

第6週

境界の感覚を発見する

創造性を養うには慎重に自分を育むこと。害になるものはできるだけ入ってこないようにし、もし入ってきたらその有害な影響を中和させなければなりません。今週は、ネガティブな影響を最小限に抑え、生産的な刺激を最大限に増やすためにはどのように世界と関わったらいいかに焦点を合わせます。

アイデアは「神さまの壺《つぼ》」に入れる

私が好きなタロットカードは「魔術師」。アーティストのためのカードだと思っている。魔術師はたった一人で立ち、片腕を高くあげて、天のパワーを招き入れる。観客は誰もいない。彼のパワー——そして私たち自身のパワー——は神とのプライベートなつながりの中にある。私たちアーティストは公の場で演じたり、本を書いて出版したりする。しかし、まずは**プライバシーが確保された安全な場所でアイデアを温め、創作し、練習しなければならない。**

他に何があるだろう？　作品を創作するには、二つのまったく異なるかたちの知性が必要となる。頭の中でアイデアを練る想像的な知性と、アイデアを正確に具体的なかたちにするための実務的知性である。しばしばアイデアは一連の落雷のように、一気に姿を現す。アーティストは自分がつくり上げようとしているものをはっきりと見るが、見たものを苦労してかたちにするまで数年かかるかもしれない。その間、気を散らせる有害な影響によって、焦点がぼやけてしまうこともありうる。

あるアイデアが浮かび、本や戯曲の概略を描いているとき、重箱の隅をつつくような不適切な質問によって、進行が狂わされることがある。そのためにプロジェクトが頓挫することさえある。たとえば、「新しい小説を書きはじめたの」とあなたが言ったとき、「最後はどんなふうになるの？」と聞かれたら、それは水を差す質問になりうる。自分でもまだそんなところまでは考えていないかもしれない。いや、考えるべきではないのだ。ストーリーが展開し、落ち着くところに落ち着くまでには時間がかかる。ストーリーを書き進めていくうちに結末も見えてくるだろうが、最初からプロットを決め、決定した通りに事を運ぼうとすると、親が子どもの誕生時に、「この子は数学者（医師、弁護士、オペラ歌手）になるべきだ」と決めたのに、子どもがそれに従わないときに直面するのと同じ問題にぶつかる可能性がある。プロジェクトを完成させるには、プライバシーを確保された状態で十分に熟成する期間が必要である。そのためには、**自分の内なるアーティストを保護する親になることを学ばなければならない**。

アーティストである私たちは、時期尚早の質問や勝手な推測から自分自身や自分の作品を守るべきだ。手短に作品の説明をし、聞き手の興味をそいでしまうのは賢明ではない。話すことは創造的なパワーを要する。常にとは言わないが、話はまた感情を弱め、情熱を薄める。役に立つのは、適切なときに適切な人物とする話だけである。

アイデアは貴重なものだ。見る目のない人にアイデアを話すのは、馬の耳に念仏を唱えるようなもの。抑制することを学ばないと、貴重なものを失うことになりかねない。

人やプロジェクトが成長するには、安全な入れものが必要である。人もプロジェクトも頭を覆う屋根やプライバシーを守る壁がいるのだ。散らかっている家に客が入ってくるのが嫌なように、プロジェクトをあまりに早く、大勢の人に見せるのは気分がいいものではない。それどころかかなり危険だ。

ところが、創作の世界に商業主義が入り込んできたため、あらゆる分野のアーティストは作品を売り込むことや、「簡単な企画書を書く」ことを求められるのが普通になっている。熟練した編集者は、最終的にできあがる本が企画書通りになるようなことはほとんどないと言う。正直な編集者やスタジオの経営者は、売り込みの上手さが必ずしも優れた本ないし映画にはつながらないと言う。それなのに、まだかたちになっていないアイデアを「売ろう」とすることで、本や映画を創作するためのエネルギーが浪費され、拡散してしまうことも多い。

私たちはパーティの客にあやしてもらうために、わざわざ眠っている赤ちゃんを起こしはしない。それと同じように、早まって自分のプロジェクトを見せびらかすようなことはしたくないのが普通だ。プロジェクトが時期尚早に精査の目にさらされると、スムーズに事を進めにくくなる。

プロジェクトのことを「ブレイン・チャイルド（発案物）」と呼ぶが、示唆的な言葉だと思う。才能はあるがまだ未熟な若者に、ディナーの席で「お客さんのために何かを披露しなさいよ」と求めるのは好ましくない。その経験がトラウマになってあがり症になったり、心理療法が必要になったりすることすらあるからだ。それと同じように、私たちのプロジェクトも、早計にオーディションを受けさせられたり、批判されたりすると、原因不明の恐怖症を引き起こす。

作家の集まりで話をしていると、未完成の草稿を人に見せたり、あら探しが趣味という人に原稿を読ませたりしたことで、流産してしまった本の話をよく聞く。「草稿の段階で、作家として行き詰まっている友人に見せてしまったの。コメントはとてもネガティブだったわ。おかげでその本を軌道に戻すことはもうできなかった」といった話だ。

作家として若かった頃、私も同じ間違いを犯した。作家志望だがまだ何も書いていない友人に、小説の草稿を見せてしまったのだ。「この小説では何も起こらないわ」と彼女は批判した。彼女自身が書きたがっていた殺人、暴力沙汰、血も凍るようなドラマが何もないという。私が書いたのは心理的なドラマだったから、特別な事件は起こらない。その小説を読んでくれたニューヨークの編集者は気に入ってくれ、励ましの手紙をくれたが、私は作家としての変なプライドから、原稿を机の一番下の引き出しに放り込み、そのまま放置してしまった。

かつて多くの結婚は、友だちの友だちに会うことからはじまり、人は相手が気に入るだろうと思える人物を引き合わせた。創作の過程でも手伝ってくれる人を友人から紹介されることがあるが、十分に注意したほうがいい。もし誰かがあなたに「ミュージカルのことなら、○○さんが手伝ってくれますよ」と言ったら、その人が今までにミュージカルで誰かの手伝いをし、実際に成功を収めたことがあるかどうか確認したほうがよい。ひょっとしたら役に立たない理論をこねくりまわすだけの「自称専門家」かもしれない。

アーティストである私たちは開かれた心を持っているが、**何でもすぐ真に受けてはいけない**。「創作の手伝いができる」「あなたをプロデュースしますよ」と主張する人の多くは、自分で作品をつくり上げた経験がほとんどない。私たちが探しているのは、やりたいと思っていることを〃やったことがある人〃であって、〃やっている人を、近くで見たことがある人〃ではない。NASAがあるケープ・カナヴェラルのコックピットの中にいる人と、地上から打ち上げを見ている人とでは、感じることがまったく異なる。トーマス・ウルフのような偉大な作家は自分の経験を正確に伝えられるかもしれないが、どんな分野だろうとあなたの創作のお手伝いをする多くの「専門家」は、うわべだけの人たちだ。創造のイロハがよくわかっておらず、創作の厳しさに耐えられないかもしれない。

何らかの震えを感じたとき、それが何を意味するかを教えてくれるのは経験である。脚色された経験ではなく、ありのままの経験を分かち合える人々を見出そう。誰かが「助け」を申し出た場合には、それがタイムリーで実際に役に立つかどうかを確かめよう。常にこう自問するとよい。

「本当に今、その助けを必要としているだろうか？　彼らは私がこれからやろうとしていることを本当にわかっているのだろうか？」

プライバシーを守る神聖なサークルは、封印されたガラスの容器のようなものであり、ばい菌をシャットアウトして中身を新鮮に保つ。友人をばい菌扱いするのは気持ちのいいものではないが、そうなる可能性も知っておきたい。彼らは考えなしに意地の悪いコメントをすることによって、素晴らしい創造性を台なしにする。料理で説明するともっとわかりやすいかもしれない――**「料理人が多すぎると、スープはまずく**

なる」。

私が知っているもっとも有効な創造性の法則は、「マジックの第一ルールは封じ込めである」ということだ。

今週の課題

封じ込める力をつける

アーティストが創作に行き詰まるのは、ほとんどの場合、才能不足ではない。封じ込める力の不足が原因なのだ。ドアを開け放ち、すべての人からのコメントを歓迎するのは危険だと知ろう。プロジェクトを見せる相手は慎重に選ぼう。自分が特定のプロジェクトや夢を捨て去った理由を仔細《しさい》に検討してみれば、容易に犯人——創造を邪魔する情け容赦のないコメンテーター——が見つかる。

今週の課題

再生ツールを見つける

いくつもの小説や映画やミュージカルがこのシンプルな再生ツールを通して救出さ

れ、蘇生されてきた。ベストセラーとなったあるノンフィクションもこのツールによって出版が叶えられた。

以下の質問にできるだけ素早く答えてもらいたい。最小限の痛みを伴うかもしれないが、情報が得られるし、その情報はあなたにパワーを取り戻させてくれる。

①プロジェクトの初期の段階で、無神経なコメントや批評をされて挫折したことがありますか?
②どんなプロジェクトでしたか?
③どんなことを言われたのですか?
④とくにあなたを混乱させたのはどんな言葉ですか?
⑤自分に何が起きたかわかるまでどのくらい時間がかかりましたか?
⑥そのプロジェクトをもう一度見直しましたか?
⑦そのプロジェクトにもう一度取り組んでみる気がありますか?
⑧そのプロジェクトを再検討することを打ち明ける友人を選んでください。
⑨プロジェクトを再検討してください(あせらずゆっくり!)。

……⑩友人に電話をして、あなたが気づいたことについての感想を聞いてください。

あなたが「神さまの壺」をまだ持っていないなら、今すぐ適当なものを選んで、それを「神さまの壺」に指定しよう。神さまの壺とは、あなたが抱く神聖な希望や夢を入れておく器である。いろいろなスパイスを入れておく中国の「糖菓壺」でもクッキーの空き缶でも、磁器の花瓶でもいい。

私の神さまの壺は中国製の磁器。中国では創造性のシンボルとみなされている龍が二匹絡み合う絵があしらわれている。あなたが守り育てようとしているすべてのものの名前と簡単な説明を紙に書き、神さまの壺に入れよう。私は、じっと温めている戯曲をグループディスカッションに持ち込まずに、神さまの壺に入れる。現在書き直しに手こずっている作品も、小さなメモにして夢や希望と同じように神さまの壺に入れる。

神さまの壺の他にも、一人の人間を「ビリービング・ミラー（信頼する鏡）」として選んでおくと役に立つ。ビリービング・ミラーとは、前にも述べたように、私たちを正確に映し出す鏡のような存在である。プロジェクトがまだ赤ちゃんでも、きっとかたちをなすと信じ、大きく育てていくのを助けてくれる人物がいい。ビリービング・ミラーである人は、あなたと共に大切なアイデアを封じ込め、保護する役割を果たす。そうすることで、アイデアの種子は安全な囲いの中ですくすくと育っていける。

古い表現を使えば、ビリービング・ミラーは「秘密の共有者」だ。ほとんどの人は自分の創造的な野心について誰かに話す必要がある。話すのにふさわしい人間、それがビリービング・ミラーなのだ。

三〇分、「外からの声」を遮断する

世界は刺激に満ちている——しばしば刺激的すぎる。携帯電話、車の電話、ラジオ、テレビなど、私たちはあらゆる種類のメディアの集中砲火を浴びている。そのうえ、家族、友人、仕事、趣味など、ストレスのもとになる可能性があるものに取り囲まれている。電話のベルが鳴り響くとき、それに影響されないままではいられない。

「自分が心の奥で何を考えているかわからない」と言う人がときどきいるが、嘘《うそ》ではない。もし「静かに流れる川は深い（能ある鷹《たか》は爪を隠す）」なら、あわただしい私たちの生活は「浅い」としか言いようがない。深層の自己は覆い隠され、感受性はすっかり鈍っている。そのため私たちは自分自身の反応に無感覚になっているのだろう。エネルギーは創造的な活動で使い果たされるのではない。ひっきりなしに外から入ってくるわずらわしい刺激や、心の奥から湧き上がってくる心配事、不安などが私たちの注意を引き付けようとするために、エネルギーをすり減らしてしまうのだ。

私たちは何かをつくるとき、自分の内部の声に耳を傾ける。その気になりさえすれば、その声はさまざまなことを教えてくれる。だが、人とおしゃべりをしている最中に、その声を聞くのは難しい。混乱の中でもその声は聞こえない。要求ばかりする人々の中にあって、自分の心の声を聞きとるのは難しいのだ。

「アーティストはわがままである」という神話とは裏腹に、ほとんどのアーティストは寛容であり、ときにはそれが行きすぎることもある。**あなたは人の話を一生懸命に聞くかもしれないが、一生懸命すぎて自分を傷つけていると気づいているだろうか？**

私たちは人の傷ついた感情や不平不満に感化されやすい。愚痴ばかり言う人の話に聞き入って、いちいち反応していると、そのうちに疲れ果てて苛立《いらだ》ちがつのり、最終的に怒りすら感じるようになる。あなたにしじゅう愚痴や不満を語りかけ、時間を奪う友人はいるだろうか？　彼らはあなたの創造のエネルギーを、自分の人生を明るく照らすために利用している。あなたのエネルギーは豊かだが、そんな人たちと分かち合えるほど無尽蔵ではない。

時間やエネルギーを人と分かち合うなということではない。ただ、**「今、自分がそれを望んでいるかどうかを正確に汲《く》み取ること」**が大切だ。あなたは莫大なエネルギーの蓄えを持っているが、それはあくまでもあなたのエネルギーだ。そのエネルギーをどう使うかの権利はあなたにある。それゆえ、創造的に生きるには、境界線をより多く設けることも必要だ。正当な線引きを許してくれなければ、本当の友人とは言えないだろう。

アーティストにとって、周囲の騒音レベルは管理できる範囲のものであることが望ましい。そこで物理的にも精神的にも、「いつ、どのようなスペースを必要とするか？」を友人や家族や仕事仲間に理解してもらうといい。「朝一一時前の電話はお断り」「留守番電話への返事は毎日午後三時以降になります」というゆるやかなルールから、「連絡はお断り」というきっぱりしたものもあるだろう。

多くのアーティストにとって、表現するとは自分自身を空っぽにして、インスピレーションに打たれるままに任せることを意味する。創作をしている最中は外からの雑音に邪魔されず、創作に専念したい。多忙な重役が秘書を抱えている理由はそこにある。外から入ってくる情報をモニターし、仕事に差し支えがないようにするのが秘書の役目だ。アーティストである私たちも同じような防護壁を求めている。

バージニア・ウルフは「アーティストはみんな自分の部屋を持つ必要がある」と語った。私が思うに、部屋はスターバックスかもしれないし、自宅の地下室かもしれない。あるいは浴室の床に座って仕事をすることもあるだろう。「今はだめ」という言葉が、自分の部屋を確保する決め手になるかもしれない。

アーティストは孤独と静けさを必要とする。それは厳粛さや孤立とは異なる。アーティストは自分の考えや創作のプロセスを尊重してもらう必要があるが、まず自分からそれをはじめなければならない。**アーティストとして人から大切に扱ってもらいたかったら、まず自分が自分を大切に扱うことからはじめよう。**そのための一つの方法は、外から入ってくる情報量を調節する独自のバルブを設置すること。家庭や会社の中では難しいかもしれない。電話のベルが始終鳴っている環境では、内なる声は聞こえない。

私は普段、カッとならずに穏やかに過ごしたいと願っているが、表現したいものが内部に溜《た》まってくると、穏やかではいられない。創造は出産のプロセスである。陣痛が続いている間は、マナーがどうのこうのとは言ってはいられない。出産は強烈な出来事であり、極めて私的なことである。全神経が内側に集中し、生まれてくる赤ん坊に協力する。同様に、ものを書くとき、私は書かずにいられないことを囁《ささや》く内部の声に耳を傾ける。作曲するときには、頭の中で流れているメロディーラインを追いかける。これにはとても繊細な注意が必要である。そして注意は集中を要する。

アーティストとして生きる人は、友人や同僚から電話があっても受話器を取らないことがある。あなたがアーティストとして生きたいなら、**周りの人の理解を得よう**。さらに、あなたの周りに大勢いるアーティストとして生きたい人のために、「お仕事中ですか?」とまず尋ねるマナーを身につけよう。

創作活動は必ずしも他人に見えるとは限らない。あなたがキーボードを打っているのを見れば、何か書いていることがわかる。ピアノを弾いているのを聞けば、演奏していることに気づく。だが、考えているときは誰も気づかない。また、何か創造的なことをしていると明らかであっても、「ちょっと中断しても構わないだろう」と考える人もいる。そういう人は「時間は取らせないわ」と言うが、あなたの集中の糸を切ってしまうことに気づかない――アーティストにとって集中を取り戻すのは至難の業だというのに。

邪魔が入ったとしても、「今、忙しくて手が離せないの」と言えば済むことかもしれない。だが、言うは易し、行うは難しである。多くの創造的な人たちは、勇気を奮い起こして「後にしてくれますか」「今は話せないの」となかなか言えない。**要求に応じるのが「愛」であり、こちらの都合を優先させるのは「冷たさ」だとみなされる文化に生きているからだ。**

「父は朝起きると、最初にものを書きました。その後でなければ親として接してはもらえなかったんです」と思い出話をしてくれた著名なクリエーターの娘は、辛うじて怒りを抑えているようだった。多くの創作活動は家で行われるので、その父親はけじめをつけようと厳しくしたのだろう。

ある多忙なポートレイト・アーティストは、クリスマスや誕生日などで仕事が集中したとき、スタジオに長時間籠って仕事をしたが、それが逆効果となった。「友人たちが私の邪魔になることに気づかずに、スタジオにじゃんじゃん電話をかけてきたんです。電話に応対してくれる秘書などいませんでしたから、そのたびに仕事を中断しました」

ほとんどの人は「電話の電源を切っておく」という選択を考えない。テレビもラジオもインターネットも、つけておくのがあたりまえ——受信するのが市民の義務だといわんばかりだ。私たちは情報を「知らされなければならない」。

静寂は恐ろしい。大変な脅威になりうる。だが、一日三〇分、あらゆるメディアのスイッチを切り、静寂の中で自分自身と向き合う時間を持つのは大いに価値がある。三〇分あれば、お風呂に入る、手紙を書く、少し読書をする、マニキュアを塗る、瞑《めい》想《そう》をするといったことが十分にできるだろう。自分の心の声に耳を傾けたり、うたた寝をしたりするにも十分である。三〇分で何をするかが重要なのではなく、それがあなた自身の時間だということが重要だ。そんな**小さな境界線を設定するだけでも、自分を大切にするための大きなステップになる**。それが自己表現する自己へとつながっていくのだ。

今週の課題　自分自身のスペース

ほとんどの人にとって、プライバシーを確保するには計画が欠かせない。私たちには愛する友人や家族がいて、愛するアートがある。アートと一人っきりで向き合うために、秘密の恋人同士のようにこっそり抜け出そう。あるいは情熱を保ちたい夫婦のように、週末にどこかに行く計画を立ててもいい。ペンを手に取り、誰にも邪魔をされずに創作に専念できる一〇の方法、もしくは一〇の場所を挙げよう。私の例を書いておくので、参考にして欲しい。

①一時間早く起きる。
②就寝時間を一時間遅らせる。
③書く時間を取るためにカフェに行く。
④友人のアパートの鍵を借りて、そこで創作をする。
⑤スケッチブックかノートを持って教会の裏に行って座る。

⑥電車に乗って、小さな旅をする。
⑦図書館で静かな読書の場を見つける。
⑧友だちが出かけている間、その家の留守番を兼ねて泊まる計画を立てる。
⑨実家へ戻り創作活動をする。
⑩ちょっとした休暇を計画し、実行する。たとえ一日半でも一人っきりになれれば、自分の考えを整理し、優先順位を見直すことができる。

日々の仕事で「創造の筋肉」をつける

外部からの刺激を制限しないと、私たちは人の要求に押し流されてしまう。しかし孤独を通しすぎると、自分のことばかりに心を奪われるようになり、停滞してしまう危険がある。必要なのは創作活動をスムーズにする自律と共同体《コミュニティ》への関与のバランスである。

レイモンド・チャンドラーは保険のセールスをやっていた。トマス・エリオットは銀行マンだった。バージニア・ウルフは夫のレナードと出版社を経営していた。「生活費を稼ぐために仕事をしている人は、本物のアーティストではありえない」などという考えはどこから生まれたのだろう？　往々にして食べていくための仕事は私たちの意識を育ててくれる。また、障害と同じように人物やアイデア、ストーリーや題材の糧になりうる。

生活のための仕事は、いずれ必要なくなるというものではない。とくにあなたの作品が新鮮味を失ってしまった場合、アイデアのたたき台を提供してくれるかもしれない。自分の創造の蓄えを使い果たしてしまっても、新しい源に接触することで、回復できるかもしれない。また、**アーティストであっても日常生活は必要だ**。さもないと、作品は生気がないものになる。

アートは生活を土台にして栄える。生活はアートを育み、豊かにし、広げる。創造的に生きるからという理由で人々から遠ざかり、引きこもってしまうと、人間的な温かみのない作品を生み出す危険がある。

ほとんどのアーティストにとって、勝手気ままに創作にばかり打ち込むのは害となる。「自己表現」するには、表現するための自己を育まなければならない。自己は一人の世界だけではなく、共同体の中でも育つ。共同体はウェイトトレーニングにおける負荷のような役割を果たすだろう。私たちは他人と接することで強くなり、洗練されていく。食べていくための仕事は家賃を払う役に立つだけではなく、根気を養い、生活にリズムを与えてくれる。アーティストには根気と生活のリズム、どちらも必要である。小説を書くことは広大なサバンナを一人でさまようことに匹敵するかもしれない。またミュージカルを創作するのは地図のない海を六年間航海するようなものかもしれない。航海士たちは何もない海の上で自分たちの位置や進路を確認するために、星々を必要とした。アーティストもまた、**コースから逸《そ》れないでいるためには指標を必要とする。**

チェーホフは若い俳優たちに「創造の仕事に携わりたいなら、まず自分自身に取り組んでみなさい」と助言した。「自分自身のことを真剣に考える」ということではない。創造の筋肉を発達させるようなことをすべきだと言っているのだ。仕事はそれを可能にしてくれる。共同体での奉仕活動もそうだ。自分の関心分野以外のものに耳を傾ける訓練をするのもいいだろう。

あなたは自分自身を「純粋なアーティストだ」と思いたいかもしれないが、アーティストは人間であり、人間は人間を必要とする。モノも趣味も必要だ。もちろん楽し

みも。そうしたことを一切顧みず、ただひたすら創作に打ち込もうとすれば、あなたの創造精神はうるおいを失い、やせ細っていく。

「私は真剣なフルタイムのアーティストです」という考えは、ニューヨークのアーティストたちが好んで住む広すぎるロフトのように、わびしい感じがする。そのような広いスペース（そのような広大な考え）を、いったい何で埋めるのだろう？

何かにつけお金を気にする現代の文化には、「本物のアーティストであるためにはフルタイムのアーティストでなければならない」という神話がある。私たちはそれを、「生活費を稼ぐための仕事をしていない」という意味にとらえる。しかし実際は、どんな仕事をしていようと、私たちすべてがフルタイムのアーティストなのだ。アートとは意識の問題だからだ。

私の友人の一人は長い間ピアノを弾かないでいると精神的に不安定になるが、あまりに長くピアノの前に座らされていても同じように不安定になる。アートとの恋愛は他のどんな恋愛とも変わりがない。一緒にいることと同じくらい、離れていることも必要なのだ。

アートは人生の中で、人生と共に私たちがする何かとみなされている。人生はアートより大きくなければならない。アートを収納する器でなければならないのだ。

人生は直線的な道ではない。アーティストの道は長く、曲がりくねっている。他の人と連れ立ってその道を行くのがベストである。内部のエゴの映画にとらわれず、外側に注意を向け、イメージで創造性の井戸を満たし、ストーリーを伴ったイマジネーションを蓄えてもらいたい。**「フルタイムのアーティスト」になろうとするのではなく、フルタイムの「人間」になる努力をしてもらいたい。そうすれば、ハートからアートが溢《あふ》れ出すだろう。**

今週の課題 コミュニティとの付き合い

私たちの社会には「アーティストは孤独である」という神話があるが、あくまでも神話にすぎない。芸術作品は、他のアーティストや人を愛するアーティストによってつくられる。誰を、そして何を愛するかを考えれば、何を創作したいかのヒントが得られる。私のおばバーニスが見て喜ぶものを考えれば、より集中した新しいものの見方がわかってくる。現代の生活は気ぜわしい。私たちはしばしば街から街へと移動する。

そうすることで、自分自身の一部やコミュニティとの接点を失う。私たちはたくさんの「選択した損失」を抱えている。それを埋め合わせるためには、「選択した利益」を得る術《すべ》も学ばなければならない。儀式や慣行は私たちがコミュニティと関わる方法の一部である。ペンを手に取り、次の質問に答えてもらいたい。

①コミュニティで自分が参加できる日常の行事は［　　　］
②自分が読むことができるコミュニティの情報紙は［　　　］
③自分が支援できるコミュニティストアは［　　　］
④自分が支援できるコミュニティの問題は［　　　］
⑤自分がボランティア活動できるコミュニティの仕事は［　　　］

コミュニティへの参加は同じ喫茶店で毎日コーヒーを飲むといった些細《ささい》なことかもしれない。コミュニティとなるメディアはローカル新聞であったり、俳優や作家のための専門誌や情報誌かもしれない。クリスマスや誕生日のプレゼントを、地元の子ども向け書店で買うのもいいだろう。一日だけパーキングを公園《パーク》にする「パーク・デイ」のイベントで、掃除ボランティアに参加したり、お年寄りのために週一時間本を朗読したりするのもいいかもしれない。コミュニティ活動はいずれも特別な訓練もいらず、絶え間なく変化する人生の海に投じる錨《いかり》になってくれる。

私たちはみな共に喜びを分かち合う仲間を必要としている。とくにアーティストはコミュニティや仲間を必要としているかもしれない。私たちが人生で果たしたいプロジェクトは、成就するまでに長い時間かかる可能性がある。その間、**私たちは人生を必要とし、人生は私たちを必要とする**。

チェック・イン

①今週は何日モーニング・ページをしましたか？　やらなかった日があるとすれば、それはなぜですか？　モーニング・ページをするのはあなたにとってどんな経験ですか？　今までより明晰《めいせき》になっていますか？　広範な感情を味わっていますか？　以前より目的意識が鮮明になりましたか？　心の落ち着きが増し、何があってもゆったりとしていられるようになりましたか？　何

かに驚かされましたか？　解決を求める何度も繰り返される問題がありますか？

②今週、アーティスト・デートをしましたか？　幸福感が増したことに気がつきましたか？　あなたは何をし、どう感じましたか？　アーティスト・デートがなかなかできないなら、「さあ、出かけよう」と自分を強く促すことも必要です。

③ウィークリー・ウォークに出かけましたか？　どんな感じでしたか？　どんな感情、どんな気づきが浮かび上がってきましたか？　一回だけでなくもっと歩くことができましたか？　ウォーキングは楽観的になったり、視野を広げたりすることにどう影響しましたか？

④今週、自己発見に関して重要だと感じることが他に何かあれば、ノートに書き出してください。

第7週

背中を押される感覚を発見する

創造性はほんの小さな、誰にでもできる行動から育ちます。今週は創造性にとって最大の障害である「先延ばしする癖」を取り除きます。課題は責任感と達成感を養うことです。創造的な人生の鍵となるのは一貫性のある前向きな活動の継続です。これは私たち誰もができることなのです。

ゆったりした創造の流れをつくる

アーティストが行き詰まるのはアイデアが不足しているからではなく、ありすぎるからだ。しのぎを削る大量のアイデアが停滞を生み出すゆえに、行き詰まりを感じてしまう。一つのプロジェクトについて考えるとき、こんなふうに感じはしないだろうか？「うん、これとこれができる、これとこれも試すことができる、あっ、あれもやりたい、これだったらどうだろう、いや……」

最後には、精神的なギアが固まってしまうか、チェーンが外れた自転車のペダルのように空回りしはじめる。驚きのあまり狼狽《ろうばい》してしまうのも無理はない。ごく親しい友人でさえ、知らず識《し》らずのうちに私たちをうろたえさせることもある。

私の仲のよい友人で、ミュージカルのディレクターを務めるジョン・ニューランドとランチを食べているときだった。ちょうど新しい演目に取りかかっていた時期で、私の中にはメロディーやアイデアが降って湧いたように次々に浮かんできていた。まるで、サンタクロースが短気を起こして、屋根の上から行き当たりばったりにプレゼントを投げ込んでいるかのようだった。ジョンは何気なく「第一幕の終わりはどうなるの？」と尋ねてきた。そんなことはわからなかった。たくさんのアイデアがあったからだ。

「そんなこと聞かないで、わからないわ！」と私はきつい言葉で言った。

「君と僕との仲じゃないか。なんでそんなに怒っているんだい？」とジョンは口をとがらせた。

私は困惑したから怒ったのだ。なぜ困惑したかというと、たくさんのアイデアがありすぎるから。

もしあなたが行き詰まったとか、頭が変になりそうだと感じたときには、よいアイデアがありすぎるせいだということを思い出そう。たとえ、アイデアなど何もないと思えるときでも、きっとそうだから。

大切なのは穏やかな流れをつくること。そうすれば、せき止められていたアイデアが突然溢《あふ》れ出すのを避けることができる。プレッシャーが大きくなりすぎると、心の働きが鈍り、流れが中断してしまう。その結果、膨らみすぎた風船のように緊張が高まる。

創造性は気まぐれに現れたり消えたりするものではないし、限りがあるものでもない。アイデアは常に存在している。グッドアイデア、有効なアイデア、大胆で革新的なアイデア、穏やかで長続きするアイデアなど。大切なのはそっとそれらのアイデアに近づき、流してやること。言葉をかえれば、「あせらずにゆっくりやりなさい」というツェルブ・ステッププログラムの教えに従うことだ。そのほうが、強引にあせってやるよりもうまくいく。

小さなステップをいくつか踏むことにしよう。さもないと、アイデアが滞り、プレッシャーがどんどん昂《こう》じる。そうなると自信喪失に陥ったり自己嫌悪に襲われ、自分が愚か者のように思えてくる。そんなときには、友人のアドバイスを聞いても心穏やかにはならない。あなたに必要なのは、ありすぎる情報を減らすことだからだ。

私たちの社会では、不安を感じたとき、さまざまなものを取り入れることで対処するよう訓練される。アルコール依存症、買い物依存症、スウィーツ依存症などが蔓延《まんえん》しているのはそのためだ。なぜ自分が不安になったのか、心の声に耳を傾けようとせず、物質で不安を治そうとする。だが、大切なのは滞ったエネルギーを放出することであって、物質を取り入れることではない。

膨らみすぎた風船を思い浮かべてもらいたい。空気を抜いてやれば、それは勢いよく前に進む。空気を足せば、はじけてしまう。緊張して行き詰まったときというのは、人生が張り詰めて、パンパンの風船のようになった状態である。あまりにもいろいろなものが入りすぎてしまったのだ。だから友人の温かい言葉が耳に入らないし、近所の人たちのなんでもないおしゃべりが突然頭にきたりするのだ。短気になっているのもそのせいだ。

もしもあなたがそんな状況にあるのならば、散歩でもしながら、次のようなことを考えるといい。

1. 私には素晴らしいアイデアがある。
2. 私には素晴らしいアイデアがいっぱいある。
3. 私は、ゆったりと穏やかな気分で、一つずつそのアイデアを実行していくことができる。

カウンセリングに依存する人が多いのは、過剰なエネルギーを一時的に抜き取ってくれるからだ。薬漬けになるのも、一時的に症状を和らげてくれるからにほかならない。運動のしすぎも同じである。**必要なのは、創造に着手すること。夢が真実味を帯びていればいるほど、創造するときのプレッシャーは強くなる。**にっちもさっちもいかなくなるのを防ぐには、些細《ささい》なことでもいいから行動しはじめるしかない。ただ話をするだけではなく、実行に移すのだ。具体的に、自己を表現しよう。

もし頭が混乱してまともに考えられないなら、何でもいいから整理することからはじめるといい。洗濯物をたたむ。引き出しを片付ける。クロゼットを整理し、衣服を整然と並べる。ベッドを整える。レモンの香りのする家具用ワックスで本棚やドレッサーを磨く。こうした日常の簡単な仕事をしていると、くつろいだ気分になる。生活のすみずみにまで自分の意識が行きとどき、優雅な気分になることさえある。ツェルブ・ステッププログラムでは、「God」とは「Good Orderly Direction（素晴らしい秩序ある方向）」を表す言葉だと言われてきた。**秩序の感覚が身につくと、どう自分を表現すればいいかがわかってくる。**

手紙、メモ、季節のあいさつカードなどを書くことは、ゆるやかな創造の流れをつくることに役立つ。私の場合、毎日書くようにしている。まずは毎朝、三ページのモーニング・ページを書く。そしてほとんどの場合、その後も何か書く。曲を書きはじめた頃、最初にたくさん書きすぎてくたびれてしまったことがある。そのために次にはじめるのが怖くなり、プレッシャーだけが昂じていった。そのとき、曲づくりにおいても、毎日少しずつ書くことが有効であることを学んだ。その後ペースダウンしたが、創作量は逆に増えた。

込み入った難しさや変化の恐ろしさに直面して、自分がいかに愚かで圧倒されそうに感じたとしても、あなたが愚かだから問題が起きているのでは決してない。あなたの素晴らしい心が活発に働きすぎているだけなのだ。だから必要なのは心を鎮めることである。自分の不安を「悪いこと」と決め付けて軽蔑するのではなく、創造するための燃料として使おう。

今週の課題　気楽に実行に移す

ほとんどの人は、ほんの少し整理整頓することで気分がよくなる〝懸案事項〟を持っている。ペンを手に取り、あなたが整理整頓したいと思っていることを五つリストアップし、一つずつ実行に移してもらいたい。あなたの気分はどのように変わるだろう？　たとえば、次のようなものが挙げられるだろう。

①靴を磨く
②机の上を整理する
③本棚の本をきちんと並べる

④レシートの整理をする
⑤古い雑誌を捨てる

この課題の目的は、滞ったエネルギーをほんの少しでも生産的な方法で使ってみることにある。「外から妨害されている」という感覚を、自分のちょっとした行動で変えることができることに気づけば、宇宙の優しさがもっと信じられるようになる。神が細部に宿るなら、私たちも細部にこだわったほうがいい。

突然の変化に戸惑わない

創造的な人生を送るにあたって難しいことの一つは、創造的な飛躍を遂げたときに、それがまるで破綻のように見えるだけではなく、破綻として経験されることだ。これまでのものの見方や正常な世界が突然傾き、新しいものの見方が生まれてくる。視点がガラリと変わるので、ときにこの「新しいビジョン」は幻覚のように思える。これまで確かだと思っていたものがあやふやになり、無理だと思っていたものが可能であるように思える。まるでストロボの強烈な光を浴びせられて、以前には問題にもならなかったことが浮き彫りにされたかのようだ。

創造性は夢のように漠然としたものにではなく、際立った明晰《めいせき》さに根差している。私たちはまず作品を「見」てから、それをかたちづくりはじめる。また、新しい方向を「想像」してから、そちらへ向かう。創造の旅はのんびりと現実から引きこもることではなく、現実を新しいかたちや関係に絶えず並べ替え、再構築するという特徴を持っている。私たちアーティストは**「物事を違ったふうに見る」**。一つにそれは、じっくり見るからだ。

念入りに物事を見るとき、私たちは「物事」の性質について抱いていた習慣的な見方を手放す。たとえば、椅子を斜めのアングルから描く。突然、そのほうが自分にとって「椅子」らしく見えるようになるからだ。このような新しい見方は人間関係にもあてはまる。突然、自分でもびっくりするような新しい光の下で、人との関係が理解できるようになる。こうした飛躍はときに恐ろしく感じられるので、「ストロボ的なひらめき」と呼んでもいいかもしれない。

同じように、「この関係はもうどうにもならない」とか「この人と結婚するんだわ」

と直観的に感じることがある。突然、未来が想像していたのと異なる様相を帯びるのだ。私たちは一人でいる自分自身や、思いもよらぬ人と一緒にいる自分を鮮明に見る。そのような突然の「ひらめき」は方向感覚を失わせることがある。これから訪れる物事のかたちは見えるのだが、それはまだ「現実」にはなっていない。不快な関係は依然として完全に破綻する必要があるし、新しい関係はきちんと実現する必要がある。これから何が起ころうとしているか私たちは「知って」いるが、それに合わせて無理やり時間を動かすわけにはいかない。私たち自身、地に足をつけて変化を扱えるようになる時間を必要とする。

ストロボ的なひらめきは、鮮明だが歪《ゆが》められている。私たちはダンスフロアを断続的に照らし出す——すべてのものを断続的に浮かび上がらせる——ストロボと同じような効果を持つなじみのない真実を一瞬だけ見る。そうしたひらめきの中で、それまでの作品やそれまで理解していたことを偽りとして退けたい誘惑に駆られる。だが、それは偽りではない。単に時代遅れなだけだ。私たちがかつて描いていた方法は、そのときには素晴らしかった。ストロボ的なひらめきは突発的なものなので、長くは続かない。目の端でとらえて、「あれ何だったたっけ?」と思うようなものなのだ。

創作活動の最中や、生活の場面で、そのような劇的な飛躍を経験した際には、それに基づいて行動する前に、まずその意味を咀嚼《そしゃく》し、吸収しなければならない。それまでの考えがすべて間違っているということではない。ただ不完全だということ。新しい洞察は以前の考えの修正案を提供してくれるが、十分に検討したほうがいい。

ストロボ的なひらめきは「この関係は終わった」というひらめきに似ている。だとしても、持ち物をすべて放り出す必要はない。少したじろいで、将来の選択を見極めればいいのだ。「これまで実践してきた創造の形式にうんざりした」と心の底から思ったら、「次は何をしよう?」と自問しよう。そうすれば、宇宙が答えてくれるだろう。

創造性とは自分の内的な世界と外側の世界との相互交流的なダンスなのだ。

突然訪れる創造的な突破は、「破綻」ではなく、「氷が割れる」ようなものだ。意識を「凍った河」にたとえてみよう。春になると、一枚の氷は割れて小さな浮氷になる。それと同じことがあなたの意識にも起こる。固かったものが流動的になり、新しいかたちや構造が生まれ、新しい成長がはじまる。

それまで「木を見て森を見ることができなかった」のに、突然、森も木も見えるようになる。「信じられない! 写真のようなタッチで絵が描けたぞ」と思う。古い整理ダンスを何色に塗ろうか迷っていたが、美しい薄緑がかったブルーにしたいという願望が浮かんでくる。小説を書いているなら、「この語り手は第一人称で、男性であるべきだ」ということが突然「わかる」。また、この人物について書くのに、自分が女性かどうかなど問題ではないことが「わかる」。小説『さゆり』は見事な発想によりできあがった東洋の女性による第一人称の語りの物語であるが、実際は西洋の男性によって書かれている。

ストロボ的なひらめきは、一瞬のうちに魅力的になる鏡で自分自身を見るようなものだ。鏡の中に、何とも言えないくらい心ひかれる見知らぬ人物が立っているのを見て「うわぁ、私ってあんなに上品なの」と思わず叫ぶ。自分があまりにも違って見えるので、不意をつかれる。年齢が剝がれ落ち、突然、若々しい気分になり、「これは本当なのだ……」という感情がこみ上げてくる。自分がどこへ向かっているのか、**年齢がいくつであっても新たに成長することが可能であること**を知る。

ストロボ的なひらめきは、新たな成長が恐ろしいものだと私たちに告げる。突然の洞察のひらめきには「怪物映画」的な要素がある。「おい、あれはいったい何だ!?」と息を呑《の》む。ごくあたりまえのものでも、瞬間的にはっきり見ると、怖いもののように見えることがある。自分自身の新しい成長についても同じことが言える。「大学院に戻らなければ」という考えは、斧《おの》を持った殺人鬼が角からヌッと現れるのと同じぐらい恐ろしい。

だが、現実の光が強くなるにつれ、殺人鬼は私たちがなじんでいる現実を切り刻む人ではなく、教師のように見えてくる。突然、驚くべきひらめきに打たれたら、恐怖に震え上がって意識の家具につまずかないように、ゆっくりと慎重に動いてもらいたい。

突破は破綻ではない。ただ破綻のように感じられるだけだ。**自分が壊れやすいことも覚えておこう。新しい精神的、感情的な領域に慣れるまで、自分自身に優しくしよう。**

今週の課題 アーティストのための地理学

子どもの頃、学校で習う科目の中では地理が一番好きだった。外国の文化を伝える挿絵を見るのが大好きで心を躍らせた。ゴムの重りをつけた籠をバランスよく頭の上に載せて運ぶ女性の姿、滝の上をすれすれに飛ぶ飛行機、高地のジャングルに住む先住民、身体のエネルギー経路を辿《たど》るためにエジプトのヒーラーである僧侶が使っている細長い杖《つえ》、時と場所を超えて集められたさまざまな時代の美術品や工芸品など。

手はじめに以下の質問について考えてみよう。

①自国の文化以外で、どの地域の文化に興味が引かれますか？
②現代以外のどの時代に共感を覚えますか？
③外国料理の中ではどこの国の料理がおいしく感じられますか？
④解放感や幸福感をもたらしてくれる異国の香りはありますか？
⑤霊的な伝統の中ではどの伝統に心を引かれますか？
⑥外国の音楽では、どこの国の音楽が心に響きますか？
⑦他の時代に生きているとしたら、自分は何歳ぐらいだと思いますか？
⑧他の文化と時代に生きているとしたら、あなたは男女どちらの性を生きていると思いますか？
⑨年代物の映画が好きですか？

⑩映画の脚本を書くとしたら、どの時代のどの場所の苦境を探究したいですか？

次に、大型のカラフルな雑誌やカタログを集める。よく撮れている自分の写真を一枚選び、大きなボール紙の中央にそれを置こう。雑誌やカタログから自分の好きな画像を素早く選び、愛すべき物や興味ある物に囲まれた想像の世界の中で、主役であるあなたをつくり上げよう。

片付けは創造のはじまり

私たちアーティストは、はじめる能力がないことにしばしば不満を漏らす。小説、短編小説、脚本の書き直し、ずっと考えている写真シリーズに着手する図太さを持ってさえいれば、と考えるのだ。それなら、**何か別のことをして〝とにかくやり遂げる〟ことからはじめてみてはどうだろう**。

アーティストが何かをやり遂げるとき、活発になる目に見えない物理的な法則があるに違いない。その何かは薬箱を整理する、小物入れを掃除する、大事にしているロードマップをテープで修理して使えるようにするなど、何でもよい。何かをやり遂げた瞬間、私たちは神から背中を押される。衛星を打ち上げるブースターロケットを授かるのだ。

ちょっとした家具の修理もできないのに、どうして卒業論文に着手できるだろう？新しいカーテンがトイレのタンクの上にたたんで置いてあるのに、リングがいくつか外れ、汚れて破れたシャワーカーテンをそのまま使っていて、どうして大学院の入学願書を書くことができるだろう？

ほとんどの人は、家庭や仕事場にやりかけの仕事をたくさん持っている。たとえば、写真アルバムや靴箱の整理、住所録をアルファベット順に並べ替えることなど。前の劇の続きを書くことも「今度やろう」と思っていることの一つだ。他にも「やるべきこと」のリストには、たくさんの項目が書き連ねられている。そのような状態で、他のことをはじめる気にならなくても不思議はない。**私たちは本気でやり通す気もないのに手を出し、途中でやめてしまっている仕事をたくさん持ちすぎているのだ。**

若い作曲家であるクリスチャンは情熱家で、たくさんのプロジェクトを抱えていた。常に全速力で新しい音楽のテーマを追いかけていたが、何か他のことに目が行くと、それがエネルギーを注ぐ新しい対象となった。クリスチャンは前途有望な若いアーティストだが、本当に期待に応えるには、あまりにもいろいろなことに手を出しすぎていた。

「ミーティングルームをきれいにしなさい」と年上の作曲家が彼にアドバイスした。「物事を整理整頓して、やりかけの仕事の優先順位を決めるんだ」と。

クリスチャンは、片付けなど貴重な時間とエネルギーの無駄だと感じたが、しぶしぶその言葉に従った。ところが、三冊のファイルにそれぞれのプロジェクトの仕事をすべてていねいに並べてみたところ、奇妙なことが起こった。自尊心が頭をもたげはじめたのだ。

「僕は確かに仕事をたくさんやってきた」とクリスチャンは改めて思った。いくつかのプロジェクトがほぼ完成に近づいていたが、仕事を首尾よくやり終えて満足するということを拒んできたことに気づいた。すべて「完成間近」で中断していたのだ。

予測通り、部屋の片付けにおいても、ほぼ同じような回避行動を取っていた。片付けを三分の二くらいまで終わらせると、そこでやめてしまうのだ。

「部屋の整理は進んでいるかい?」と先輩の作曲家が尋ねた。クリスチャンは最後までやり終えないうちにやめてしまったことを告白し、言い訳がましく言った。「それでもましです。僕はすべてのものがどこにあるか、だいたいわかっています。僕がどれだけ多くの仕事をしたか信じてくれないでしょう。これまでいかに多くのプロジェクトを手がけてきたか自分でも知りませんでした」

「とにかく、この部屋の整理をやり終えなさい。最後までやり通すんだ。**君はゴールに近づいているけど、まだ到達していない。最後までやって、どうなるかを見てみるんだ**」

自分がいかにのろまかに苦笑いしながら、しぶしぶ片付けを続けたクリスチャンは、ついに小さな部屋の整理をやり遂げた。すべてのものが所定の場所に収まった。あらゆるプロジェクトがきちんと整理され、簡単に見分けられるようになった。

すると彼は新しいエネルギーが湧き上がってくるのを感じた。それは単に楽観的になったのに似ていたが、もう少し焦点が定まっていた。この新しい気分を名づけるのに時間がかかったが、単なるひらめきとは違うもので、自信を伴っていた。

「確かなものを感じました」とクリスチャンは思い出す。それまでぼんやりとおぼろげに感じられていた多くのものが、今やしっかりと理解できるように思えた。クリスチャンは仕事を一つずつ完成させはじめた。部屋を整理し終えて一か月もしないうちに、複数のプロジェクトを片付け、補助金やコンペに申し込むという次のステップに進むことができた。

「『前途有望』だけでは終わらないことを、突然、僕は示しはじめたんです」とクリスチャンは言う。「いくつかのプロジェクトを実際に完成させ、単に『才能がある』だけではなく、生み出す力があることを証明したんです」

よいことがもっと増えて欲しいと願うなら、すでに経験しているよいことを評価し、育てなければならないという暗黙の霊的な法則があるようだ。そのためには、現在の生活の中で報われていると感じられることを集めて、感謝のリストを作成するとよい。そして、自分の持っているものを大切に世話するのだ。たとえば、とれたボタンを付ける、衣服の裾上げをする、ドアのシミを洗い落とすといった日常的なことである。

自分が持っているものを最高の状態にしようとすれば、背後にいる偉大なる創造主が私たちの努力を後押しし、事態をさらによくしてくれる。昔から言われている「神は自らを助けるものを助ける」という諺《ことわざ》が試され、真実であることが証明されるのだ。

動いている体は動きつづける。創造の仕事ほど、その法則がぴったり当てはまるところはない。創造の車にグリースを塗って滑らかに動くようにしたければ、他の場所で少しきつい仕事をしてみるとよい。ズボンの裾を直す、カーテンを吊るす、といったことをしてみるのだ。長すぎるズボンの裾を上げることが、どうしてイーゼルに向かわせる元気を与えてくれるのかはわからないが、実際そうなる。散らかったクロゼットを整理することが、書きかけのショートストーリーをどうやって終わらせたらいいかのヒントをどうして与えてくれるのかわからないが、実際に与えてくれる。

ＣＤを整理する、自転車の空気を入れる、ばらばらになったソックスを揃《そろ》えるなど、何でもいいからやってみよう。最後までやり通せば、周囲に秩序が生み出され、心の整理もつく。**何かを完了させることで、自分の周りの整理と内的な整理ができる。何かを終わらせることは、「さあ、何かをはじめよう」と言うことなのだ。**

今週の課題　学習曲線をナビゲートする

これは励ましのエクササイズである。私たちは何か新しいことに直面すると、今までたくさんの「何か」を成功裡にやり遂げてきたことを往々にして忘れてしまう。ペンを手に取り、今まで自分にはできないと思っていたにもかかわらずできることを知った一〇の物事を列挙してもらいたい。たとえば、こんなふうに。

①伝統的なギリシャの練り菓子「スパナコピタ」――実際にうまくつくれた。おいしかった。
②スペイン語――あいさつ程度よりはましなコミュニケーションができる。
③背泳――溺れなかった。今では大好きだ。
④車のオイル交換。
⑤新しいコンピューター――の操作。
⑥微積分学――予想外にうまくできた。
⑦聴く訓練――単純なメロディーをより正確に記録することができる。
⑧大勢の人の前でマイクを使って冷静に話すことができた。
⑨コンピューターソフトの「フォトショップ」の操作の仕方を覚えた。
⑩手を噛《か》まれずに飼い犬にフィラリアの薬を飲ませることができる。

スキルは学ぶことができる。学習曲線とは、常に興奮、落胆、困惑、苦痛を経て熟達のレベルに達するものだ。

チェック・イン

①今週は何日モーニング・ページをしましたか？　やらなかった日があるとすれば、それはなぜですか？　モーニング・ページをするのはあなたにとってどんな経験ですか？　今までより明晰になっていますか？　広範な感情を味わっていますか？　以前より目的意識が鮮明になりましたか？　心の落ち着きが増し、何事があってもゆったりとしていられるようになりましたか？　何かに驚かされましたか？　解決を求める何度も繰り返される問題がありますか？

②今週、アーティスト・デートをしましたか？　幸福感が増したことに気がつきましたか？　あなたは何をし、どう感じましたか？　アーティスト・デートがなかなかできないなら、「さあ、出かけよう」と自分を強く促すことも

必要です。

③ウィークリー・ウォークに出かけましたか？　どんな感じでしたか？　どんな感情、どんな気づきが浮かび上がってきましたか？　一回だけでなくもっと歩くことができましたか？　ウォーキングは楽観的になったり、視野を広げたりすることにどう影響しましたか？

④今週、自己発見に関して重要だと感じることが他に何かあれば、ノートに書き出してください。

第8週 見分ける能力を発見する

今週は少し難しい課題を提示します。私たちは本当に最後までやりぬくことができるのでしょうか？　「できる」と答えるには、悪魔を寄せつけない術《すべ》を学ばねばなりません。悪魔の中でも特筆すべきは、目に見えない敵である「成功」という名の悪魔。今週の課題は、成功した人を待ち伏せしている創造の世界の怪物を見極め、その力を骨抜きにすることです。そのプロセスには怒りが伴います。悪人の正体をあばくとき、しばしば裏切られたという感覚や悲しいという感覚に襲われるようなものです。しかし、自分を真に支えてくれる人をはっきりと見定めれば、安心感が生まれます。

「成功」は目的ではない

過食症の研究によって、特定の食べ物が「トリガーフード」——一口頬張ると、もっと食べたいという渇望を生み出す食べ物——になることがわかってきた。多くのアーティストにとって、名声はトリガーフードになりうる。名声そのものを追い求めはじめると、際限なく追い求めるようになる。**私たちは名声を得ることにとらわれずに、自分が今していることに集中しなければならない。**

創作に打ち込んでいるとき、私たちは自分が何者であるかを知る。一瞬、世間の目というものを忘れるからだ。私たちは作品をつくるアーティストではなく、作品そのものになる。実際に創作に打ち込んでいる瞬間は、幸いにも無名の存在である。人前で演じているときでも、創作活動は私的なものだ。創造性は、自分と自分を通して働く創造的なパワーの間で繰り広げられる。そのことを自覚し、集中することができれば、よい結果が生まれる。

私たちはいつでも創作できるが、自分が選んだ分野、あるいは自分が得意だと思っている分野で必ずしも成功できるとは限らない。役をもらえずにいる俳優は、一人芝居を学ぶ、ワンマンショーの脚本を書く、ピアノや水彩や粘土細工を習うといった「自分にできる創造的なこと」が他にもあるのを忘れてしまう。

たった一つの分野だけで創造性を発揮しようとすると、二つの大切なことを見失ってしまう。一つは、**人はみな多才**だということ。もう一つは、**物事には時機がある**ということだ。評価されなかったり、選ばれなかったりしたときこそ、創造のパワーを自らの手に取り戻すチャンスだ。新たな選択をする機会なのに、一つの挑戦の失敗を恨みに思い、くよくよする人は多い。

もちろん、落ち込んでいるときに行動するのは難しい。キーワードは「行動する」ことだと忘れてしまう人のほうが多い。選ばれること、役をもらうこと、よい評価を得ることなどが気になって、素人参加のショーで演じたり、ホームビデオで一人芝居を録画したり、チャリティの余興をやったり、老人ホームでパフォーマンスをしたりできることを忘れてしまう俳優はたくさんいる。

ミュージシャンは、自分の専門分野に応用できるかどうかに関係なく、新しい音楽を学ぶことができる。重要なのは音楽を〝楽しむ〟ことであって、〝有名になる〟ことではない。ブロードウェイの音楽はバイオリンで演奏しても楽しめる。バッハからビートルズへの転換は大喜びで迎えられるだろう。真剣にアートに取り組みたかったら、世間に「本物のアーティスト」として認められるかどうかを気にするのではなく、創作すること自体に真剣になるべきだ。自尊心は「書くこと」自体や「演じること」自体に存在するのであって、評価の中に存在するのではない。また、でき上がったものをあれこれ振り返ってみることや、世間の目にどう映っているかにあるのでもない。

「世間の目」という言葉は、「自分が何をしているか」ではなく「自分がどんなふうにやっているか」にとらわれてばかりいる危険について教えてくれる。厳密に言ってろう？

「世間の目」とは何なのだろう？　創作するとき、なぜそれほどまでに気になるのだろう？

創作が名声を得るためや、お金を稼ぐための手段になると、自分自身ではなく他人に支配されてしまう。私たちは「幸運」をつかむためにビジネスのやり方をうんぬんしはじめるが、やがて自分には関係のない話のように思えてくる。自分がとても無力に感じられ、気が滅入り、頭がおかしくなったように思う。なぜなら、そう簡単には〝成功〟しないからだ。ここまでくると、それはもう、創造ではない。

クラレンスは才能あるミュージシャンで、いつも「大物になる」と期待されていた。彼は常に「ビッグアルバム」の「ビッグアーティスト」のために演奏し、ブレイク寸前の状態にいた。しかし、ブレイクしないことによる慢性的な不満のため、素晴らしいことや刺激的なことがたくさん起きているにもかかわらず、それを楽しめないどころか、気がつきもしなかった。彼は自分の憧れであるボブ・ディランその他のミュージシャンと共演した。デビッド・レターマンのショーにも出演したし、最新のバンドと共にヨーロッパツアーにも参加した。傍から見たら、彼の人生は光り輝いているように見えたが、本人にとってはまったくそうではなかった。彼は音楽を楽しんで演奏しているのではなかった。プロデューサーに自分を印象づけるためや、次のグラミー賞にノミネートされるために演奏していたのである。

「アートはもっと楽しいはずだ」とクラレンスは思った。ちょうどその頃、あるチラシが目に入った。学校の音楽祭に協力してほしいと生徒の保護者に呼びかけたものだった。直接、彼に依頼があったわけではない。彼はそんなことをするにはあまりにも大物すぎた。だが、チラシを見てクラレンスは思った。「これは面白そうだ。自分が加わったら、子どもたちが喜んでくれるかもしれない」

クラレンスは、実際にそのイベントに深く関わり、自分が所有する広々とした豪華な録音スタジオを子どもたちに提供した。クラレンスはまた、衣装デザイナーとしても、バックコーラスとしても才能がある自分の妻の協力も得た。まもなく、彼の家全体がかわいらしい子どもたちの歌声ときらきらとした衣装で溢《あふ》れるようになった。

「まるでサンタクロースの工場のようだ」とクラレンスは笑いながら友だちに語った。クラレンスの家は笑い声でいつも満たされるようになった。小さな学校がこれほどまでに洗練され、幸せに満ちた創作を成し遂げたことはそれまでにないことだった。プロのクラレンスの曲に合わせて子どもたちが歌うところを録画したビデオテープもできた。「子どもたちは今回の経験で多くを得てくれたと思うし、僕もたくさんのものを得たよ」とクラレンスは満足げに語る。

自分の芸術的才能を、家族やコミュニティや友人たちのために上手に役立てることで、クラレンスは、自分がアーティストになろうと決めたときに感じた喜びを再び取り戻した。音楽や自己表現に溢れ出ていた自分自身の寛大な部分とのつながりも取り戻した。彼のアートは〝成功〟を目指すものではなく、何かを〝つくり出す〟ものになった。現在では毎年スケジュールを繰り合わせて、子ども音楽祭に必ず参加するようにしている。**自分のアートにハートを取り戻すことで、与える喜びが戻ってきたの**だ。

ビジネスのゴールとして成功に焦点を合わせるようになると、精神的な意味での成功を見失うことが多い。自分の内的な経験ではなく、「外部」に焦点を合わせて道に迷ってしまうのである。

「私は常にうまくやると思われていることを知っていました。みんなが私に賭けていたんです」と女優のジョイは言う。幼いとき、両親によって舞台の中央に押し出されて以来、彼女はずっと役者だった。子役として活躍後、コメディもできる女優として中西部の小さな街でまたたくまにレギュラーを獲得した。思いきってハリウッドに移った後も、レギュラー出演陣に加えられた。彼女は仲間たちよりたくさん仕事をしたが、ほとんど不平をもらさなかった。ただ、「自分は幸せではない」という事実だけは隠せなかった。

不幸の原因を探るために、彼女は「モーニング・ページ」を書きはじめた。そしていつも人の真ん中にいようとする性格は、本当に自分自身のものなのかどうか疑問を抱きはじめた。「あなたは生まれながらの女優なのよ」と母親はいつも言っていたが、本当にそうなのだろうか？　女優業は彼女を注目の的にしたが、満足はもたらさなかった。

自己探求が進むにつれ、自分は書くことがとても好きだということにジョイは気づいた。作家という仕事は彼女の真面目で聡明な姉がやっていることであり、ジョイがずっと立ち入れない領域だった。ジョイは家族の自慢であり、スターだった。「試しに書いてみるだけ」と自分に言い聞かせて、ジョイは書きはじめた。すると女優として演じるより、書くことのほうがずっと自分の肌に合い、創造性を発揮できることに気づいた。女優としての仕事は続けていたが、書くことにどんどん引かれていった。親友から熱心に勧められて、彼女は一人芝居の脚本執筆に着手した。ペン先から溢れるように言葉がつむぎ出され、ペンを置くことなく書きつづけた。六か月もしないうちに、ワンマンショーができるぐらいの脚本ができあがった。親友はさらにディレクターを買って出てくれた。

「作家として名乗りを上げることに、恐れがありました」とジョイは振り返る。だが、彼女の友人は適当な会場を見つけ、チラシを印刷し、ジョイが今までやってきた女優の仕事は、作家としての彼女本来の才能を花開かせるための助走にすぎなかったと励ました。

「女優の仕事はやめませんでしたが、演じることだけが自分のすべてだと思うことはやめました」とジョイは語る。彼女のワンマンショーはそこそこヒットし、友人は一幕の劇をやってみるよう提案した。

「あなたみたいな友だちがいたら、エージェントなんかいらないわね」と言いながらジョイはさっそく創作にとりかかり、すぐに舞台での上演にこぎつけた。数年後の今、ジョイは売れっ子の若い脚本家として成功している。彼女は自由に創作するプロセスを楽しんでおり、成功はそれに付随するものであって、目的ではないと感じている。

「**創作することで有名になろうという考えを手放したことで、自分が求める作品をつくりはじめることができたた**んです。その結果、自分がいつも願っていた人生が手に入りました」とジョイは語る。

なりたい自分になろうとすることをやめ、あるがままの自分を社会に認めさせようとすれば、自分にぴったりの創造の靴が見つかり、快適に歩くことができるようになる。そうすれば、かなり遠くまで歩いていくことができる。旅そのものを楽しめる。仲間といることの楽しさ、道の両側に広がる景色を眺めることの楽しさを、たっぷり満喫できるようになる。

今週の課題　誰かのために創作する

創造的なことをして食べていくことに夢中になると、大事なことを忘れてしまう。芸術的な素養は、プロの領域だけではなくプライベートな領域にも持ち込める贈り物であるということを。その結果、仕事の文章を大量に書いても、自分の友だちに手紙を書く時間を取らなくなる。お金を稼ぐために絵を描くが、お金にならないことには自分の創造的なスキルを使わなくなる。趣味は「軽薄なもの」として無視される。生真面目にアートに取り組むようになると、実際に深刻にならざるをえないのだ。

ペンを取って、1から5まで番号を振り、自分が親密につながっていると感じる人を五人挙げてもらいたい。それぞれの名前の横に、彼らの友情に対して感謝と愛を捧《ささ》げるために一つの創造的なアイデアを書き出そう。書き出したらそれを一つ一つ実行に移してもらいたい。私の例を挙げておこう。

①娘——彼女を育てたときの思い出について何か書く。
②姉——彼女の勇気を綴《つづ》ったアーティスト物語を書く。
③キャロライナ——子どもの頃の彼女、そして友だちである現在の彼女を描く。
④エマ——私たちの創造的な冒険の写真集をつくる。
⑤コニー——彼女のために「アーツ&クラフツ」のレシピボックスをつくる。

これは誰かとつながるためのプロジェクトだ。長い時間をかける必要はないが、心のこもった創作活動がさらなる創作への意欲をかき立てるというのは往々にして真実である。生真面目なパターンから自由になれば、新しいエネルギーや興味に出会いやすくなる。アートが私たちの人生の一部になると、私たちは自分のつくり出す作品の中により素晴らしい人生を頻繁に発見するようになるだろう。

チャンスに便乗する「ピギーバッカー」

速度が急激に変化すると、アーティストにとって傷つきやすい状況が生み出される。

二つのこと――「チャンス」と「落とし穴」、もっと単刀直入に言えば、「役に立つこと」と「人に利用されること」――が降りかかってくる。**人生のスピードが変わると、何が本当のチャンスで、何が他人のチャンスのために自分が犠牲になることなのかを見分けるのがしばしば難しくなる。**

成功して知名度が上がれば上がるほど、「チャンス」と「落とし穴」を区別するのが難しくなる。古代中国で宗教的な象徴として用いられた六線星形で、「危機」が「チャンス」でもあると見なされるのは偶然ではない。私たちがアーティストとしてより輝きを増して強くなると、その明晰さや輝きに引かれる人が出てくる。そのなかにはあなたを助けてくれる人もいれば、あなたの光で自分自身の道を照らし、利用しようとする人もいる。本当の価値と目的に合致するかたちで、あなたを招き、仕事を提供してくれる人たちは、大切にすべきチャンスであり、絆を結ぶべき同志である。それに反して、好機だと言わんばかりに自分自身の秘密の計画を持ち出してくる人たちは、チャンスではなく落とし穴である。そういう人たちは創作に待ち受けている危機を表している。私は彼らを〝ピギーバッカー（便乗する人たち）〟と呼んでいる。この輩《やから》は、さっさと突き止めて排斥しなければならない。

ピギーバッカーはあなたの名前、名声、エネルギーに関わるプロジェクトを抱えているが、「助けてもらいたい」とはめったに言わない。はっきり言ってくれれば、あなたも明確に考える余地があるというのに。ところがピギーバッカーは、「あなたのお役に立てる」と言い、いかにもあなたのプランと一緒にすすめるのが正しいという風を装って、自分の計画を提示する。

人気に便乗しようとするピギーバッカーはとても上手に言い寄ってくる。巧みにお世辞を言って、抵抗するあなたの意志をくじこうとする。雑草と花の芽が似ていて見分けがつかないときがあるように、ピギーバッカーは実にうまく「いい人」を装うことができる。雑草はどんどん繁茂して占有面積を広げ、庭に植えた花々を駆逐する。危険なピギーバッカーも同じだ——そのことに気づいたときにはもうすでに遅い。ピギーバッカーはあなたの本当の目標が何かなど気にしない。あなたの時間、エネルギー、専門的な知識を、自分の目標のために利用することだけに関心があるのだ。

ピギーバッカーは、あなたとはまったく異なる目標や計画を抱いているかもしれないが、それを明らかにするのを嫌う。彼らはあなたの価値観に反するものを提示しながら、「君の方向性と共通する部分がたくさんあるよ」と主張する。私の経験から言うと、あなたが良識に反して「寛大」になると、必ず困惑する事態が発生する。ピギーバッカーは「チャンス」を提供するのを好む。そして、あなたが契約に応じたとたん、そのプロジェクトを横取りしようとする。あなたのチャンスは、都合よく踏みつけにされ、むろん芸術的な価値も失われる。

アーサーはベストセラーとなった本で実質的な成功を収めた。大人になって初めて人に認められ、お金も得て、将来は約束されているように見えた。著作権エージェントは彼と契約を結びたがり、出版社は彼の次の企画の出版権を競り落とそうと必死だった。アーサー自身を含め、誰もが彼が大物になることを疑わなかった。彼は人を引き付ける性格だったし、連勝街道を突っ走っていた。彼の手に届かないものは何一つないように見えた。だが、**チャンスを一つ残らずものにしよう、何もかも一度に手に入れようとしたことで、局面が変わった。**

まず、記事広告の話があった。「現在のあなたを売り込んで、大物になりつつあることを人々に教えるものです」という映画製作会社の話には説得力があった。アーサーは稼いだばかりの二万五千ドルをその企画につぎ込んだ。「将来への投資になる」という映画製作会社の言葉を真に受けたのだ。

次にアーサーは有名なシンクタンクに加わる決心をした。そのために、さらに二万五千ドル使った。そのシンクタンクに関わっている人のほとんどはスポンサー企業を持っていたが、アーサーは自分一人で何もかもやっていた。そのシンクタンクに加われば、一流であることの証明となり、信頼度が高まると聞いて、参加することに決めたのだ。

しばらくすると、効果が出はじめたように思えた。いろいろな人たちが彼の周りに集まってきたのだ。アーサーは実力のある高給のアシスタントを必要とした。だが、アシスタントを抱えるには、自宅の一室ではなく、もっと広いオフィスが必要だった。「それ」――新しい本――は、アーサーのグッドアイデアを「適切にパッケージ化」するための豪華にデザインされた企画書を必要とした。アーサーのウェブサイトも必要だった。彼ほどの名声がある人物なら興味を抱いたすべての顧客に、彼が何者で、何をなしたかを伝える「ウェブ上でのプレゼン」が必要だというわけだ。

それでどうなっただろう？

アーサーは自分があまりにも多くのことに手を出して疲れ果てているにもかかわらず、十分な収入が得られていないと気づいた。彼のお金と名声は多くのチャンスを引き寄せていたが、成果は出なかった。

「何も買わずにお金を銀行に預け、自分の『名声』にまつわる騒ぎが収まるのを待っていたほうがよかった」と彼は思った。だが実際には、新たに買い求めた住まいのローンを支払い、デザイナーズスーツのカードローンを支払うために四苦八苦していた。物を書くには集中力が不足していた。皮肉にも、成功は彼を成功させる助けになったすべてのもの――独創的な考えをするのに必要な孤独、じっくり考える時間、スペース、集中力――を奪ったのだ。現在のアーサーはまるでアルマーニを着たペテン師のようだ。

アーティストとしての知名度が上がると、利用され、傷つけられるリスクも高まる。速度はスキを生み出す――物事や人が私たちの防衛をかいくぐるのだ。人々があなたの創造性の城壁を突破すると、大混乱が巻き起こる。そうなると立ち直るのに時間がかかり、執筆の時間や練習の時間を削らなければならないだろう。**アーティストも命や利益を新陳代謝させる時間を必要とする。**私たちの名声――注目されたアーティストは多くの人たちに輝くニッケルのように見える――に目がくらんだ人たちに、人間性をないがしろにされることもある。境界を理解しようとしないピギーバッカーたちが踏み込んでくるのだ。

過去三〇年間に三度、私は、不覚にもピギーバッカーの手にのせられたことがある。いずれのケースでも、欠点だらけのプロジェクトを背負わされたのだ。ピギーバッカーはプロジェクトの質よりも勝利の栄光を追い求める。彼らは手っ取り早い成功を狙って、性急に事を推し進める。そのようなプロジェクトは、無理やり素早く生長させられる温室栽培のトマトと同じで、見かけはいいが、実質がなく無味乾燥で、生気も栄養もない。

アーティストとしての名声や評価は重みも幅もある。メリットがあるかどうか疑わしい冒険的な企てに自分の名前を貸すと、信用を失うだけではなく、基盤を固めるチャンスも失ってしまう。地域の劇場からブロードウェイの舞台まで、小さな町のイベントからメジャーな詩の世界まで、どんなレベルで創作にあたろうと、**「これはチャンスなのか、それとも利用されているのか？」**と自問してみるべきだ。

私たちはみな寛大でありたいと思う。仲間が欲しいと思うし、仕事もしたい。だから、自分自身の仕事の質だけでなく、一緒に仕事をする人たちの仕事の質にも気をつけなければならない。

冒す価値のあるリスクもあれば、冒す価値のないリスクもある。気取ってそんなことを言っているのではない。判断力や識別力の大切さを述べているのだ。**自分自身や自分の才能に責任を持てということ**だ。

「苦労の割に得ることが少ないのではないか？」という疑問は、リスクを伴うどんなプランにも当てはまる。ある種の困難で大胆な物事はお金を出す価値があるし、リスクを冒す価値もある。質のよくない企画とやっかいな同僚の組み合わせはごたごたを引き起こしやすい——早晩行き詰まるのは目に見えている。創造的に生きるなら、やっかいな状況ではなく自分のアートにへばり付く術を学ばなければならない。

アーティストは多くの人々とは違った意味でオープンであるため、不意打ちを食らって傷つけられやすいし、搾取の対象にもなりうる。不意をつかれて他人の仕事を手伝う羽目になり、自分自身の仕事が手につかなくなることがあるのだ。仕事のギアを変えて、テンポを早めようとするときには、いつでも車の運転をしているときのことを考えてみるといい。時速を五五キロから一〇〇キロに上げると、景色を楽しめる速度から、すべてのものがあっという間に通りすぎる速度に変わる。その結果、「今通り過ぎたのは、ガソリンスタンドだったかしら、それともコンビニだったかしら」とか「高速道路の出口を通り過ぎてしまったかな」という疑問に駆られる。

アーティストはいとも簡単に出口を通りすぎてしまったり、間違ったインターチェンジで降りてしまったりする。とくに、誰かに注意を奪われているときにはそうだ。複雑に交差した高速道路のインターチェンジで行き先を告げる標識を探しているとき、誰かが耳元で関係のないことをしゃべっているところを想像してほしい。アーティストにとっての「行き先」は、自分自身が尊敬でき、願わくば人にも尊敬してもらえる作品である。**名声や誇大広告は回り道にすぎない。**エージェントやマネージャーがあなたのためではなく、自分たちのビジネスのために四六時中、仕事を持ち込んでくるようになると、あなたは自分の焦点を見失い、自分の好きな道を行くチャンスを逃してしまう。

チャンスはクリスマスの朝のような感覚を伴って訪れる。私の場合、チャンスが訪れると、しばしば静かな畏怖の念を感じる。「なんて素晴らしいんだろう」ときどき感覚が少し麻痺《まひ》し、「ちょっと私をつねってみて、これって夢？」と思うときもある。対照的に、人に利用されているときには、閉店間際に駆け込みで買い物をするときのようなプレッシャーを感じる。買うべきではないとわかっているのに買ってしまう衝動買いのようなものである。

一言で言うと、**事実は地味なのだ！** 事実は、本当のチャンスと見せかけのチャンスの違いを見分けるヒントとなる。「私は五つのブロードウェイの仕事をし、全国ツアーを三度しました」というのが事実であり、「私はいろいろなシンガーと仕事をした経験が豊富にあります」というのは誇大宣伝だ。〝いろいろなシンガー〟とは誰が何人いるのか、〝豊富な経験〟とはどんな経験がいくつあるのかわからない。

私たちアーティストは幸運な機会だけではなく、不運な選択にも気をつけなければならない。自分の真のゴールや志を実現する上でためにならない人々や企てから、いつ、どうやって手を引くかを学ばなければならない。人から提供される「ビッグ・チャンス」は容易に利用される罠《わな》になりやすい。

今週の課題 ペースを落として強さを感じる

スピードは「自分には何でもできる」という幻想を生み出す。すると、深層の命の流れに無感覚なまま、あわただしく日々を駆け抜けてしまう。もっと深く静かに生きる必要があるのに、満たされぬ思いを抱き、もっと一生懸命に生きるよう、自分自身に鞭《むち》を打つ。心を鎮めるための強力な呪文を繰り返そう。「緊急事態ではない」と。もし人生に緊急事態がないとしたら、ゆっくりと進むために、あなたはどんな状況を許容できるだろう？

---

①ペンを取って、1から5まで番号を振り、あなたが「急がなくてはならない」とプレッシャーを感じている人生の領域を五つリストアップしよう。「非常時だ」という感覚が見当違いではないかどうかを自分に尋ねてみるといい。しばしば私たちは、自然でゆるやかな展開に不安を抱く。温室栽培の植物のように自分を無理やり成長させたがり、時機――私たち自身――が熟すのを待とうとしない。

②自分が今リストアップした「急《せ》いては事を仕損じる」五つの領域を振り返ってみてもらいたい。それぞれの領域のスケジュールを見直そう。

あいまいなまま、もっとゆったりと生きることができるだろうか？　ツェルブ・ステッププログラムのもっともありふれたスローガンの一つは「気楽にやりなさい」。

このフレーズは「落ち着きなさい」という意味に解釈されることが多いが、実はもっと深い意味がある。それはスピリチュアルな知恵を凝縮したもので、**「ゆっくりとやり遂げなさい」**という意味なのだ。急いで前へ進むことで得することなど何もない。ペースダウン――手放して神に任せる――すれば、すべてのこと、すべての人が恩恵をこうむる。そして自然のペースや発達がどういうものかを発見できる。

「スピードは人を殺す」というドラッグカルチャーに由来するフレーズは、速すぎることの危険性を警告する。私たちは傷つきやすい繊細な生き物である。人間らしいペースで動くようにつくられた複雑なメカニズムなのだ。私たちには、ペースダウンして力をかき集めることが欠かせない。

創造性の妨害工作員たち

ほとんどの環境は、何かしら望ましくない要素を持っている。暑くて湿気の多い南部の蚊の季節。ミネソタの氷に閉ざされた極寒の冬。牧歌的な環境でさえ、とげとげしい要素を持っている。アーティストとして生きるなら、自分の環境の中にある危険な要素を認識し、名づけるといい。

私は一年の半分を過ごしていたサウスウェストで、ガラガラ蛇とタランチュラに気をつけて歩くことを学んだ。さらに、心理的に危険な環境の住人にも注意しなければならない。私はこれらの住人を「創造性の妨害工作員」と呼んでいる。妨害工作員が現れたら、夕方の散歩の途中で赤ん坊の蛇を見つけたときのように、まず生きのびることに集中しなければならない。創造性の妨害工作員は蛇と違って、攻撃する前に必ずガラガラと音を鳴らすわけではない。だからいっそう気をつけなければならないのだ。

あらゆる環境には何かしらネガティブな要素があるので、創造性の妨害工作員を完全に避けようとするのは現実的ではない。私は高地の砂漠に生息する危険きわまりない動物に対するのと同じアプローチで対応するのがより有効だと発見した。まず相手を知り、名前をつけ、避けるというアプローチだ。

創造性の妨害工作員はフレンドリーな生き物ではない。どんなに無邪気なふりをして迫ってきても、その存在そのものがあなたやあなたの夢を妨害するダメージをもたらす可能性がある。

創造性の妨害工作員に茶化すような名前をつけることは、私たち自身のパワーを確保する上で役に立つ。たとえば、悪意に満ちた意見やアドバイスを聞かされてくじけそうになったら闘牛をイメージし、「ただの濡れ毛布をかざすマタドールみたいなものじゃない。人をしらけさせる達人!」とこっそりつぶやいてもいいだろう。「濡れ毛布のマタドール」との典型的なやりとりを以下に紹介しておこう。

*アーティスト:すごく興奮していますよ。とうとう二幕の頭の部分ができたと思うんです!

*濡れ毛布のマタドール:実際に舞台稽古がはじまったら変わるでしょう。構成は脚本だけで決まりませんから。演じられる中で変わっていくんです。演劇は結局、共同作業なんですよ……。

このタイプの人物はあなたの創造の熱意に冷水を浴びせ、混乱させようとするだろう。このようなやりとりは熱意をくじくが、あなたは基本的に礼儀正しいので「もちろん共同作業ですよ。でもまず、たたき台になるものがないとはじまらないでしょう。

わかってないな！」などと反論することができない。

濡れ毛布のマタドールは、悲しげな先輩風を吹かせるのも好きだ。自分がこれまで数えきれないほど同じような例を見てきたかのようなふりをする。彼らの態度は、「熊がいる山中にピクニックに行くんだ！」と無謀な計画を語る一二歳の子どもを前にしたキャンプカウンセラーに似ている。あなたが「北へ行くことに決めました」と言ったとたん、「だめだ、南に行くんだ」と否定する。**あなたの意見に決して同意しない彼らの態度をいったん理解すれば、その意固地さが滑稽に思える。うまくその正体を突き止めさえすれば、彼らは妨害工作員ではなくなる。**

似たようなキャラクター、「アマチュアエキスパート」を見てみよう。このタイプも濡れ毛布のマタドール同様、否定性の中に住んでいるが、あなたの成功とはいっさい関係ない事実と数字を持ち出して自分の意見を押し通そうとする。経験不足で頭でっかちのアマチュアエキスパートは、「うまくいかない理由」をいくらでも挙げることができるが、実際に助けになる実用的なアドバイスは何一つできない。アマチュアエキスパートはどうでもいいことを好む。たとえば、リタ・ヘイワースのファンクラブの会長みたいなものだ。リタ・ヘイワースがどんなシャンプーを使っているかは知っているが、将来リタ・ヘイワースのようになる女優の卵を見つけることはできない。濡れ毛布のマタドールもアマチュアエキスパートも、思い込みの優越性によって創造的に生きるあなたをやり込める。彼らはアーティストよりものをよく知っているふりをする。そのような仮面をかぶることで、**「あなたは実際に何をしたことがあるんですか？」**という厳しい質問を避けようとするのだ。

次の破壊的なキャラクターはもっと悪い情報を知っており、ひとときも黙っていられない「悪いニュースの妖精」だ。このタイプはマラリアを運ぶ蚊のように針を持っており、治りにくい病を運ぶ。悪いニュースの妖精は、自らがネガティブな意見を述べるのではなく、誰かが述べているネガティブな意見をわざわざ運んでくる。典型的なやりとりは次のようなものだ。

＊アーティスト：新しいオペレッタを完成させたよ。すごく興奮している。

＊悪いニュースの妖精：もちろん知っていると思うけど、オペレッタの予算が大幅にカットされたよ。親友のニゲル・ニックスが昨日言ってたんだけど、最近、アートの形態としてのオペレッタに興味を持っている人なんか誰もいない。とくに決定権

のある人はそうだって。

悪いニュースの妖精は、決して自分の手を汚さない妨害工作員だということに注目したい。あなたの創造性を妨害するのは、妖精自身が持っている病原菌ではない。「たまたま」あなたに手渡した他の誰かの病原菌である。

創造性の妨害工作員の中には似非《えせ》アーティストもおり、彼らは主に二タイプに分かれる。一つは「重要人物」、もう一つは「生真面目な人々」である。重要人物はブランド物の服を好み、アートに対してもブランド志向が強い。彼らはあなたに会うとスキルを値踏みするために、あなたがどのような経路でアーティストになったかをチェックする。彼らにとって重要なのは、あなたがピアノを弾けるかどうかではなく、ジュリアードの生徒であったかどうかだ。絵を描けるかどうかではなく、ホイットニー美術館があなたの絵を一枚でも所有しているかどうかをチェックする。あなたが作家であるかどうかではなく、A級の著作権エージェントについているかどうかを気にする。彼らの目的はあなたがどこの誰かを知ることであり、何をしているかではない。こうした重要人物と接触すると、アーティストは普通、自分が取るに足らない存在であるかのように感じる。

では、重要人物のいとこである生真面目な人々を見てみよう。話していると、彼らは「芸術」をこよなく愛しているが、あなたはただのアーティスト志望であるという気分にさせられる。あなたの作品はみな、彼らが知っている「偉大な作品」に比べれば見劣りがする。彼らが言うには、「アートとは生死の問題」。なんでも知っている彼らの観点に立てば、もちろん死んでしまったアーティストのほうが生きているアーティストよりも優れている。生真面目な人はヴィンテージワインに群がるのに決してそれを飲もうとしないワイン愛好家にも似ている。単なる楽しみや称賛などには惑わされない。彼らが「知って」いるのは「ノー」と言うことだけなのだ。

アーティストは偉ぶるよりも不安であることのほうが多い。確かに雑草のように頑強だが、簡単に人々に踏みつけられる。もちろん、踏みつけにされてもまた立ち直るが、立ち直るまで何年もかかることがある。**自分の作品を公にするときに必要なのはすでに述べたように、能力を認め、励ましてくれる何人かの友だちを見つけること。さらに「立ち入り禁止」を告げるいくつかのサインを掲げることだ。**

創造性の妨害工作員の攻撃から生きのびるのは、蛇に噛《か》まれて生きのびるのに似ている。それは可能なことであり、あとあと面白い話のネタになる。しかし最初のステップは、蛇に噛まれたときと同じように、相手が創造性の妨害工作員であることを認識し、毒が全身に回るのを防ぐことである。事態を甘く見てはならない。噛まれてしまったら、すでに毒が回りはじめているのだ。繊細なアーティストの神経はひどく傷つく。第一歩は飛び退《の》いて、再び噛まれないようにすること。驚いて立ちすくみ、その蛇がまた自分を噛もうとしているかどうか確かめようと棒で突いたりしてはならない。蛇は噛む習性を持っている。一度噛んだら、また噛むものなのだ。**自分が蛇に噛まれたと思ったら、飛び退いてもらいたい。**「その経験から学びなさい」などという言葉に耳を傾けているときではない。後に「学ぶ」時間はいくらでもある。今は蛇から離れるのがベストだ。この種の毒蛇について話したがる人とも関わってはならない。蛇に噛まれる確率など、噛まれたという事実に何の違いももたらさない。数週間たって回復した後、ランチを一緒に食べながら、友人が「彼はずっと毒蛇さ。俺も噛まれたよ」と言うのを楽しんで聞くことができる。だが、それは後ですることで、今することではない。

　まず応急手当てをしよう。噛まれていないふりをしないで、噛まれたことを認め、解毒剤を施すのだ。解毒剤は傷ついたあなたをずっと支えてくれる人物である。「ひどいわね。私に何かできることある?」という言葉以外、余計なことをいっさい言わない友人だ。

「何かできることある?」と聞かれたら、一番率直な答えは「愛してくれ」。また、次のように言ってもいいだろう。「騙《だま》されて傷ついた自分自身を私が許すのを手伝ってほしい。この難局から抜け出すのを助けてもらいたい。あの人の悪意あるふるまいのせいで、私が自分を責めることのないよう手伝ってもらいたい。私が自分自身を愚か者と呼ぶのを止めて欲しい。事故は必ず起きるものだと言って。そこら中に蛇がいる、誰だって君のように嫌な生き物に出くわすことがありうるんだと言って」

傷つくのを完全には避けられないとしても、後になって、それをうまく利用することはできる。 蛇に噛まれて生きのびることによって差し込んでくる希望の兆しは、自分自身や人に対して思いやりの心を持てるようになることである。創造性の妨害工作員はどこにでも必ずいるだろう。彼らに噛まれれば、ずきずき痛むのは避けられない。しかし、誰が妨害工作員かをきちんと突き止め、避けることができるようになれば、その体験を人と分かち合い、希望の火を灯《とも》すことができる。

今週の課題

悪魔祓《ばら》いをする

創造性はスピリチュアルなものである。だからこそ悪魔を追い出すために、自分の力を呼び覚ますことができる。創造性が傷つけられたとき、あなた自身のやり方で霊的な儀式を行う絶好の機会となる。ここに私が好んで行う二つの方法があるので紹介しておこう。両方ともパワフルで楽しく、効果抜群である。

①創造性の悪魔祓い：自分の負った傷を振り返ってみて、あなたを苦しめるものの不愉快な要素をすべて体現する怪物をつくろう。この怪物をつくること自体カタルシスになるが、それを破壊すれば、さらに強烈なカタルシスが得られる。その怪物を自宅から二〇マイル離れた荒野の中で焼き、埋めてしまおう。さもなくば、橋の上からそれを放り投げ、川に流してしまおう。なんとか追放して欲しい。私の生徒の一人は、文法と慣用法を制御するすべてのルールを用いて「言葉の怪物」を創った。後に、彼女は自由にものが書けるようになった。

②創造性のトーテムづくり：自分を支えるためにスピリチュアルな力をすべて備えた存在をつくり上げてもらいたい。人形、彫刻、絵、曲、コラージュ、何でもよい。それを身の回りの目立つところに、お守りのように置こう。傷ついた創造性を癒してくれるのは創作行為しかない。

チェック・イン

①今週は何日モーニング・ページをしましたか？　やらなかった日があるとすれば、それはなぜですか？　モーニング・ページをするのはあなたにとってどんな経験ですか？　今までより明晰《めいせき》になっていますか？　広範な感情を味わっていますか？　以前より目的意識が鮮明になりましたか？　心の落ち着きが増し、何事があってもゆったりとしていられるようになりましたか？　何かに驚かされましたか？　解決を求める何度も繰り返される問題がありますか？

②今週、アーティスト・デートをしましたか？　幸福感が増したことに気がつ

きましたか？　あなたは何をし、どう感じましたか？　アーティスト・デートがなかなかできないなら、「さあ、出かけよう」と自分を強く促すことも必要です。

③ウィークリー・ウォークに出かけましたか？　どんな感じでしたか？　どんな感情、どんな気づきが浮かび上がってきましたか？　一回だけでなくもっと歩くことができましたか？　ウォーキングは楽観的になったり、視野を広げたりすることにどう影響しましたか？

④今週、自己発見に関して重要だと感じることが他に何かあれば、ノートに書き出してください。

第9週 立ち直る感覚を発見する

今週は、アーティストはスーパーヒーローであるという神話を打ち砕きます。ネガティブな感情に免疫があるアーティストはいません。そのような感情を乗り切る鍵は、「これも創造の道の欠かせない一部だ」として受け入れることです。今週の課題は、自分が選んだ困難な創造の旅に対する思いやりを養うこと。そのために、アーティストが直面する内的な試練に焦点を当てます。たとえ「魂の闇夜」が訪れても、受け入れれば乗り越えることができるのです。

不安を創造のために活用する

「アーティストとは、ビクビクしている競走馬のような存在だ」――これは悪くないアイデアだ。ゲートを出て走り出すまでの競走馬はひどく神経質であり、私の知る限り、不安と無縁なアーティストはいない。**成功したアーティストというのは、不安や不安と似たような感情をきちんと識別し、うまく対処できるようになった人たちだ。**不安と似たような感情の重要な違いを、いくつか明らかにしよう。ここから定義を引き出すと、きっと役に立つ。

不安は漠然とした性質を持っており、問題から問題へと次々に飛び火していく。不安の主要な働きは、音のうるさい掃除機のように、私たちが実際に恐れているものから気を逸《そ》らさせることである。不安はトラブルの隅々を突き回す感情的なモグラのようなものだ。

不安と似た感情の一つがパニック。恐怖がエスカレートしていく感覚であり、すさまじい変化の波に飲み込まれ、身動きできないように感じられる。パニックは、初日の舞台に向かう途中や、本の出版記念のイベントツアーに行くために空港へ向かう途中に感じるものだ。その根底にあるのは、「自分には行きたい場所はわかっているけど、どうやってそこに行けばいいのかわからない」という気持ちである。

不安と似た感情のもう一つが恐れ。不安のように強迫的ではなく、パニックのようにエスカレートすることもない。もっと現実に根差しており、何かを詳しく調べるよう促す。恐れは不快ではあるが、扱いようによっては私たちの味方となる。無視するとエスカレートするのでご用心。恐れの根っこにあるのは孤独感だ。孤独の根から恐れの木を茂らせると、自分自身のことがダビデのように思えてくる。援軍もなく、信頼すべき投石器で相手を倒せるかどうか危ぶみながら巨漢のゴリアテに対峙《たいじ》する小さな存在に。

不安、パニック、恐れ。イマジネーションが活発になるのは、それがネガティブなものであっても創造的なエネルギーが高まる兆候である。自分自身を競走馬と考えよう。あなたがパドックからトラックへと意気揚々と歩いているとき、元気づけてくれるものはすべて、実際に走るあなたの能力にとって良い兆候である。教師としての経験や人との共同作業を通して、私は発見した。**恐怖におびえ、神経過敏な人こそ、イマジネーションが豊かな人たちであること**を。何かにつけて危険で悲惨な結末を思い描きやすいが、彼らはただ文化的条件づけに沿って自分のイマジネーションを働かせているだけなのだ。

不安はイマジネーションのネガティブな妹だ。文化的に不安になるようしつけられた私たちは、起こりうるすべての否定的な出来事に備えるよう訓練される。ニュースは毎日、降りかかってくる可能性がある大惨事について取り上げる。イマジネーションが習慣的に不安に彩られるのも無理はない。しばしば聞かされるのは、無事に家にたどり着いた老人の話より、無事に家に帰れなかった不幸なおばあちゃんの話だ。

不安漬けになっていれば、自分が書いた劇が初演を迎える直前、攻撃的な批判にさらされるのではないかと不安に駆られるのは無理もない。賞賛されることなど思いもしない。モーニング・ページがアーティストにとっていい結果をもたらすのは、一日の始めに不安の種を吸い上げてくれるからだ。同じように、あるプロジェクトに取り組んでいて行き詰まりを感じたら、それにまつわる不安、怒り、恐れをすべて意識化し、洗い流す作業を試してほしい。行き詰まりを打開する糸口がつかめるはずだ。

自分自身や他者の安全への危惧、病気や異常があるのではないかという突然の疑惑、目が見えなくなりつつある、もしくは耳が聞こえなくなりつつあるという「自覚」、**不安のすべての症状は、破綻ではなく重大な創造性の突破口にいることを示している。**

ある長編映画の撮影に入ろうとしたとき、突然、狙撃手が私の目を狙い撃とうとしているという「確信」に取りつかれ、悩まされたことがある。その恐怖がどこからやってきたのかわからないが、街の通りで突然襲われたのだ。それが映画撮影に取り掛かろうとしていた直前だったのは偶然だとは思わない。また、カメラを回しはじめたら、狙撃手が姿をくらましたのも偶然とは思えない。

作家たちは酸素吸入器で息をしながら出版記念のイベントツアーに出かける。突然じんましんに悩まされ、医務室に駆け込む映画製作者が後を絶たない。ピアニストたちは演奏の直前になって指が動かなくなる恐怖を知っている。舞踊家たちは足裏の外側だけが地についている状態になり、浴室に行く途中、大事なつま先をぶつけてしまう。

だが、**不安について不安にならないことを忘れなければ、困難は乗り越えられる。**

創作活動では三五年のキャリアを持ち、創造性を阻むブロックを取り除く方法を教えることについては二五年が経過した今の私は、ときどき自分自身のことを、創造性のありかを占う〝ダウジングロッド〟のようだと考えることがある。誰かに会うと、私のレーダーが動きだす。創造のエネルギーは明瞭でわかりやすい。たとえ神経症や苛《いら》立《だ》ちを装っていたとしても、現実的で役に立つエネルギーである。警察犬になったような気がすることもある。過度の不安を嗅ぎ当てると、その人は注目すべき活発なイマジネーションを持っており、そのエネルギーを導いてあげたほうがいいとわかる。「うまく導けば、この人が才能を花開かせるよう力になれる」と感じるのだ。

私の娘の高校生時代の友人に、じっとしていられない多動のみられる男の子がいた。明るい貪欲なまなざしの、休むことを知らないエネルギーを持っていた。「あれを見て！　これも見て！」と彼の注意はあちこちに飛び回り、その敏感なアンテナは何一つ見逃さなかった。文字通りトラブルの種を探していたのだ。彼にはカメラが必要だと思った私は、卒業祝いとして贈った。一〇年後の今、彼は映画製作者になっている。何も驚くことはない。彼の過剰な心配性は適切な回路を欠いていただけなのだ。

前向きに生きることを心がけていると、心配を生み出していた創造のエネルギーが他のものに変質する。私は「不安」を活用して、詩や歌やシナリオを書いてきた。不安に襲われたら、自分に創造的なパワーが備わっている兆候だと思ってもらいたい。あなたが人生を悪い方向ではなく、よい方向に変える潜在的な力を持っているという証明なのだ。

私たちは表現者として、自分の不安に伴うエネルギーを創造のエネルギーへと導くスイッチをオンにするやり方を学ぶべきだ。難しくはない。誰にでもできる。人生をより充実したものにしたければ、ネガティブな可能性や結果だけではなく、ポジティブな可能性や結果にも心を開かなければならない。繰り返しになるが、**不安のエネルギーは受け入れたとたんに創造性の燃料に変わる。**ある女優は不安で怖気《おじけ》づきそうになると、「不安を利用するのよ」と自分に繰り返し言い聞かせる。それは学習可能なプロセスだ。

私の経験では、アーティストが完全に不安から逃れられることは決してない。ただそれを場違いな創造的エネルギーだと認識できるようにはなる。

著名な映画監督の中には、自分の作品が試写会で上演されると、吐き気や喘息《ぜんそく》の発作に襲われるという人がいる。私はそうした監督たちと何度も一緒に試写を見てきた。出番を待つ主演女優が舞台の袖で競走馬のように息を弾ませる姿を、私自身が脚本家としての恐怖に駆られながら見ていたこともある。

「真のアーティストは恐れを超越している」と信じるのは明らかに馬鹿げている。マスコミが押し付ける勝手なイメージにすぎない。アーティストの生意気さについてはよく語られる――「スティーヴンは七歳のときに最初のカメラを手に入れたんだって」。しかし、アーティストの神経が過敏であるということについては、めったに聞かされることはない。それゆえ、私がマーティン・スコセッシと結婚していた二〇代の頃に知った内輪話を紹介したい。

彼の友人には、若かりし頃のスティーヴン・スピルバーグ、ジョージ・ルーカス、ブライアン・デ・パルマ、フランシス・フォード・コッポラなどがいた。私は妻という特権的立場にいたので、彼らがヒステリーや不安の発作に襲われ、友人の助けを借りて切り抜けるのをたびたび目撃した。この話はとても価値がある。有名人が出てくるからではない。私たちにとって有意義な素晴らしい情報が得られるからだ。

彼らのエピソードは、偉大なアーティストと言われる人も、私たちと同じように大きな不安を抱えていることを教えてくれる。彼らは恐れを抱かずに作品をつくるのではなく、恐れがあるにもかかわらず作品をつくる。彼らは不安から自由なのではなく、不安でありながらも創造する自由を持っている。彼らはスーパーマンではない。**私たちも自分がスーパーマンになるのを期待しなくていい。**「とても恐ろしいから、自分はこんなことをするべきじゃない」などと自らに言い聞かせて、自分には創作者になる資格がないと思い込まなくてもいいのだ。

もう一度言わせてもらいたい。私が出会った人たちの中でもっとも恐怖に脅えていたのは、偉大だと言われているアーティストたちだ。彼らはみな恐怖から逃げるのではなく、恐怖を乗り越えることで成功した。彼らの作品が私たちの胸を躍らせ、魅了するのは、彼らをいたたまれない恐怖へと導いたイマジネーションがなせる技だ。あなた自身の不安も、偉大な才能を先導するブリモドキになるかもしれない。サメを先導する習性を持つこの小さな魚のように、あなたの不安があなたを先導しない理由はどこにもない。

今週の課題 理想的な一日を過ごしてみる

私たちはネガティブな想像をすることに慣れている。一方、ポジティブに想像するには訓練がいる。作品の完成が迫ると、私たちはしばしば悪いレビューを繰り返し想像する。不運な日を想像することもある。夢を抱いた自分がいかに愚かに見えるかを、繰り返し想像するのだ。私たちはうまくいかない自分を思い描くことがものすごく得意だ！

幸運なことに、成功は私たちが想像しようがしまいが、やってくるときにはやってくる。だが、歓迎すべき客のように、不安を抱かずに期待して待っていたほうが訪れやすいだろうし、心地よく留《とど》まっていられるだろう。このツールは極めて楽観的なエクササイズから成っている。一部の人は理想の生活を思い描くのに苦労しなければならないかもしれないが、試してみよう。

少なくとも三〇分、自由に書ける時間を取ってもらいたい。まず、理想の生活の入口に立っている自分を想像しよう。あなたの夢がすべて叶い、今、あなたは素晴らしい達成感に浸っている。どんな感じがするだろう？　その素晴らしさを想像できるだろうか？　理想の生活の一瞬一瞬をありありと想像し、書き出そう。書きながら、無上の喜びに浸ってもらいたい。

……………………………………………………………

参考までに、私の理想的な一日を書いてみよう。

「早朝に目を覚ました。美しい朝の光が部屋に差し込み、壁にかかっている、私がシナリオを書いたブロードウェイミュージカルのオリジナルキャストのアルバムのカバーを照らし出している。ベッドルームの暖炉の上には、オスカーやトニー賞のトロフィーがバランスよく並んでいる。幸せそうに眠っている愛する人を起こさないように、静かにベッドから抜け出す。今日は大切な日、新しいショーのリハーサルがはじまる。キャスティングは申し分ない。監督も素晴らしい。全員が仕事をするのを待ち焦がれ、ワクワクしている。私もそうだ。前にもこの人たちの多くと仕事をしたことがある。みんな才能豊かな人たちだ。私たちの歌は最盛期のリチャード・ロジャースとオスカー・ハマースタイン二世を髣髴《ほうふつ》とさせるものだ」

あなたのイマジネーションはどうだったろう？　〝イマジックネーション〟には、「大げさな演技」をさせてもらいたい。出し惜しみしないで、自由に想像の羽を伸ばすのだ。花で縁取りした祝電を受け取るだろうか？　誰かが二ダースのバラと、朝食用の焼きたてのベーグルを一ダース送ってきただろうか？　あなたにグッドニュースがもたらされたとき、誰が電話をかけてきて「素晴らしい！」と言ってくれるだろう？　大好きな姉だろうか、それとも社長だろうか？　あなたはまさに望みを叶えたのだ。

朝から日が暮れるまで、理想の生活に浸ろう。家族や友人やペットにもその幸せを分けてやろう。昼寝やお茶の時間を楽しむことも忘れずに。スコーンを満喫し、あなたの作品への素晴らしい批評を楽しみながら読もう。たっぷりお金が入る一流の映画制作のオファーを受け入れよう。大儲《おおもう》けした利益の十分の一を慈善事業に寄付する手配をしよう。知性と感情の枠を取っ払い、想像できる限りの最良の日を思い浮かべよう。そして、**心の平和を味わい、夢を実現した自分を敬ってあげるといい。**

恐れというメッセンジャー

荒っぽい言い方をすれば、たいていの人は恐れることを怖がる。恐れるのは悪いことだと考える。恐れるのが怖いことだと私たちは知っている。だからいっそう、恐れることを怖がり、怖がることに肝を冷やす。恐れがどのようにして恐怖へとエスカレートし、恐怖がどのようにして血迷った行動に変わり、心を麻痺させる行為へとエスカレートしていくかを誰でもよく知っている。恐れを伴う経験の多くがネガティブなものであるため、私たちは恐れをポジティブで役に立つものだとはとうてい思えない。しかし、実は、そうなのだ。もう一度言おう。**恐れはポジティブで、役に立つものだ。**

恐れはこんな言葉を吐かせる。「第二楽章は退屈だわ。和音を少し変えたほうがいいんじゃない」「二幕目のはじめ、登場人物たちの利害関係がまだはっきりしてないのに、しゃべりすぎなんじゃないのか」「このシリーズでは朱色を使いすぎた気がする。

他の色を好きになる必要がありそうだな」

恐れは意識のレーダースクリーン上の輝点である。画面に現れては「これを調べろ」と告げる。それは私たちが目の端でとらえる何かであり、入口から忍び込んでくる黒い人影のように思考の中に入り込んでくる。私たちは「誰かいるの?」と息を呑《の》むが、その通り、誰かがいるのだ。しばしば自分が無視して、注意を向けてこなかった自分自身の一部が話しているように感じる。こだわり屋で几帳面《きちょうめん》な部分が「省略せずに、和声の低音部を完璧に書き上げるべきだった」と気にするのかもしれない。ボーイスカウトのように、準備万端だと信じている部分も大丈夫とは言えない。「プロっぽく見えないのではないだろうか?」とそのビクビクしている部分は気を揉《も》む。それは正しいのかもしれない。**恐れとは何かをはっきり見極めるように求めるから**だ。ただ確信するのではなく、**確認のための行動を起こすよう求める**。

創造的な生き物である私たちは、複雑なメカニズムから成っている。通常の五感の領域を超えて感じる感受性のメカニズムだ。「何かいいことが起こりそうだ」と感じることもある。期待感や解放感いっぱいで目を覚ます日もある。それはモーニング・ページやアーティスト・デートによって培われるスピリチュアルな資質である。同じ解放感が虫の知らせをもたらすこともある。恐れは「悪いもの」である、あるいは「スピリチュアルな資質にそぐわないものだ」とする近頃人気のある精神世界本の解釈を受け入れれば、恐れのメッセージを探ろうとせずに退けてしまうだろう。

恐れを否定する人は、「そんなふうに感じてはだめだ」と自分を叱りつける。自分が悪いのだと決めつけ、自分以外の誰か、あるいは何かが悪いのかもしれないという可能性に目をつぶってしまう。

脚本家のエドワードは最新で最高の演劇の制作に打ち込んでいた。プロデューサーは笑顔を絶やさず、すべてに明るい展望が開けていた。ところがエドワードは不安感と闘い続けていた。

「やめろ、エドワード。いったいどうしたんだ。神経症みたいだ。成功することが怖いのか？」

彼の自分への攻撃は容赦のないもので、恐れはどんどん昂《こう》じていった。「このプロデューサーはあまりにも上機嫌でどこか信用できない」と彼の本能は告げていた。あげくに不眠症に陥り、うとうとしたかと思えば、プロデューサーが子どものゲームでルール違反をする夢を見た。舞台稽古がはじまる日が近づいてくるにつれ、エドワードの恐れはますます強まった。

「すべてはうまくいっているよ」とプロデューサーは請け合ったが、彼は納得できなかった。「いわれのない恐れ」を抱く自分をさんざん責めたあげく、エドワードは最終的に、数人に電話をした。結果としてそのプロデューサーはまったく制作経験がないと知った。劇場も押さえられていなかったし、宣伝の手配もされていなかった。契約もまだ完全には済んでいなかった。

「電話をしてくれてよかったですよ。スケジュールを調整したいと思っていたんです。あなたが関わるという確証がなければ、今回はお手伝いできませんから」と何人かがエドワードに言った。

エドワードの恐れは根拠のないものではなく、十分な根拠があったのだ。このプロデューサーは過去にトラブルを起こしており、こんな腐った人間に自分の名前が結び付けられるのはごめんだと思った。エドワードはチャンスに恵まれたのではなく、他人のふんどしで相撲を取ろうとする人間と関わってしまったのだ。エドワードはその仕事から手を引き、トラブルメーカーから離れた。

彼が感じた恐れは真のメッセンジャーだった。そのメッセージは「エドワード、君はもっとうまくできる。もっと自分を大切に扱えるんだ。今、最悪のことを恐れるのは正しい」というものだった。

恐れが人生に入り込むのは、ネズミが創造的な意識の床をちょこちょこ走るようなものだ。「実際に何か見えただろうか、それとも単なる光のいたずらだろうか」と私たちは考え、立ち止まって耳を澄ます。「かすかに音が聞こえるのではないだろうか？あれは窓に枝が当たる音だろうか？」

今度は頭上の電気をつける。そっと家具を壁から引き離す。胸の動悸が鎮まるのを待ちながら、意識の懐中電灯を暗い部屋の隅に向ける。そして、「やっぱりネズミがいたぞ」とか「ネズミの大きさほどのほこりの塊がある。掃除機をかけないと」と気づくのだ。

つまり、メッセンジャーとして敬われた恐れは、注意深く意識のあらゆる部分に耳を傾け、知覚したものをもっと正確に読み取るよう求める。**恐れには必ず根拠がある。恐れに応えて取れる基本的な行動が必ずと言っていいほどある。**

私たちは自分の恐れに「神経症的」「病的」「偏執狂的」といったレッテルをすぐ貼ってしまう。そのため、恐れがどんなシグナルを送ってきているのか自問しようとしない。

恐れを感じたら、「これはいいことなのだ。生産的に利用できるエネルギーが高まっているのだ。治療して治すものでも、瞑想《めいそう》して鎮めるものでもない。受け止めて、その意味を探るべきものなのだ」と自らに言い聞かせてもらいたい。その上で、次のように自問しよう。

1．私が感じているこの恐れは何を伝えようとしているのだろう？
2．自分自身のこのメッセンジャーの部分にどんな愛情のこもった名前をつけてあげられるだろう？
3．この恐れに応えて私が取れる的確な行動とは何だろう？

多くの恐れは単に正しい情報がないために生じる。恐れを感じたとき、それは新たな自分を模索するいい機会になる。新しいボイストレーニングの先生を見つけたり、コンピューターの講座に登録してみたりするチャンスになるのだ。それなのに私たちは恐れを、人をさらう「ブギーマン」にしてしまう。だから、夢へと通じる門に入っていけないのだ。

「私の声が小さいのが心配だわ」という恐れは「声を鍛えろ」と翻訳できる。**人は誰でも自分自身の必要性に応じた恐れを抱いている。**自分の恐れの声に思いやりをもって耳を傾け、メッセンジャーとして受け入れれば、自分の中に満たされぬ欲求があることに気づき、何をすべきかがわかるようになるだろう。

今週の課題

恐れを受け入れ、扉を開けて助けを得る

恐れが持つもっとも有害な側面は、孤独感や秘密主義を私たちの中に植え付けることである。私たちは自分が不安に陥っていると認めるのを恐れる。恐れを抱いて一人、内にこもってしまうのだ。そうなると、人は決して一人ではなく、善意に満ちたハイアー・パワーが常に共にいてくれて、どんな問題にも共感と解決策を持っていることを忘れてしまう。

今、あなたが学ぼうとしているツールは、非常にパワフルでポジティブなものだ。どんな感情に苦しめられているときでも活用できるし、プライベートな問題からプロ

としての問題まであらゆる問題に適用できる。このツールはアファメーション〈肯定的宣言〉である。ネガティブな状況を一つ一つ抽出し、自分のために神の注意と介入を求めることによって行う。たとえば、怖くて創造的なプロジェクトになかなか入っていけないことが問題だとしよう。その場合、アファメーションは次のようなものになるだろう。

「新しいプロジェクトにどのように取り掛かればいいか、私は注意深く正確に導かれています。一つ一つのステップがていねいにはっきりと示されています。支えられて各ステップを完璧にこなしていけるので幸せです。どのようにはじめたらいいのか、はじめるには何をすればいいのかが直観的にわかります」

アファメーションを書く際は、助けを求めるのではなく、助けを受け取っていると肯定することが大切だ。アファメーションは懇願の祈りではない。神から助けを得ていることを認め、受け入れる祈りである。肯定的祈りはしばしば知覚のレンズから恐れを取り除いてくれる。すると突如として、自分が導かれているとわかる。偉大な創造主が、助けを求めている私たちの祈りに応えてくれると実感できるようになる。何をすればいいのかが直観的にわかり、そのためのパワーを内側に感じる。恐れは、祈りをはじめ、神との霊的な親交を深めるための合図なのだ。

アファメーションを書き終わったら、その中から、自分の心に響くもっとも力強いフレーズを選び、歩きながら唱えるマントラとして活用しよう。たとえば、「怯《おび》える私は明らかに導かれている」と書いたとすれば、これをもっと凝縮して「私は導かれている」とすることができる。そのマントラが自分の気持ちにしっくりとくるようになるまで、唱えながら歩こう。

情緒不安定はチャンスのきざし

アーティストにとって、情緒不安定は、好奇心の強さの裏返しである。気難しい本当の性格が前面に出てきたと結論づけないでもらいたい。苛立ちは情緒不安定によって振られる旗である。**情緒不安定はあなたが創造的に活発であることを示している。**

問題は自分がどこにいるかわからないことかもしれない。情緒不安定は山道のように曲がりくねっている。今あることを感じていたかと思うと、次に別のことを感じ、考えを翻す。「私はエネルギーに満ち溢《あふ》れている」と考えたかと思うと、次には、「エネルギーがない」と考えを覆す。

私たちは矛盾だらけである。北がよく見えたかと思うと、次に南がよく見える。正しいものは何もないと感じる一方で、本当に悪いものなど何もないと感じる。変わりやすい天気のようにすぐに気分を害し、苛立つ。どう考えても情緒不安定なのだ。進路を決めるのに自分自身を頼ることなどできない。だが幸運なことに、そもそもそんなことをする必要はない。

「インスピレーションは見当違いの窓から入ってくる」とアーティストのM・C・リチャーズは主張する。同じことを言うアーティストは大勢いる。まるで私たちの意識下に作品のテーマが眠っているかのようだ。実際に私たちは意識下でテーマを選んでいるのだ。偶然の出来事が取っ掛かりになることがある。運命によって定められている作品が姿を現すと、なぜその作品をつくったかが明らかとなり、「そうだったんだ」と納得する。

大勢のアーティストと話をすれば、幸運やチャンスとは、情緒不安定が耐えられないレベルに達したときに現れるありふれたものだとわかる。まるで情緒不安定が天に向かって「何か」が起こるように呼びかけているようだ。情緒不安定が不快で耐えがたいにもかかわらずよい前兆なのはそのためだ。

嵐が接近しつつあるとき、動物園の爬虫《はちゅう》類の檻《おり》の前に行くと、動物たちが虫の知らせを感じて興奮し、体をくねらせている。変化が起ころうとしていることを察知するのだ。変化の可能性に注意していると、耳や目が開き、超自然的な信号を受け取りやすくなる。苛立っているときに運命がドアをノックすると、「畜生！　いったい何なんだ」と癇癪《かんしゃく》を起こすかもしれない。それでも運命はやってくる。私たちが許しさえすれば、それは色鮮やかに広がっていく。情緒不安定になって人生が色褪せたように感じるのは、人生が色鮮やかになろうとしている前兆である——だから、協力的になろう。**祈りは、とくにそれが創造的な祈りであるならば、必ず応えられる。だが、私たちが思ってもみないようなかたちで叶えられる。**アーティストたちがスピリチュアルな響きのある言葉、インスピレーションについて語るのはそのためだ。それは薄っぺらな言葉ではなく、実際の体験なのだ。私たちアーティストはいわれもなく直観的に鼓舞される。アーサー・サリバン卿が「ミカド」を書いたのは日本の芸術の巡回展を見に行って触発されたからだと言われている。

一〇年ほど前、マンハッタンに住んでいた頃、私は激しい閉所性ストレスを患っていた。「この島ったら……。まるで風向きが一定しない海を漂う巨大なクルーズ船の船室に閉じ込められているようだわ。嫌ね。外へ出たい。外のどこかに」と私は不平をもらした。そして、盛んに歩きはじめた。

マディソン・アベニューのモルガン図書館の近くを歩いているとき、「完全なる旅人」という看板を掲げた小さな本屋を見つけ、衝動的にドアを開けた。「愚かなジュリアめ」と私の中の理性的な部分がつぶやいた。「お前は自分の意思でここへ来たんだ。馬鹿げたファンタジーの中の単なる小旅行をしに」

そのとき、探検家たちについて書かれた古い本がいっぱい並べられた棚を見つけた。一冊引き出してみると、分厚いクリーム色のページは歳月を経てほこりをかぶっていた。ページが少し貼り付いていて、触るとかすかに粉を吹いた。私はその本を買った。父が船や海をこよなく愛していたのだ。

数か月後、本のPRを兼ねたブックツアーに出かけた私は、太平洋が見渡せる崖の上に建つロサンゼルスのホテルにいた。窓からぼんやりとオーストラリアの方角——ハワイの方角だったかもしれない——を眺めていた。そのとき突然、例の本を思い出した。何気なくスーツケースに入れていたのだ。窓の外に広がる広大な海と、風に煽られて見え隠れするヤシの葉を眺めながら、私は本を開いた。すると私の心の扉も開いた。突然、音楽が聞こえ出した。歌詞がついた音楽が波に乗って次々に浜辺に打ち寄せてきた。私は急いでノートとペンを取り、小さなおもちゃのキーボードを使い、聞いた音楽を楽譜に起こしていった。

私が泊まっていたのは音楽家が好むようなアールデコ調の「シャングリラ」と呼ばれるホテルだった。そこからわずかしか離れていないショッピングモールで安いレコーダーを買った。音楽は素早く通り過ぎていってしまうので、書き残しがないように保存しておきたかった。私が聞いたのは、ソプラノの旋律、とどろき渡る低音、壮大な賛美歌などだった。すべてはイライラして小さな書店に入ったことがはじまりだと思っている。その店はアリスが不思議の国へ入っていく扉のようなものだった。完成したミュージカルが、そこへ私が入ってくるのを待っていたのだ。

積極的に直観の声に耳を傾けていれば、たとえそのような言葉を毛嫌いしていたとしても、何かに促されたり、天命を聞いたりする。これは私の経験だ。それは**神秘的な源からやってくる**もので、**運命と呼ぶのにもっともふさわしい**。

「なぜ私はこのアンティーク店が気になるのか？」とつぶやいている自分に気づくこ

とがある。それでも店にある古いアルバムを開いたとたんに私の心のページもめくられ、短編小説のアイデアが生まれる。

脇目も振らず、決まりきったことをやりつづけていても、運命は私たちの扉をノックする。だが、そのような場合、運命は私たちの注意を引くために、よりいっそう努力しなければならない。私の経験では、運命は努力をいとわない。それなのに、私たちは目も耳も閉ざしてしまう。不愉快な気分にはまりこみ、変わるのなら、「AかBあるいはCでなければならない」と決めつける。実際のところ運命は、私の友人で女優のジュリアナ・マッカーシーが悲しげに述べているように、目標地点を示す合図として訪れることが多い。

内的な不満は、外側の変化の引き金になる。だが、そのためには、心を開いて不平不満に耳を貸し、いわれのない促しのように思えるものを聞かなければならない。風変わりなこと、気まぐれ、直線的ではないもの、妙なかゆみ、虫の知らせ、衝動など、すべてはいばらの道である。それでもどうか、奇妙な創造の渇きに従ってもらいたい。そうすれば、一歩ずつ変化へと導かれていくだろう。

この話を証明することはできないし、したいとも思わない。あなたは私の体験を「偶然だろう」と片付け、信じないかもしれないが、それでいい。あなたが自分を実験台にし、自分で体験してみなければ、高次の領域から差し出される目に見えない愛の手など信じられないだろう。生まれつき異常なくらい疑い深いと同時に、嫌になるほどオープンマインドな実験を好む人間として、私は自らの風変わりな経験に基づいて語っている。また、多くのアーティストが自ら実験して結果を記録するのを二〇年間見てきた。

人生に神秘的な力が働いていることを認め、その導きに従えば、人生がスピリチュアルなダンスだとわかる。こんど情緒不安定に陥ったら、それは「シャル・ウィー・ダンス?」という宇宙からの誘いであることを思い出してもらいたい。

今週の課題　情緒不安定の中に「休息」を見出す

作曲をする際、作曲家はほとんど気づかれないぐらいのわずかな中断を指示するために休止符を用いる。音符の大海に突っ込んでいく前に、ときに立ち止まる必要があるのだ。

とりわけ苛立っているときには、休息を取って、自分の内的な先導者たちが表面に浮かび上がってくるのを許すのはよい考えである。私たちはみな独自の存在であるが、多くの人に休息を与えてくれる雰囲気というものがある。以下に五分間息抜きできる場所を挙げておこう。

①教会あるいはシナゴーグの奥の席——二〜三分椅子に座ると、信者ではなくても、静かで謙虚な心を味わうことができる。「信仰」を胸いっぱいに吸い込もう。

②大きな園芸店や温室——緑の多い空間を訪れるときに感じられる「異界」の感覚がある。植物には人にはわからない神秘の命があり、それを分かち合える。

③森——市街地に住んでいて、公園の中の小さな森だったとしても、森の中に入れば異なるリズムを感じることができる。

④繊細な東洋の絨毯《じゅうたん》が置いてあるカーペット店——手織りの入り組んだ模様には神聖な感覚がある。美しい敷物を仕上げるための莫大な時間は、人生という名の織物の美しさを思い出させる。

⑤旅行会社——私たちの住む世界が冒険に満ちた多様な世界だということを思い出さ

せてくれるものは、不思議にも心を鎮めてくれることがある。想像の中でジャングルの川を下ったり、スコットランドの高地を歩いたりしよう。ワクワクする選択肢があると知るだけで、心が休まる。

自信のなさは競争から生まれる

私はピアノを習おうとしている。友人の中には、空気の薄い高い山の峰々をまったく恐怖を感じないで飛び越すことができる人のように、ピアノを弾く者がいる。彼は敏捷《びんしょう》かつ大胆で、すこぶるたくましく、不安などみじんも感じないようだ。私もそんなふうにピアノを弾いてみたい。

今日、私は山を見上げ、山頂がまだはるか頭上にあり、神秘的な雲で覆われているのを見るという間違いを犯した。山頂までの曲がりくねった危険な道。いたるところにある割れ目。落ちるに違いないと何度も思った。危険で、必ず失敗すると恐れた。要するに、私は自分を才能のある友人と比較していたのだ。

人と比較することの根底には、何かしら不愉快な感覚がある。自信のなさだ。私たちは「もっとうまくなりたい」とは言わずに、「彼のようにうまくなりたい」と言う。そして、自分の作品や独創性を否定する。人はみな自分なりの演奏スタイルを持っている。**創造的に生きるには、出世することよりも、学ぶことに焦点を合わせたほうがよい。**自分自身の創造の軌跡に焦点を当てていれば、一つ一つの小さな進歩が励みになる。自分がわずかながらでも進歩していることがわかれば、つらい反復練習や馬鹿げた失敗も、いつの日かどこかに導いてくれると期待できる。他のアーティストを見習ったり、他のアーティストに共感したりするのではなく、競争して比較しようとすると、相手のスキルを敵視するようになり、自分自身の劣ったスキルにとどまってしまう。だが、すべてのアーティストはそれぞれのレベルで学び、努力し、進化・成長し、自分の技を完成させようとしていると知れば、他人の上達によって勇気づけられる。「やればできる」とわかるからだ。私たちにはそういう励ましが必要だ。私たちの才能は豊かかもしれないが、葛藤もまた大きいのだから。

今朝、「聖者が町にやってくる」を演奏しようと奮闘している最中、私は泣きだしてしまった。「なんで私は他の人みたいに、四年生のときにこれをマスターしなかったんだろう！」

私たちはみな、高度に進化し、研ぎ澄まされた完璧主義者を内部に抱えている。この完璧主義は規格を持つこととは一切関係ない。自分の潜在性（potential）に対する自罰的で自己敗北的な早まった判断に関係しているのだ。「potential」の語根は「potency（能力）」もしくは「power（パワー）」である。鷲《わし》のひなが大人になった鷲のように恐ろしくないのと同じで、新しいアートの形態における初歩的なステップは後の創造的な飛翔《ひしょう》を正確に伝えることはできない。

私の音楽の部屋は赤いゼラニウムの色をしており、ピアノは小さなアップライト型でチッカリング社製だ。金箔《きんぱく》の文字で「1823年製造」と銘打ってある。そのピアノは私よりはるかに多くのことを知っているかもしれない。一つだけ反応が悪い鍵盤がある。真ん中のドの隣のレである。だが、私のたどたどしい演奏ではほとんど問題にならない。

私はピアノを弾くよりタイプを打つほうがうまい。タイプを打つときには、二本の指しか使わないが、一七冊の本と数えきれないほどの劇や映画の脚本を書いてきた。同様に、初歩的なピアノのスキルしかなくても、美しいメロディーを拾い上げることを許されてきた。重要なのは「許された」ということである。

創造の旅のどのような段階にいようと、私たちは常に創造主の恩恵を受けている。初心者は旅立つために神の恵みを必要とする。修業中のアーティストは継続するために神の恵みを必要とする。熟練したアーティストは自分の力をいかんなく発揮するために神の恵みを必要とする。創作活動のあらゆるレベルで、偉大なる創造主は私たちに付き添っていてくれるのだ。

「私たちはファイターのように導かれる」と尊敬すべき女優ジュリアナ・マッカーシーは述べている。偉大なる創造主は、私たちが現在抱えている創造的なチャレンジを乗り越えられるだけの強さとサポートと導きを常に与えてくれるということだ。私たちは圧倒されることがあるかもしれないが、神はそうではない。**もしA計画に失敗したら、神は別の計画を際限なく供給してくれる。最悪の場合の代案だけではなく、究極の案が必ずある。「もう一度やってみよう」という気にさせる案だ。**

「創作は信仰の行為であり、作品をつくるとはスピリチュアルな道の探求だ」と私が言うときは、漠然と言っているのではない。あらゆる創造的な出会いには、神の御心が関わっている。私たちには不可能に見えることでも、偉大なる創造主にはそう見えない。利己的な心を脇によけて、創造的なパワーが私たちを通して働くのを許すと、必ず奇跡が起こる。それはまるで自分が起こしているかのように見える。創造のエネルギーは電気に似ていて、私たちが認めようが認めまいが流れる。自分の回路を開け放って高次の力に意識的に協調すれば、自分の中を流れるエネルギーによって、アーティストへと仕立て上げられていくのだ。創造はエゴに根差すものだという考えを捨て、スピリチュアルな冒険だとみなすようになったとたん、偉大なる創造主が唯一無二の方法で私たちをかたちづくりはじめる。

一歩ずつ進めば、少しずつ山頂に近づく。焦ることなく、ゆっくりと進めば、どんな岩のでっぱりでも乗り越えられる。そうすれば自分に誇りを感じるだろう。**自分に優しくするためには慎重になろう。「お前はいつまでたってもうまくならないな」と嘆き悲しむほうが簡単だが、易きに流れてはいけない。**

私たちは自分自身に真の成長を求める方法を知らない。現実的に頑張る方法を知らないのだ。だから登りやすい山に登ってから、徐々に険しい山に挑戦するという方法を取らず、いきなり険しい山に挑もうとして挫折する。それゆえ有能な登山家を見ると、鼓舞されるどころか意気消沈してしまうのだ。

今週の課題

ありのままの自分を好きになる

ほとんどの自信のなさの根底には、「受け入れてもらうためには、今の自分よりよくならなければ」という思いがある。誰かよりもうまくやりたい、少なくともあの人と同じぐらいにうまくできればと思う。そうした上昇志向にとらわれると、今ある自分自身に好きなところが沢山あるという考えが見失われる。

ペンを手に取り、1から50まで数字を振ってもらいたい。そうしたら、今ある自分に関し、あなたが気に入っているところを具体的に五〇挙げてもらいたい。身体的なこと、精神的なこと、スピリチュアルなこと、個人的なこと、専門的なこと、何でもいい。いろいろなものが考えられるだろう。

①美しい手
②鼻のかたち
③文法の使い方

④足のかたち
⑤スペイン語のアクセント
⑥アメリカの歴史についての知識
⑦二〇世紀のアートについての知識
⑧パイづくりの能力
⑨ウォーキングシューズの選び方
⑩友人へ手紙を頻繁に書くこと

このように、思いつくままに五〇挙げよう。私たちは自分の改善すべき点ばかりに焦点を合わせる。そのため、今のままで十分楽しめるものを享受できない。自分で思うよりもはるかに理想に近いところにいる場合が多いというのに。自尊心というものは突然与えられるものではなく、自分で積極的に選び取っていくものだ。「自分の中にたくさんあるポジティブな性質を尊重する」と選択しよう。与えられた恵みを数えれば、自分が祝福されていること、誰とも比較する必要がないことを理解できるようになる。

自分を哀れむ癖を直す

昨日、苦労してシナリオの書き直しをしている最中、自己憐憫《れんびん》という名のブラックホールに足を踏み入れた。「こんなこと馬鹿げているわ！　感謝されて当然なのに！」三五年もの長い間、作家をしてきたという事実も、自己憐憫の発作に対抗する鎧《よろい》にはならなかった。以前に書き直しを何度もやってきて、これからも間違いなくできるだろうという事実は実際のところどうでもよい。私は他のアーティストと同じように、自由に書けるときは幸せを感じるし、あまりに義務的な仕事だと感じられると幸せな気持ちになれない。私は書くことが好きだから、そして書くのが仕事だから書く。私は天から呼びかけられる。それに答えずにいると、呼びかけはどんどん大きくなっていく。答えずにいると、また、「答えなければならない」という気持ちが強くなり、自己憐憫に陥ることがある。

基本的に自己憐憫は「言い逃れ装置」である。それは癇癪すなわち自虐的なドラマであり、現実とは何の関係もない。自己憐憫は事実にはまったく興味を示さない。自己憐憫が好むのは「物語」である。シンガーであるセラが好んで言うように、「事実は地味だが、物語は感情を揺り動かす」。自己憐憫は「かわいそうで無垢《むく》な私と恐ろしくて卑しい彼ら」という物語を好む。自己憐憫はまた、世界は敵意に溢れる場所であり、私たちの情勢は不利であると感じさせたがる。そして、私たちがなぜ評価されないのか、なぜ重んじられ、大切にされないのかを指摘したがる。自己憐憫が求めるのは単なる応援団であり、ファンクラブだ。試練を克服することにはまるで興味がない。自己憐憫に陥ると、私たちは自分を成長させようとすることをやめ、自分の苦悩を理解してくれるファンを探す。自己憐憫はまた、スピリチュアルな状態にも関心を示さない。元気いっぱいのアファメーションにも耳を貸さない。**アーティストにとって、自己憐憫は手ごわい慢性的な創造性の障壁となる。**自己憐憫はただひたすら、進路を阻もうとする。

　もし自己憐憫によって、「こんなことして何になるの?」という疑問の泥沼にはまり込んでしまったら、何もする必要がなくなるだろう。自己憐憫は最後の晩餐《ばんさん》の後、イエスが弟子たちを引き連れて訪れたオリーブ山の中の「ゲッセマネの園」の客だったと私は確信する。「いずれにしろ、彼らはお前を評価しないだろう」とささやいた悪魔の声だったのだ。「彼らはお前を評価しないだろう」という思いは、往々にして自己憐憫に陥る引き金になる。ただし、「彼ら」（批評家や、もっと漠然とした存在である「世間」を指す）は私たち自身の自尊心とはまったく関係がないことを覚えていてもらいたい。

自己憐憫は自分が人からどう思われているかに注意を向け、自分自身がどう感じているかには注意を向けない。私たちから創造のパワーを抜き取り、「お前は無力だから、何も成し遂げられない」と告げる。すでにアーティストとして名を馳《は》せていても、現実的な自己評価には興味を示さない。自己憐憫は、私たちを息詰まらせることに興味があるのだ。

アーティストにとって、成功しない可能性に焦点を合わせるのは、毒入りの飲み物を啜《すす》るようなものである。そんなことをすれば弱体化するのは目に見えている。不可能なことばかりに目が行き、自分がいかに無力で弱い存在であるかに心を奪われていると、自分が何の役にも立たない人間のように思えてくる。

自己憐憫は「あなたが今やっていることやあなたの生き方、またあなたが創作しているものをどう思うか」について絶対に尋ねない。そのような問いは物事をかき乱して、物事を興味深くよい方向へと向かわせるかもしれない。だが、自己憐憫は、私たちが物事をかき乱すのを望まず、私たちをかき乱す。

アーティストはみな自己憐憫の攻撃を受ける。マントルピースからオスカー像が見下ろしていても、全米図書賞が書斎の窓から差し込む温かい金色の光の中で輝いていても、攻撃を受ける。**私たちが自己憐憫に攻撃される理由は、気をつけていないと、すぐに何か大きいことをやろうとするからだ。**

自己憐憫は、ありきたりのうつ状態がもたらす漠然とした無力感とは異なる。自己憐憫はガラスの破片のような鋭い刃を持っている。それは両刃の刃で、自分自身ではなく、無気力感を切り刻むこともできる。言い換えると、適度な自己憐憫は創作活動を刺激する活性剤になるのだ。そのとき、「私がいったい何の役に立つの?」という疑問は素早く「次は何をしよう?」という意欲に転換する。

自己憐憫に陥ると、私たちはなみなみと注がれた強いマティーニ、無分別な情事、働きすぎや食べすぎといったもので癒そうとする。さもなくば、自己憐憫は、あなたが病になるか健康になるかの瀬戸際にいることを告げる信号となる。私たちの健康な側面は自己憐憫を消化できないため、行動に駆り立てられる。その行動は思いやりからはじまるものかもしれない。「もちろん、あなたは傷つくわ。あなたの作品は不当に扱われている。少し泣きなさい」

自己憐憫は一見すると、人から評価されないために起こるように見える。だが、実際には**自分自身が自分や自分の努力を見くびっていること**に起因する。不当に作品を扱われて流す数滴の悔し涙――そうしたささやかな嘆きは、あなたに立てられた自己憐憫の爪を素早く取り除いてくれる。「いい気持ちがしないのは当然よ」と言うとき、私たちは興味深いことの入口にいる。やがて「私は何を変えればいいのだろう?」という疑問が頭をもたげはじめればしめたものだ。

「アカデミックな詩人たちにけなされるのは、もううんざりだ」と嘆く詩人は達人の技を追求しはじめる。「彼は絵を描くとき、許されない色――たとえば、現実にはありえない淡いブルー――を使う傾向がある」と公然と指摘された画家は「よし、彼らにロマンスを見せてやる!　輝く光を見せてやる!」と思い、さらに研鑽《けんさん》を積み、独自の技巧を完成させる。すると往々にして思いがけないことが起こる。致命的な芸術的「欠点」が独特な強さであることが明らかになるのだ。バイオリニストのナージャ・サレルノ＝ソネンバーグの過剰な感情表現にもそれは言えるし、アーネスト・ヘミングウェイの余分なものをそぎ落とした骨太の散文にもそれは言える。「何を変えればいいのだろう？」という問いに対する答えはしばしば私たちを驚かす。「何も変える必要はない！　俺はあの作品が好きだ。もっとやりたい」という答えを得るかもしれない。「このカリキュラムにはもうあきた。もっと他のものも取り入れたい」という答えになるかもしれない。「本当にやりたいのは〇〇だ」という答えもある。

要するに、**「何を変えればいいのだろう？」という問いは私たちを創造の源に連れ戻す**。今や、私たちは自分だけしか答えられない疑問を抱く。自分は「何を重んじるだろう？」「何が好きなのだろう？」「何をもっとやりたいのだろう？」。そして、その答えに基づいて、突然、行動しはじめる。

自己憐憫から行動への飛躍は、うたたねの後に起こることが多い。自己憐憫はしばしば疲れから生じると、もう言っただろうか？　疲れると横になるのは、しばらくじっとしていることが必要だからかもしれない。酒や薬に逃げずにただじっと横たわっていると、想像力が働いて明晰《めいせき》な白日夢を見やすくなる。そうすれば苦しみのベッドから起き上がり、「あれをやってみよう」と思い、行動に移ることができる。

今週の課題　自分で自分を評価する

自己憐憫で打ちのめされるのは、たいていは自分が正当に評価されていないと感じるからだ。だが、本当のところは、私たちが過小評価されるのはときどきである。自分の努力が誰にも気づかれないように思えるのだ。まるで自分の中に恨みをつぶやく装置が埋め込まれていて、事あるごとに、「ほらね、また認められなかったでしょう」とつぶやくかのようだ。

誰かに無理やり評価してもらうことはできないが、自分自身を思いやって、自分を評価する時間を取ることはできる。「本当によかったね」とか「何て思慮深いの！」と自分に声をかけてやろう。厳しいけれども思いやりがあるスピリチュアルな法則は、「自分についての人の意見は自分には関係がない」と助言する。もっとポジティブな言い方をするなら、「重要なのは自分が自分をどう思うかだけ」。ペンを手に取り、自分を評価する以下の文を完成させてもらいたい。内なる門番を避けるために、素早く書こう。

①私が［　　　］したことは寛大だった。
②私が［　　　］したことは思慮深かった。
③私が［　　　］したのはよかった。
④［　　　］のとき、私はよい友だちだった。
⑤［　　　］のとき、私は繊細だった。
⑥［　　　］のとき、私はよい仕事をした。
⑦［　　　］に関して私はプロフェッショナルだ。
⑧［　　　］のとき、私は義務を果たす以上の働きをした。
⑨［　　　］について私は感謝されて当然だ。
⑩［　　　］で私はオスカーを獲得してしかるべきだった。

自分を評価できるようになるには練習が必要だ。自己評価は自己憐憫の唯一信頼できる解毒剤なのだ。

疑いを飼いならす

疑いは創造的なプロセスの信号である。「自分は正しいことをしている」という信号であり、間違ったことや、狂気じみたこと、愚かなことをやっていることは示していない。疑いが引き金となって、あなたの足元には吐き気を催させる恐怖の裂け目が生じ、大きな口をぱっくり開けるかもしれない。だがそれは、あなたが回転しながら地獄に向かって落ちていく深淵《しんえん》ではないのだ。

スピリチュアルな道には障害がついて回るが、創造的な人生も例外ではない。ところが、私たちはめったにそのような見方をしない。最近では、「魂の闇夜」というフレーズがよく使われるようになった。スピリチュアルな探求の途上で訪れるつらい疑いと渇きの時期にもそのフレーズはあてはまる。

トマス・マートンのようなトラピストの修道士であろうと、若い頃のブッダであろうと、あらゆる領域のスピリチュアルな探求者たちはつらい困難な時期を耐え抜く。アーティストもまたスピリチュアルな探求者であり、頻繁に魂の闇夜に苦しめられる。

にもかかわらず、そのことについてはあまり語られない。アーティストにとってなおつらいのは、苦しみが公にされる場合が多いことだ。

深みのあるアーティストになるためには鋭い感受性を養わなければならない。たとえば、舞台芸術家は偉大な音楽や偉大な役によって突きつけられるスピリチュアルな問いかけを注意深く聞く。彼らは自分自身を解き放って、それらの疑問に創造的に答えるために必要なエネルギーを受け取ろうとする。創造の頂点に立ち向かう彼らは、木の枝だけではなく、摩天楼にも止まれる術《すべ》を習得した未熟な鳥に似ている。彼らはかつて持っていた鋭い感受性を今なお持ちつづけている。また、強い風が吹き抜けるはるか上空で生きていけるだけの順応性も身につけている。だが、それはやすやすと生きているということではない。大きな期待をかけられているアーティストは、高度な訓練を積んで研ぎ澄まされた、身体的にも精神的にも傷つきやすいオリンピックのアスリートに似ている。

私の友人の一人に、並はずれた才能に恵まれたミュージシャンがいる。音を自在に操る彼のスキルは名人クラスなのに彼は自分の腕を疑っている。疑いは、無謀な行動に歯止めをかけるきっかけになることもあるが、芸術的な深淵を見下ろす岩棚を渡っていくときには危険である。彼は時差ボケに悩まされたジャパンツアーを「悪夢のようだった」と語る。別に躓《つまず》いたわけではなかったが、躓くのではないかと恐れ、その恐れをずっと引きずりながら演奏していたのだ。この種の不安は、ほとんどの人には想像もつかない暗闇と恐怖の場所へアーティストを追い込む。

ある意味で、私たちが演奏者としてどう演奏するかは、私たちには関わりのないことである。それは神の管轄なのだ。私たちが「盛装して舞台に上がる」ときは、朝のお祈りをする修道士に似ている。自分自身よりも大きい型を満たすのだ。鍛え抜かれた美しい声は、自分より大きな何かや誰かとつながっている新しい高みへと、未熟な心を持ち上げることができる。素晴らしいコンサートはどれも、先住民の通過儀礼的な体験に似ている。聴衆は演奏者の偉大さを通して、人生の偉大さに触れる。ジュディ・ガーランドが切なる愛の想いを歌うと、私たちもそれぞれ同じ想いに触れることができる。「虹のかなたへ」は、人間の心の中に存在する場所である。**アートやアーティストは「虹のかなた」にアクセスすることを可能にするのだ。**

ある夜、私は三人の若いクラシックの音楽家と夕食を共にした。輝かしい才能に溢れる人気上昇中のスターたちである。そのディナーテーブルはまやかしの降霊術会のように浮き上がってもおかしくなかった！　それくらい、創造性のパワーと光が満ち溢れていた。私たちはバジルソースのパスタ、ルッコラのサラダ、リボルノ風フェットチーネ、ウオッカソースのペンネを注文した。

「あなたたちの先生は、疑いの気持ちが起きたときの心構えを教えてくれる？」と私はみんなに尋ねた。

若き才人たちは、蛍の光のようにゆらめいた。その問いが居心地の悪さを生み出したのだ。そのうちの一人はメトロポリタンオペラと共にジャパンツアーに向かおうとしていたが、行く末を案じていた。

「教えてくれませんね」とバイオリニストが言った。

「単に無視するように言われていると思います」とビオラ奏者が言った。

「批評家はよく妬《ねた》みますから」と別のバイオリニストが言い訳がましく吐き捨てた。

彼女はまだ残酷な批評に苦しめられたことはなかったが、それについて聞き知ってはいた。垢《あか》抜《ぬ》けた都会で暮らしているこの若いアーティストたちは、翼と祈りで困難を切り抜けたいと願っている新米にすぎなかった。

「最初に疑いが起こっても、拾い上げてはだめ」と先輩のジュリアナ・マッカーシーは私に警告した。舞台での六〇年の経験が言わしめた名言だ。

アーティストにとって、最初の疑いはアルコール依存症患者の最初の一杯のようなものだ。それをロマンチックに考えることなどできない。最初の疑いが第二の疑いを呼び、第二の疑いが第三の疑いに導く。すぐさまあなたはよろめき、家具の角にぶつかって傷つくだろう。

アーティストとして生きはじめたら、他のアーティストと情報を交換し合うべきだ。なぜなら、メディアが伝える創造的な人生についての情報は信頼できないから。メディアの情報だと、アーティストとは苦悩にあえぐ者か英雄かのどちらかである。だが実際には、**精神性の高いサムライのように器用でなければならない**。疑念が渦巻く中でもバランスを保っていなければならないからだ。

疑いが生じたら、脇によけて疑惑をやり過ごす方法を学ぼう。疑いに深く貫かれて、創作活動を途中でやめるわけにはいかない。アーティストにとって、疑いはよく知っている縄張りの一部であると同時に、常につきまとう危険でもある。疑いはカンザスの竜巻だ。疑いは一万二千フィートでの不快な気温の急降下と季節外れの嵐である。疑いはハートの地震であり、すべてのものを焼き尽くしかねない自己批判という森林火災だ。疑いとは、フロリダのサンゴ蛇のように強烈な毒を持っている。疑いは午前三時に、連続殺人鬼のように優しくドアをノックし、入ってこようとする。疑いをしのびこませてはならない。冷静に考えてみれば、疑いと自己評価はイコールではないとわかるだろう。慣れが必要だろうが、やがてその違いがわかるようになる。

自己評価はある種の着実さを持っている。それは日中堂々と訪れ、簡単な質問をする。それをあなたが聞かなければ、去っていってしまう。しばらくすると再びやってきて、優しくドアをノックし、同じ質問をする。あなたに考えることを促す質問である。たとえば、あなたは「新しい弓を買うときかもしれない」と思う。自己評価はあなたに考えさせるための意見をきちんと持っている。あなたを批判するのではなく、あなたに手渡すためのアイデアがあるのだ。**自己評価は疑いとは異なり、あなたが一人でいるときや、疲れきっている夜中に囁くようなことはない。**

一方の疑いは、犠牲者を群れから引き離し、自分の仲間を呼び入れる。疑いはあなたが一人のときに襲ってくるが、グループで動く。疑いには絶望、自己嫌悪、自責の念、屈辱など危険な仲間がいるのだ。疑いが攻撃を仕掛けてくるときは、イタリアのギャング映画のチンピラのようなたちの悪い仲間がいつもついて回る。そういう輩《やから》の正体を突き止めよう。勇敢に真実を追究するボーイスカウトか、ろくでもないごろつきなのかを見抜く術を身につけよう。

疑いは暗闇の中で戸口に近づいてきて、一人ぼっちだから、あなたに親身になって聞いてもらいたいというふりをする。疑いは非常に口がうまく、巧みに入り込んでくる偉大な誘惑者だ。疑いは「これをちょっと考えて欲しいんだけど」と囁き、アーティストが耳を貸すと、いきなりナイフが出てくる。「お前は結局のところ、十分な才能がなかったんだ」

私たちはあいまいで邪悪な疑いではなく、透明な自己評価を必要とする。**自己評価は快適な自分の家庭の中や心から信頼できる友人たちに囲まれた中で、白昼堂々とやるのが一番よい。**

創造的に生きようとする人は、誰でも疑惑に苦しめられる。偉大な監督でさえも例外ではない。試写室の後部座席で自分の映画を観ながら、過呼吸になり、口に紙袋をあてがわなければならなくなるのだ。まぶしいほどに輝いている女優でも、舞台上で緊張し、よく不安に襲われる。

修道院には、疑いに苦しめられる新米の僧の相談にのってくれる指導者がいる。指導者は「疑いは正常なものですよ」と優しく告げる。「疑いがなかったら、どうして信仰が必要でしょう？」と。

疑いの気持ちに悩まされたら、思いやりのあるカウンセラーを探してもいい。これはプロのカウンセラーとは限らない。「疑い？　それはあなたの仕事につきものだよ」と映画監督のジョン・ニューランドは私に優しく諭すように言ってくれた。彼は偉大な監督であり、名カウンセラーでもある。

アートはスピリチュアルな実践である。疑いは正常なものだ。それに打ち勝つには信じる心が必要だ。いつくしむ心も大切になる。**疑いの念に襲われたときには、ぬかりなく自分を愛してやらなければならない。**スコッチのボトルやクスリ、銃などを手渡そうとする見知らぬ者にドアを開けてはならない。ドアにチェーンをかけて、差し出される疑いを受け取らないよう丁重に（あるいはそんなに丁重でなく）断ろう。必要なら電気をつけたまま眠ろう。真夜中でも友だちに電話をかけることをためらってはならない。テレビで古いコメディを探して見よう。ハリー・ポッター・シリーズや『ちびっこきかんしゃくん』のような子ども用の本を持って旅をするのもいい。あなたの中のアーティストは夜中に音を出すものを怖がる必要はない。魂の闇夜はどんなアーティストにも訪れる。あなたの元を訪れたら、アーティストの道の注意を要するポイントであり、朝になればよくなることを覚えておいてもらいたい。

今週の課題　疑いを疑ってみる

アーティストは誰しも疑いを経験する。熟練したアーティストは自己破壊的な行動に走らずに疑いを乗り越える術を身につける。疑いで心が曇らされたら、それを「現実」とはみなさず、数日間続く曇り空のように、移ろいゆく天候とみなすのが賢明である。疑いにとらわれている間は判断力が鈍るので、早まった行動は慎むべきだ。疑いは乗り越えるべきものだ。だから、自分を破壊するようなことをせず、たんたんと温かい愛情に満ちた行動をするよう努めるべきだ。自分を改善しようとするのではなく、自分をいたわることに専念してもらいたい。自分自身のためにわがままになって欲しいのだ。

今週の課題　自己表現の中の自分

ペンを取って、あなたがわがままになれる簡単な方法を一〇項目挙げてもらいたい。そうすればやがて、無私無欲になることが簡単にできるようになるかもしれない。例を挙げておこう。

①遠くに住む友人に長距離電話をする。
②馬の専門誌『ウェスタン・ホースマン』を予約購読する。
③自分のスタジオでインコのつがいを飼う。
④新しいイーゼルを買う。
⑤一週間に一日、夜の七時以降は「立ち入り禁止」宣言をし、一人で文章を書く。
⑥自分が創作に打ち込んでいる間は電話の電源を切っておく。
⑦肖像画のセミナーを受けて、専門家の助言を受ける。
⑧大好きなモノクロで映画の撮影をする。

⑨論文作成に取り掛かるために一週間の執筆期間を取る。
⑩気になっている新しい録音機材を手に入れる。

もし、わがままになるための方法を一〇項目考えるのが難しいなら、次の文を一〇個完成させてもらいたい。

○もしわがままでなかったら、私は［　　　　］したい。

チェック・イン

①今週は何日モーニング・ページをしましたか？　やらなかった日があるとすれば、それはなぜですか？　モーニング・ページをするのはあなたにとってどんな経験ですか？　今までより明晰になっていますか？　広範な感情を味わっていますか？　以前より目的意識が鮮明になりましたか？　心の落ち着きが増し、何事があってもゆったりとしていられるようになりましたか？

何かに驚かされましたか？　解決を求める何度も繰り返される問題がありますか？

②今週、アーティスト・デートをしましたか？　幸福感が増したことに気がつきましたか？　あなたは何をし、どう感じましたか？　アーティスト・デートがなかなかできないなら、「さあ、出かけよう」と自分を強く促すことも必要です。

③ウィークリー・ウォークに出かけましたか？　どんな感じでしたか？　どんな感情、どんな気づきが浮かび上がってきましたか？　一回だけでなくもっと歩くことができましたか？　ウォーキングは楽観的になったり、視野を広げたりすることにどう影響しましたか？

④今週、自己発見に関して重要だと感じることが他に何かあれば、ノートに書き出してください。

第10週 仲間意識を発見する

アーティストは孤独な放浪者《ローンレンジャー》のように孤独であるという神話がありますが、アーティストの人生は孤独の中では営まれません。今週は友情や創造的な共同作業の価値に焦点を合わせます。忠誠心と長寿、誠実さと創意、気品と寛容性——協力し合って健全な創作活動を行うにはこれらの性質がすべて欠かせません。今週は人間関係における賢い選択の方法について取り上げます。

舞台上でドラマをつづける

アーティストとはドラマチックな存在である。何も創作していないと、自分の人生をドラマに仕立て上げようとする傾向がある。いつでも舞台の中央に立たずにはいられないのだ。だが、あなたが仕事として創作活動をしたいなら、銀行で働くいとこ、大学に勤めている父親、金物屋を営む近所の人と同じつつましさを身につけたほうがいい。**自分の創作活動や創造的人生をあまりに特別視してしまうと、コミュニティとのつながりを断たれてしまう。**神経質になりすぎると、余計なドラマを生み出して、さらに苛立《いらだ》ちをつのらせるはめになる。

たとえば「君の性格についてずっと考えているんだが、君を信用していいのかどうか僕にははっきりわからないんだ。どう思う?」などと夫が言ったら、妻は不安になるだろう。問題なのは妻の性格ではない。夫の中の神経質なアーティストが問題なのだ。

私の友人の一人は世界的な音楽家だが、大規模なコンサートツアーに出かける段になると、必ず健康上の問題を引き起こす。出発間際になると、説明のつかない病気が必ず発症する。もう一人の友人は執筆家だが、締め切りが迫ってくると、ユーモアもバランスの取れたものの見方も失ってしまう。彼が落ち着いて書けるようになるまで、彼の結婚生活は暗礁に乗り上げる。

あなたもこうしたタイプなら、自分の人生の助手席に乗っている人たちのためにシートベルトを備えておこう。誰かが、「止めろよ！」と言ってくれるなどと勝手に期待してはならない。アーティストとして生きるには、自分でそれを言うべきなのだ。ドラマチックな状況に固執するのは、作品をつくらなくてもいい口実が欲しいから。アーティストの「拒食症」が依存性を帯びるのもそのためだ。作品をつくっていないと不安になり、アドレナリンが体内に放出される。仕事の期限が近づくと、気分が乱高下する。

アーティストは、愛をかわすような方法で作品を創作するのを好む。恋人たちがベッドに行く段になるとそわそわするように、アーティストは創作に取り掛かる段になるとそわそわし、怒りっぽくなる。

創造の喜びを避けようとするアーティストの〝拒食症〟は致命的な依存症である。たいていのアーティストはときどきそうした症状に見舞われる。そんなとき、アーティストは作品の代わりに、トラブルを生み出す。なぜなら、創作できないことで感情がコントロールできなくなるからだ。あなたがもしそのような状態なら、地道な練習が功を奏する。ピアノの前に座る、ボイストレーニングをする、絵を描く、ノートを開いて何かを書く。そうしないと、周囲に当たり散らしたり、妄想ででっちあげた病についてとやかく言ったりすることで、エネルギーを発散しようとする。はた迷惑もいいところである。

かわいそうなのは芸術を理解しているふりをしている周りの人たちだ。感情のコントロールを失ったアーティストは、「あんたは何も理解していないよ！」と彼らに咬《か》みつきはじめる。映画『特急二〇世紀』の中でジョン・バリモアが演じた傲慢なプロデューサーの演技は、うぬぼれに陥る傾向のあるアーティストには必見である。芸術は大切なものだが、**私たちは芸術に仕えるべきであって、友人や家族を召し使いのように扱うべきではない。**傲慢なアーティストは低い自己評価の中にねじれた根を張っており、自分の弱さを隠す必要性からいばりちらす。仕事にばかり夢中になり、他のことをないがしろにする人は典型的な傲慢なアーティストになりやすい。

私たちは根本的に、ユーモアのセンスを失ってしまっている。その結果、的確な「物差し」も失ってしまった。私たちがあまりに深刻になり、他の人にも同じようにするよう求めると、自分でも気づかぬままに創造の筋肉を緊張させ、パフォーマンスに力みが出てしまう。巡業して回るアーティストは、コメディ映画をバックパックにつめて持ち歩くべきだ。たとえば、『ザッツ・エンタテインメント』を思い出せば――あるいは観れば——くつろいで気分が軽くなり、自分の才能を存分に発揮できるかもしれない。「天使が空を飛べるのは、自分自身を軽く受け止めているからだ」というバンパーステッカーがある。

自分をがんじがらめにしている利己心の力をいったん緩めれば、アーティストとして踏み出せるというのは創造的な人生の逆説の一つである。ユーモアのセンスは魅力的だ。ユーモアがあるということは、その人物が適切な「物差し」を持っている証拠だ。アーティストにとって、適切な物差しの感覚は作品にバランスや奥行きや個性を与えてくれるものだ。度を越えるふるまいを避けたいなら、頭でっかちになるのを避けよう。自分を小さく感じるから頭でっかちになるのだ。次のような呪文を繰り返し唱えてもいい。「人生に問題が生じたら、真剣にアートに取り組め」

これがバッシングのように聞こえないよう願う。この結論にいたるまでに私は、想像上の岩に何度も自分自身をぶつけてきたのだから。

本の締め切りはNASAのロケットの打ち上げとは異なる。コンサートの期日が迫るのは、核実験のためのカウントダウンとはわけが違う。あるチェリストが冗談めかして言うように、「私はたった今、バスにはねられるかもしれない。その代わりにブラームスの六重奏の演奏をするために舞台上を歩いている」

注目を浴びることが強いプレッシャーにつながるとは限らないのに、そう考えたくなる誘惑は決して小さくない。とくに少しでも調子が悪いときはそうだ。

犬はこうした無意味なドラマが起こりそうだと嗅ぎつける。私の愛犬、タイガー・リリーという名の金色と白のコッカー・スパニエルは、私がユーモアを忘れてしまうと、じろっと横目で睨《にら》み、上手にすねることを覚えた。彼女の相棒のシャーロッテは家族のムードが妙に暗くなると、必ず何か変だと気づく。シャーロッテはそんなときに役に立つ小さな紫色のおもちゃ、ラッティを持っている。雲行きが怪しくなると、気分を害した人物の足元にラッティを置き、「今起こっていることよりラッティ取りゲームのほうが大事だ」と言わんばかりに、きゃんきゃん吠《ほ》える。

動詞のexercise（運動する）とexorcise（悪霊を追い払う）のスペルが似ているのはおそらく偶然ではない。**アーティストが創作ではなくドラマに興じているときは、頭で考えるのをやめて身体に意識を向ける必要があることを示唆している。**急な坂を歩いて上る、プールをできるだけ早く二、三往復する。運動すれば、現実感が戻ってくる。私たちの人生における唯一のドラマは、私たち自身が生み出しているものだという現実感である。アーティストは素晴らしい想像力を持っているがゆえに、ドラマに執着する可能性がある。また、純粋な創造ではなく、アドレナリンが多量に放出される不安に身体的に依存することもありうる。劇的なことがあまりありすぎるのは楽しいことではないが、創作する代わりにやることを与えてくれる。**この回避する癖を改めるまでは、ドラマチックなシナリオを手放すことはできない。**

「絵を描かなくてはいけないのはわかっているけど、彼は私を愛しているのかしら?」

「そう、僕はピアノの前に座るべきだ。でも仲間から十分尊敬されているかどうかわからないんだ」

「最悪のテニスシューズについてクレームのメールを書いたら、本の執筆に取り掛かるつもりよ」

「ミュージカルの仕事がどうなるかわかった後で、ビオラの練習をするわ」

アーティストはペテン師になることがある。人を騙《だま》すのではなく、自分自身を騙すのだ。自分を騙して、創作よりも自分の周りに起きているドラマチックな出来事のほうが大事だと思い込ませる。そしてドラマにのめり込むことこそが、創造的な衝動を何よりも満足させると考える。

自分自身をごまかして、自分の才能や愛すべき点、創造的な能力について思い悩むことに没頭できれば、いったん創作活動を中断して、実際に心配事を背負い込むことができる。日常生活で不快なドラマを演じられれば、真の創造性を伸ばすことを犠牲にしてもいいとしばしば考えるようになる。

なんと嘘《うそ》に満ちた慰めだろう！ 自分の本が文学的な価値を持ちうるだろうか、この曲を自分のものにできるほど十分にリハーサルを行っただろうか、新しい撮影機材の使い方を完璧にマスターすれば、作品の質は上がるだろうかといったことを思い悩むより、恋愛に思い悩むほうがはるかに容易だ。

アーティストはドラマを好む。作品の中にドラマを導入するのは素晴らしいことだ。しかし、アーティストは感情的なドラマに溺れる危険を冒す。崖っぷちに立って下を見下ろし、何でも真に受ける友人たちに、「落ちようか？」あるいは「飛び込もうか？」などと尋ねる困った傾向を持っているのだ。

今週の課題 「ブラボー！ リスト」をつくる

事実はドラマの対極にある。モーニング・ページを続けていれば、その日にやることの優先順位を決める「やるべきことのリスト」を正確に書けるようになっているだろう。ただし、アーティストとしての自尊心を確固たるものにしたければ、もう一つのリストをつくる必要がある。「ブラボー！ リスト」と私が呼ぶもので、リサイタルが成功したとき、最後に舞台上でするお礼のあいさつのようなものだと考えてもらいたい。これからすべきことに焦点を当てるだけではなく、すでにやり遂げたことに対して拍手を送るのだ。日々の創造的活動に感謝する「ブラボー！ リスト」は次のようなものになる。

①モーニング・ページを書いた。
②キャロライナに連絡した。
③ピアノを一五分間弾いた。

④ゼラニウムを植え替えた。
⑤自分の論文に関する『アトランティック』誌のエッセイを読んだ。
⑥いろんなものを寄せ集めてスープをつくった。
⑦家計簿をつけた。
⑧ブルースと話した――すぐに気分が回復した。
⑨一時間の論文執筆の時間が取れた。
⑩トリマーに犬を連れていく計画を立てた。
⑪スカートの裾上げをした。
⑫アマゾンに論文関連の本を注文した。
⑬キッチンの窓の下枠に塗るペンキを選んだ。
⑭クラシックチャンネルでオペラアワーを聴いた。
⑮色物の洗濯をした。

「ブラボー！　リスト」はすぐに長いリストになる可能性がある。私たちの毎日は自分が思っているよりずっと忙しく、生産的なのだ。加えて、このリストはちょっとした励ましにもなる。自分が創造的な生活をしていることを自覚すると、さらに創造的なことをしたいという気になるのだ。「やるべきことのリスト」が物事の優先順位を知らせるものだとすれば、「ブラボー！　リスト」は成し遂げたことを認識するものである。創造的な人生は一瞬一瞬の積み重ねでつくられていくのだ。

よくなっていくことのよさ

私たちは単に自分を表現することだけに興味があるわけではない。より正確に、より美しく自分を表現することに関心がある。そのためには、きちんとした技術を習得しなければならない。また、的確な評価を必要とするだけではなく、自分で自分を正確に評価する必要もある。

自分を正確に評価できるのは、経験と優れたスキルが組み合わさったときだ。それゆえに多くのアーティストが他のアーティストを師として仰ぎ、修業を積んできた。優れた音楽の師は、弟子の演奏をかたちづくり、色づける。弟子たちは個性を際立たせると同時に「師匠」の姿に似てくる。それは一部に技術を分かち合うからだろうが、音楽的な価値観を共有するからでもある。偉大な師は偉大な弟子を引きつけ、育てる。それは一種のスピリチュアルな血縁関係である。通俗的な言い方をすれば、「ブランドネーム」といったところだろう。偉大な教師を抱えた音楽学校で学んだアーティストは、それだけで箔《はく》がつく。

ときに、師と弟子はカリキュラムではなく、神の計らいによって出会う。エマの場合がそうだった。

バイオリンとビオラの教師であったジョイス・ロビンスはニューヨークで長年教鞭《きようべん》を執った後、引退して南カリフォルニアに移った。ロビンスの教習コースに参加したことによって、エマの演奏スタイルと演奏に対する考え方がガラリと変わった。彼女は聴くことを学んだのだ。

「カリフォルニアに行く気なんかなかったのに、どうしても彼女に習いたくて、一年滞在したんです。同じ西海岸でも、通うのに往復三時間半かかりましたよ! カリフォルニアの高速道路にも慣れなきゃいけないし、大変でしたが、演奏の最中に自分自身が奏でている音をしっかり聴く方法を覚えました。演奏は、力任せではなくソフトになりました。テクニックに気を配るのではなく、自分が実際に奏でている音を聴きはじめたら、結果的に、前よりずっといい音を出せるようになったんです。それ以来、自分のビオラの生徒がとりわけ優しい音で演奏しているのを聴くたびに、私が先生に教えてもらったのと同じ聴く能力をどうやって身につけたのだろうと思うようになりました」

アーティストはどこにでもいるが、アーティストにふさわしい学校がどこにでもあるというわけではない。地方在住の有望な絵描きは、地元で学ぶ以外の選択肢を持てないかもしれない。生まれた場所で花開くことを願うアーティストはとくに、地元の師を探し求める。幸運にもよい師にめぐり合うかもしれない。あるいは、とんでもない師について才能をだめにすることもあるだろう。

地方でも都市でも、多くの生徒は利己的だと思われるのを嫌い、師よりも大きく成長した後も、その師の元に留《とど》まろうとする。その結果、師との関係が気まずくなったり、ひそかに師と競争しあったりする場合が多い。自分が師より力をつけたことをどうやって伝えたらいいのだろう？　一番いいのは、長い間お世話になり、いろいろ教えてもらったことに感謝して、新たな道に踏み出すことである。

優秀な師はアーティストを強くし、才能を際立たせる。未熟な師はアーティストを抑え付け、能力をだめにする。これまでの時代、多くのアーティストの創造性を阻み、不健全な神秘主義に導いてきたのは未熟な師たちだった。

私たちは創作を楽しむが、もっとよいものをつくりたいという向上心も持っている。向上心がなければ成長しない。ところがあまりに多くの人が、プライドや恐れが創造的なプロセスを汚すのを許してきた。確かに内なる創造者は子どもっぽいかもしれないが、それは私たちがあえて子どもっぽいままでいることを自分自身に許してきたからにほかならない。成長するのを避けることで、自分を守ろうとしてきたのだ。

自分で感じる欠点について何年間も思い悩んだ末に、次のように言ってくれる師に出会うかもしれない。「あなたの能力はもうとっくにその楽器を超えていますよ。それがあなたをだめにしているのです。だから、早く手放しなさい」

自分だけでは、このような考えは出てこないだろう。

私たちのスピリチュアルかつ知的な感覚は「自分の技術をさらに磨きたい」という欲求に導く。私たちが物事を見たままに描いたり、聴いたままに演奏したりできるようになるには助けが必要なのだ。**助けはきっと得られる。**助けがないと、自分の内的な基準と、それを満たそうとする自分自身の能力とのギャップに落胆させられ、諦めてしまうことになりかねない。

作家のティリー・オルセンは「アートにおける完全主義という刃《やいば》」の危険性を警告している。その刃を絶えず自分の創造性の喉元につきつけていると、成長できない。学びのプロセスを窒息させてしまうからだ。そんな落とし穴に落ちないよう導いてくれるのが師である。

私たちはそれぞれ自分なりのペースで学んでいく。だが学ぶ気さえあれば、誰かの素晴らしい手法からも学ぶことができる。真の成長こそがゴールである。マンネリ化した講座やろくなアドバイスをしてくれないセミナーを受講しても目標は達成できない。**私たちが求めているのは優秀さである。それを見出すには、今までしてきたように、自分自身の中だけではなく、他人の中も探す必要がある。**ブランドネームに目をくらまされてはならない。心を開いて師を見出し、師の言うことを虚心坦懐《たんかい》に聞こう。同時に、自分たちが守るべき確かな感性とスキルを持っていることを自覚しつづけよう。

「弟子の準備が整ったときに、師が現れる」というのは、よく繰り返されるスピリチュアルな格言である。私は長年にわたって、奇跡的な出会いの物語をたくさん耳にしてきた。神の心はどこにでもあまねく存在する。**導いてくれと祈れば、私たちは導かれる。教えてくださいと祈れば、教えてもらえる。**

中西部の小さな産業都市で仕事をしている若い彫刻家は導きを求めて祈り、一〇マイル離れた同じように辺鄙《へんぴ》な場所で働いている有名な彫刻家に引き合わされた。ニューメキシコの小さな町に住む有能な俳優は引退したハリウッド映画の監督と出会い、その人の助けで有名な俳優学校の奨学金をもらった。導きと寛容さは私たちが思っているよりずっと身近にある。導きを受けることに対して心を開き、無心に祈っていれば、必ず私たちは導かれる。そのとき、導かれたことに気づくことが大切である。

自分の計画の実現やアーティストとしての成長は、人の手だけではなく、神の手に委ねなければならないというのがスピリチュアルな法則である。私たちはさまざまな師に出会い、さまざまなチャンスに導かれていくが、偉大なる創造主は私たちの優れた創作活動の究極的な源でありつづける。それを忘れてしまい、マネージャーや現在の指導者のおかげだと思ってはならない。

偉大なる創造主は、あなたにとって何が最善かを正確に知っている。たとえあなたが道を見失い、自分の夢から遠く離れてしまったと感じても、最良の道を見出すのを助けてくれる。神の心の中では、あらゆるものがすぐ手の届くところにある。生まれながらに創造者である私たちを支え、成功へと導いていくこともその中に含まれる。信じて心を開き、お願いすれば、私たちはみな、優しく導かれる。

今週の課題 師に出会う心の準備をする

あなたはよき相談相手がいなかったために悔しい思いをしたことや、自分を哀れに思ったことがあるかもしれない。そのことにまつわる五つの状況を具体的に書き出してもらいたい。例を挙げておこう。

①両親とも病弱だったので、名門の大学院で詩の勉強をしたかったけれど行けなかった。
②以前使っていた楽器が演奏しにくくて悪い弾き癖がついてしまった。いまだに悩まされている。
③私の家族は作家になるために何をしたらいいのかまったく知らなかった。私に法律

家になって欲しかったのだ。文学者になるためのサポートは何もなかった。

④私がモダンダンスを知ったときには、すでに二〇代になっていて、理学療法士になる途上にいた。

⑤私の姉は才能豊かで、音楽家としてのあらゆる支援や激励を受けていた。私は姉がギターでセレナーデを奏でているとき、皿を洗っていなければならなかった。

こうした不平の種は現実に起こったことなので、今更変えることはできない。しかし、的確な問いかけをして、有益な行動に結び付けることはできる。たとえば次のように。

①いまだに大学院で勉強したいと思っているのか？　社会人向けのプログラムがたくさんある。

②演奏テクニックに関して言えば、音楽学校で学んでいなくても、個人レッスンをしてくれる優秀な先生はいる。ふさわしい先生であれば、すぐに悪い癖を直してくれるだろう。

ずっと抱え込んでいた不満を一つ一つ書き出し、傷ついた内なるアーティストをなだめるために今できることを探し、実行してもらいたい。どんなに些細《ささい》なことでも、自分への哀れみを和らげてくれるだろう。

アーティストに必要な個人的サポート

創造的な人生において厄介な問題の一つは、創造的な飛躍に対する個人的なサポートと励ましである。創造的に生きるために身近な人からのお世辞は必要ないが、どんなときでも自分を受け入れ、愛してくれる友人は必要である。現在、どのように評価されているかにかかわらず、あなたを愛し、受け入れてくれる人たちだ。アーティストとしての成功は、失敗したときと同じぐらい強烈なプレッシャーをもたらすかもしれないことを理解してくれる友人であれば理想的だ。

アーティストは変わりやすい存在である。あるときは孤独な幼虫になったかと思うと、次には蝶のように美しい存在になる。その都度、必要とするものも変わっていく。友人は、そのような変化に付き合う方法を知っている人でなければならない。

まず**自分が何を必要としているかを自覚し、信頼できる友人と自分の洞察を分かち合うことが大切**だ。私たちは自分だけで処理しようとしたり、相手に理解してもらえるような方法で自分が必要としているものを訴えたりしないことがよくある。長い間、難しいプロジェクトに取り組んでいたおかげで、創造の井戸がからからに乾ききっているときには、自分で自分の友だちになり、自分をアーティスト・デートに連れ出そう。イメージや冒険で自分の創造性の井戸を満たしてあげるのだ。

締め切りが迫り、仕事のしすぎで立っていられないほどくたびれてしまったときには、休息を取ることすら難しいかもしれない。私たちはみな、自分に鞭打《むち》ってまで仕事をやり遂げようとする傾向がある。その結果、自分が苦しむだけではなく、仕上げが雑になったりする。そんなときも友だちに電話すれば、「家から脱出して映画を見に行けますように、って祈ってみれば?」などと言ってくれるかもしれない。

ツエルブ・ステッププログラムでは、参加者は「サンドイッチ・コール」というものを教えられる。何か難しいことをしようとするときには、まず友だちに電話をしてから、厄介なことを片付け、もう一度友だちに電話をかけて「ミッションが完了した」ことを報告するのだ。創作をしているとどうしても行き詰まることがあるので、サンドイッチ・コールは有効な応急手当になる。

「スタジオに入れなくて、仕事が溜《た》まっているんだ。三〇分仕事をして、絵筆を洗うことにするよ」

「原稿の最初の二五ページを読んで、どんな感じか見てみることにする」

「最初の動きの振り付けを大まかに描いてみるよ」

たいていの人には、やり方さえわかれば喜んで助けてくれる友人がいる。駆け出しだった若い頃、私はパラマウント社に脚本を採用された。書き直すように言われ、冷や汗をかきながら取り組んでいたとき、友人のジュピターは毎日私の家にやってきた。一日に一時間ほどロッキングチェアに座り、本を読んでいるだけ。だがその間は、私は震えながらもタイプを打てた。一日に一時間でも仕事ができれば、何もしないよりはるかにましである。ほんの少しの時間を割いて支援することが、大げさな意思表示よりもずっと役に立つ。

「電話を切って、三〇分たったら、もう一度電話してちょうだい」

友人たちにこんな支援を頼んでみてはどうだろう？　私たちは未経験のことをやるときだけ助けを必要とする場合が多い。いったんやり方がわかれば、後は大丈夫なのだ。私の場合、手助けを求める電話をかける場合もあるし、よく顔を合わせるスタートバックスで一時間ほど走り書きをする「ライティング・デート」をすることもある。また、ファックスやEメールで原稿をチェックしてもらうこともある。エレクトロニクスの時代は、創造の共同体を広げる役目を果たした。他にもコーヒーショップのオーナーを「手なずけ」、グリルチーズを食べながら、毎日隅の席で一時間ほど仕事をするという手もある。タオスにあるドリ・ベーカリーは何年もの間、動物園のように作家たちで溢《あふ》れていた。めいめいが仕事をするために自分の席を確保し、お互い同士、そして店主のドリとあいさつを交わしたものだった。**アーティストに必要なのは、どんなときにも喜んで迎え入れてくれるほんの数人の仲間である。**

コンサートツアーや著書のサイン会、ワンマンショーなどで大きな飛躍を遂げようとしているアーティストは傷つきやすく、ときに不安定になりやすい。その弱みに付け込み、利用しようとする人がいる反面、サポートしてくれる人もいる。突発的に人気者になったアーティストはしばしば火傷《やけど》をする。信頼できる友人による確固たる支えがない場合、チャンスが本物かどうかをどうやって見分ければいいのだろう？

狙撃者はどこにでもいる。彼らは身を隠したまま、攻撃を仕掛けてくる。残念だが、彼らは仲間の中にも友人の中にも、家族の中にもひそんでいる。自分が嫉妬していることに気づかず、あなたの幸運を冷ややかに受け止める人たちと会話していると嫌な気分になり、不安になるかもしれない。

「時の人になるのってどんな気持ち？」と嫌味を言う人もいる。「うぬぼれすぎないように注意したほうがいいぞ」と忠告する人もいる。ともすれば罪悪感を抱かせるようなことを言う人もいる。

私の友人でベテランの女優はこう冗談を飛ばした。「トップに登りつめるために、なぜそんなに忙しくするのか私には理解ができないわ。だって、トップの座で待っているのは妬《ねた》みと恨みだけでしょう」

成功するための一風変わった冒険話を親身になって聞いてくれる人を探すのは、確かに難しいかもしれない。サミー・デービス・ジュニアの家に招かれたとき、こんなことを考えたのを私はよく覚えている。「サミー・デービス・ジュニアの家に招かれて、彼から私は素晴らしいダンサーだと言われたなんて誰に話せるっていうの！」（話す相手として母が適格だったかはわからない）。

変化の後の新しい生活は、自慢話に聞こえるようなことだらけだ。ときには自分に対しても鼻高々になる。有名人の名前を出しては自慢して、自分が偉くなったような錯覚に陥る。そんなあなたを理解してくれる人が必要だ。あなたの弱さに拍車をかけて恐怖を煽《あお》る人、弱さを配慮してくれない人は必要ない。

創造的に生きるには、ありのままの自分を見てくれる人が必要である。大きなあなたや小さなあなた、有能でパワフルなあなた、怯《おび》えて小さくなっているあなたをありのままに見てくれる人が欠かせない。あなたを信じ、あなたの大きな自己を見ることができる人。あなたの小さな自己を優しい思いやりを持って見ることのできる人。そんな人を探そう。

私は真夜中に不安になったとき、電話をかけられる人のリストを持っている。実際には真夜中の二時に「私、書けないの。才能なんかなかったのよ。今まで世間を欺いていたの。夜が明けたら、みんな気づくわ」などという電話はしない。だが、どうしても電話をかけずにいられなくなるときがあれば、彼らは理解してくれる。同じように、私は真夜中でも連絡を取り合える仲間同士でつくっているリストに自分の連絡先を載せている。誰だって、明け方の四時に自殺したいほど落ち込みたくはない。だが、誰でも落ち込むことがある。そんなとき、誰かに電話できるとわかっていれば、悪魔を追い払えるだろう。あなたも真夜中の狂気を鎮めてくれる緊急医療チームをつくろう。**強いあなただけではなく、弱いあなたのことも同じように受け止めてくれる人を探すのは難しいだろうが、探す価値はある。**

友人一人一人がどんな自分を受け入れられるかを正確に見極めることは重要だ。「小さなあなた」を愛している友人に電話をしてビッグニュースを伝えたら、相手は一瞬動揺して黙り込み、しらじらしい声で「そいつは素晴らしい!」と言うかもしれない。あなたが自分を卑小だと感じているときに、「大きなあなた」を愛している友人に電話をかけたらどうだろう。マラリアを運ぶ蚊みたいに煙たがられていると感じるかもしれない。もしあなたが現実を把握していない人や創造性を阻まれている人に囲まれているなら、この傾向は顕著だ。「アーティストとして認めてもらいたい、サポートしてもらいたい」というあなたの気持ちが、その人たちにはわからない。彼らにとって、あなたは運のいい人であり、「何が問題なの?」と逆に尋ねたい気持ちかもしれないのだ。そのような態度に接すると、自分のことは自分で面倒を見ようという気になるかもしれないが、それでは内なるアーティストは満たされない。

ある若いベストセラー作家は、破産すまいと頑張っている友人たちに稼ぎのすべてを与えてしまった。ヒット曲を出したレコーディングアーティストは貧乏な新人のために矢継ぎ早にプロジェクトを立ち上げはじめた。自分の成功が批判的に受け止められると感じると、無意識のうちにお金で片を付けようとすることは珍しくない。どんな犠牲を払ってでも穏便に事を済まそうとする事なかれ主義でもある。

自分に自信が持てない人は、成功した人を見ると嫉妬心に駆られ、どうにかして貶《おとし》めようとすることしかできないことがある。そのような人たちに振り回されないよう注意しよう。発見すべきは、私たちや私たちの中のアーティストに寛容でいられる人たちである。創造的に飛躍することに全エネルギーを注いでいるときに、「見捨てられた」と言って脅す人々を避ける術《すべ》を学ぼう。逆に足を地につけさせ、育ててくれる人を探そう。

あなたがやがてアーティストとして人前に出るなら、強烈なスポットライトを浴びることの意味をしっかり理解しておくといい。栄光だけを見て、その代価を見ようとしない友人は、真の友人とは言えない。カフェインやアルコールがすきっ腹に効くときがあるように、スポットライトのぎらつく光も、精神的に相当充実していないと混乱のもとだ。成功だけに目が行き、その陰にあるストレスを理解してくれない友人は、こちらがケアを必要としているときに、ケアしてくれと求めてくる。

創造的なアーティストには、成功する前の友人、成功している間の友人、成功した後の友人が必要だ。飛ぶのを助けてくれる友人、祝福するのを助けてくれる友人、哀しむのを助けてくれる友人。そのうちの一つしかできない人もいるが、**どんな場面にも応じられる思いやりを持った友人が見つかれば最高だ。**

あなたのおばはまさにそうした人物かもしれない。あなたの妹がそうかもしれない。あなたが住んでいるビルのドアマンや小学校以来の親友がそうだということもありうる。誰でもアーティストとして飛躍を遂げるときには、プライベートなレベルで応援してくれる人を必要とする。愛やサポートという栄養を与えてくれる家族や友人が欠かせないのだ。あなたを美しい姿をした白鳥としてしか見ずに、水面下で水をかいている足について何も知らない人たちは、あなたが本当に求めている友人ではない。

透き通っていて、ほんの一瞬も留まっていないが、確かに「存在する」水によって白鳥は支えられている。私たちも、目に見えないが確かに「存在する」高次の力によって支えられていることを忘れてはならない。**真摯な祈りは必ず応えられる。**

マンハッタンにも居を構えた私は、ニューメキシコと同じく日々気軽につき合える友人を持つことを切に望んでいた。すると驚いたことに、まさにそうした類いの人たちとつながりができた。まず、二五年前から知っている友人の俳優がひょっこり訪ねてきた。三五年前から知っている最愛の先生もやってきた。一五年来の知人や、もっと前からの知り合いで乗馬の好きな女友だちも現れた。これらの友人は私が物憂げであると同時に若々しくて野性的であることや、いまだにチャンスさえあれば何をしでかすかわからないことを知っていた。今日は、最近再会した二人の友だちからの短い手紙が来ていた。留守電には小学校以来の親友からのメッセージが入っていた。奇跡の再会は、「神さま、どうか真の友人をお与えください。善良な心を持ってあなたと一緒にいるだけでは寂しいのです」と必死に祈った直後に起こった。

ほとんどの人は私と同じように感じているはずだ。そのことを一番よく知っているのは神である。寂しさに甘んじないで、私がしたように受話器を手に取り、探偵ごっこをしてみたらどうだろう。私は三度の電話で高校時代のライティングの先生を探しあてた。電話で話した後、彼女は私に手紙を書いてよこした。現在、彼女の写真と手紙がライティングテーブルの上の壁に鋲《びょう》で貼ってある。それを見ると、自分が望んだ数だけの友人を持っていることに気づかされる。

今週の課題　「仲間の求人広告」を出す

もう「成熟した」のだから、応援団など必要とすべきではないと言う人がいる。しかし、それはしみったれた忠告であり、アーティストの実情にそぐわない。私たちは応援団を必要とすると同時に誰かの応援団になるべきだ。想像上のサポーターを考案しよう。一枚の紙に仲間に本当に望んでいることを告げる求人広告を書こう。もうすでにあなたが求めているものを備えている人物を知っているかもしれない。もしそういう人の心当たりがないなら、この広告は、実際にそういう人が現れたとき、ふさわしいかどうか判断する助けになるだろう。

「求人広告」

私や私の作品を寛大な心を持って受け止め、情熱を持って語り合える創作仲間を求む。希望や夢、失望を分かち合える人、私を少しだけ甘やかしてくれる人、たくさん応援してくれる人、私が自分を信じられないときでも私を信じてくれる人、「あなた……の作品は素晴らしい。あなたもよ」と言ってくれる人を求む。

創造の「キャッチャー」を探す

アーティストとして生きるには、できあがったものより、できあがるまでのプロセスに焦点を合わせよう。私たちはまた、キャッチャー——狙いを定めて球を投げる相手——を必要とする。キャッチャーがいて初めて、ストライクを投げ込むことができる。理想を言えば、少しぐらい荒れた球を投げても、きちんと捕球できるだけの力を持った人、「ここに投げ込め！」と発破をかけてくれる情熱的な人が好ましい。

私たちは自分自身に語りかけるだけでなく、世界に向かって語りかけるためにも創作する。キャッチャーとは、その世界を代表する誰かか何かだ。キャッチャーは適切な誰かか何かでなければならないし、私たちはそのことに関して洗練された技を身につけなければならない。

偉大な作家イタロ・カルヴィーノはこう言っている。「耳は物語を呼び起こす」と。言い換えれば、私たちの作品を受容する適切な感受性がその作品を結晶化させるのを助けてくれる。「まぁ、なんて美しいの！」「私はあなたの言い回しが好き」といったキャッチャーのセリフは創造の庭に水を与えてくれる。「そのことについてもっと聞かせて」とか、「あれをもう一度見せて」という熱意は、アーティストを花開かせる。逆にしらじらとした無頓着さや無関心は、アーティストの芽を摘み取り、成長を妨げる可能性がある。同様に、歪曲《わいきょく》された時期尚早の批評は、同じ方向にばかり吹く風にさらされた松のように、アーティストを不自然な方向にねじ曲げてしまうかもしれない。

初期の作品はたいてい**「それは素晴らしいものになる！」という温かい言葉**で育まれる。旅人のコートをどちらが脱がせられるかを競争する北風と太陽の話を覚えているだろうか。北風は強風でコートを吹き飛ばそうとするが、旅人は必死にしがみついて放さない。一方、太陽は優しく暖かく輝き、旅人を暖める。そのため旅人は暑くなってコートを脱ぐ。

作家であるあなたに一番合うキャッチャーは、編集者ではなく言葉を熱烈に愛する友だちかもしれない。素晴らしい作品の中には、特別な誰かに向けて書かれてきたものも多い。リルケの『若き詩人への手紙』は一般に向けて書かれたのではない。彼は

「どこにでもいる若者」ではなく、自分にとって興味のある一人の若者に向けて書いた。そんな人物を「詩神」と呼んでもいいかもしれないが、キャッチャー、導火線、火花、触媒といった言葉のほうがあなたは気に入るかもしれない。アーティストが常に他のアーティストを育み、励まし、しばしば作品を擁護してきたのは、**魂と魂を結び付けるそうした錬金術的な引力**のせいなのだ。ハイドンが「パパ」というニックネームで呼ばれていたのは、モーツァルトのキャッチャーだったからである。ベートーベンは中年期の終わり頃、だんだん聞こえなくなっていく耳に悩まされると同時に、彼にしか聴こえない音楽に他の人が耳を貸さないことに不満を抱いていた。絶望した彼は神をキャッチャーにして、作曲しつづけた。彼のもっとも輝かしい音楽の一部はこの時期に生み出されたものである。だが、彼が孤独だったことには変わりがない。

私たちにとっても神はキャッチャーになりうる。キリスト教が広く受け入れられたのは、多くの人が人間の姿をした神を求めたからだろう。

真空の中で作品をつくれると信じるのは馬鹿げている。自分自身を喜ばせるために創作するというのは半分当たっている。その場合でも、私たちは自分自身の受容的な側面を喜ばせているのだ。換言すれば、自分の理想的な読者や聴衆を自分の中に体現しようとしている。私が『ダーク・ルーム』を書いたのは、友人のエレン・ロンゴに読み聞かせてあげるためだった。彼女は熱心な読者であり、会計士だ。私が『ポップコーン：ハリウッド物語』を書いたのは最初の夫のためだった。ハリウッドは二人が生き延びてきた場所であり、私が書いたハリウッド物語で夫を笑わせたかった。

偉大な芸術は世間に向けてつくられるものではなく、特定の人たちに向けてつくられる。**良い作品は「そこそこ」という気持ちの中ではなく、「これしかない！」という確信の中で生み出される。**熱意のない聴き方やあわただしい鑑賞の仕方は、初期の作品を台なしにし、傷つきやすいアーティストをぼろぼろにしてしまう。アーティストは立ち直りが早いが、感じやすい新芽であることも確かだ。

あなたの考えやアイデアは喜びをもって受け入れられなければならない。さもないと、おどおどした求婚者のように、落胆してその場から去ってしまうだろう。キャッチャーは、速球やホームプレートの端をかするカーブだけでなく、ウォーミングアップの投球や、ふらふらと飛んでくるファウルもしっかりと捕球してくれなければ困る。アーティストの努力を受け入れてくれてこそキャッチャーだ。素晴らしいキャッチャーは創造的なエネルギーを上手にさばく。あらゆるかたちのエネルギーに開かれており、荒れているときもあれば、疲れているときもあるアーティストの腕を信じている。言い換えれば、キャッチャーは寛容でなくてはならないが、見境がないということではない。

私にとっての最良のキャッチャーの一人は友だちのエドだ。「文章が少しギクシャクしているの」と私が言うと、彼は「確かにそうだね。でも時間がたつにつれて、まとまってくると思うよ。君が何かを書いているっていうことがすごいことなんだ」と言ってくれる。毎日の執筆で病気みたいに手が痛くなると告げると、「誰でもたまには関節がこわばるよ。ウォーミングアップには時間がかかる。君が思っているほど悪くはない。すぐに君は軽快さを取り戻すよ」と言ってくれる。「まだたくさん残っているの。信じられないわ」と私が言うと、「そうだね、だけど前にも時間のかかる書き直しをやってきたじゃないか。コツコツやっていれば、そのうちに終わるさ」と彼が言う。

エドが優しく私を導いてくれるのは、たぶん彼も作家だからだろう。ひょっとしたら、法律事務所の所長として長年勤務し、若い弁護士たちの指導をしてきた経験も役に立っているのかもしれない。ゆっくり走ることの価値を知っているのは、長距離ランナーとして走ってきた長年の経験なのかもしれない。ただ非常に思いやりがあるというだけかもしれない。いずれにせよ、私には彼が必要だ。彼はマラソンの二二マイル地点の標識でひょっこり姿を現し、ゴール地点まで優しく導いてくれる伴走者のようなものだ。エドが飛び切り上等のキャッチャーだとわかるのは、別のタイプのキャッチャーも知っているからだ。

私は友だちの中でももっとも口うるさくて批判的な友人に原稿の草稿を見せるという過ちを犯したことがある。「この本はあなたが普段持っている気楽さやバランス感覚に欠けているわ。重苦しくて、あまり魅力を感じないわ」と言われた。あなたなら、こんな言葉に反論できるだろうか？

まったく見る目がない友人に本の草稿を見せたこともある。「直すところがあるかなんてわからないわ。このままで完璧じゃない？ 長たらしいところもないし、あいまいなところもない。あなたが言わんとしていることはわかるし、あなたの書き方が大好き。あなたが書いたのなら、電話帳でも読むわ」

こんなふうに言われたときは、慄然とした。私が書いたものは電話帳程度なのか！あまりに甘い言葉で褒められると、シュガージャムに足を取られて動けなくなったスズメバチになったように感じ、恐ろしくなる。甘い汁を吸う快感には酔えるのだが、いずれはそこから這《は》い出さなければならない。甘すぎるキャッチャーは、私たちが本当に必要としている相手ではない。

偉大なキャッチャーがどんな人なのかよく観察してもらいたい。夢中になってホームプレートの近くにかがみ込むキャッチャー、ミットを拳で小気味良く叩《たた》き、「ここに投げ込め」と言ってくれるキャッチャー。それが偉大なキャッチャーなのだ。

今週の課題　自分のキャッチャーをキャッチする

私たちの中の創造する部分は若々しくて、傷つきやすい。だからこそ、気さくで楽しい思いやりのある雰囲気が大切だ。そのような雰囲気の中でこそ、冒険を恐れず、のびのびと自分を表現できるようになる。多くの場合、キャッチャーは盟友に似ている。ローン・レンジャーでさえ、冒険するときには一人ぼっちではなかった。相棒であるネイティブ・アメリカンの青年トントがいつも側《そば》にいたのだ。とくに幸せだったときのことを考えると、そばに盟友がいたことに気づくだろう。盟友とはあなたの冒険に関心を持ち、応援してくれた仲間である。ペンを手に取り、若い頃の仲間を思い出し、その人の何があなたを元気づけてくれたのかを探ってみよう。

①子どもの頃、あなたの創造的な活動を受け止めてくれるキャッチャーはいましたか？

②あなたにとって最高のキャッチャーは誰でしたか？

③その人は何をしてあなたの内なるアーティストを喜ばせ、興奮させたのですか？

④現在そのような人はいますか？

⑤その人はあなたのキャッチャーになれそうですか？

⑥子どもの頃、あなたの好きな作品の中に並外れたヒーローがいましたか？　好きなアート作品の中に力強い創造的なヒーローがいましたか？（あなたが好きで、自分を重ね合わせた人物）

⑦あなたの内なるアーティストはそのヒーローのどんなところが好きだったのでしょう？

⑧そのヒーローは、あなたの内なるアーティストの何が好きでしょう？

⑨子どもの頃のキャッチャーもしくはヒーローに宛てて手紙を書いてください。
⑩そのキャッチャーもしくはヒーローになったつもりで、自分宛ての返事を書いてください。

チェック・イン

①今週は何日モーニング・ページをしましたか？　やらなかった日があるとすれば、それはなぜですか？　モーニング・ページをするのはあなたにとってどんな経験ですか？　今までより明晰《めいせき》になっていますか？　広範な感情を味わっていますか？　以前より目的意識が鮮明になりましたか？　心の落ち着きが増し、何事があってもゆったりとしていられるようになりましたか？　何かに驚かされましたか？　解決を求める何度も繰り返される問題がありますか？
②今週、アーティスト・デートをしましたか？　幸福感が増したことに気がつきましたか？　あなたは何をし、どう感じましたか？　アーティスト・デー

トがなかなかできないなら、「さあ、出かけよう」と自分を強く促すことも必要です。

③ウィークリー・ウォークに出かけましたか？　どんな感じでしたか？　どんな感情、どんな気づきが浮かび上がってきましたか？　一回だけでなくもっと歩くことができましたか？　ウォーキングは楽観的になったり、視野を広げたりすることにどう影響しましたか？

④今週、自己発見に関して重要だと感じることが他に何かあれば、ノートに書き出してください。

第11週

信頼の感覚を発見する

つきつめれば、アーティストの人生は誠実さと自分なりの真実を目撃したいという意欲によって支えられています。アーティストの道は決して安全なものではありません。今週は創造的な資質と方向性に対する個人的な責任に焦点を合わせます。自尊心を育むのは創作することと自体であって、結果ではありません。それゆえ回復力こそ、創作活動を長く続ける鍵となります。「新たなスタートを切りたい」という積極性を持てば、失敗を貴重な経験に変えられます。今週は初心を取り戻し、失敗にもめげず再挑戦する気概を養うことを目指しましょう。

励ましの声を集める

アーティストとは、どんな職業に就いているかではない。自分を通して生まれてこようとするものに注意深く耳を傾け、それによって自分を磨くことを「本当の」仕事とする人たちである。

アーティストは壊れやすくはないがデリケートだ。アーティストの人生は心の天候に左右されやすい。長い灰色の冬を室内でばかり過ごしているとうつ状態を引き起こすことがあるように、励ましという日光を浴びずに創造的な人生を送っていると、絶望の季節が巡ってきやすい。

私たちは最初、その闇に気づかない。ただ単に働く気になれないと感じる。それでも創作しようとすると、ピアノやイーゼルや原稿の前で、うっとうしい仕事を無理やりやらされているような気分になる。まるで長い坂道を上っているような気分。誤って上を見上げ、こんなふうにつぶやくことさえある。「ああ、なんて遠いんだろう。とてもあそこまでたどり着けそうにない」

創造的に生きるには、内なる井戸から力を引き出すことが日課となる。その井戸は精神状態によって水を湛《たた》えたり涸《か》らしたりする。精神的に充実していると、創造の水は楽々と流れる。逆に充実していないと、水が干上がり、内なる井戸は涸れてしまう。

憂鬱の解毒剤は笑いである。だから、ユーモアのセンスがある友人がいれば大いに助かる。いざというときに電話をし、「自殺するか爪を切るかで迷っているんだよ」とか「感謝のリストをつくるか一〇階の窓から飛び降りるかで迷っているんだ」と冗談を言えるからだ。

やるかどうかは別として、自分を元気づけてくれる証明済みの方法は必ずある。たとえば、パイを焼くこともその一つ。自殺の衝動に駆られながらパイを焼くのは非常に難しい。ハガキを書くという方法もある。たとえその文面が「私はひどく苦しんでいます。あなたがそばにいてくれたらどんなにいいことか」というものであっても、多少は勇気をふるい起こす助けになる。気持ちが沈んだときに野菜スープをつくるのは面倒かもしれないが、やってみる価値はある。**何でもいいから「ものをつくる」という行為に専念している間は、嫌なことを忘れられるからだ。**

とらえどころのない不安に包まれているときには、誰かと本当に破滅的な物語を分かち合うとなぜか勇気づけられる。偉大な作家の逆境の物語を読んで慰められる人が多いのも同じ理由からだ。作曲家のリチャード・ロジャースと作詞家のオスカー・ハマースタイン二世はミュージカル『オクラホマ！』の資金を稼ぐためにピアノを弾き、歌を歌って歩いた。そうした話を聞くと、「私は曲を書く気になれません」というスランプが馬鹿馬鹿しいほどわがままに思われてくる。

ここでアーティストの性格について、いくつか確認しておきたい。

○すべてのアーティストはやる気をそがれ落胆する。

○すべてのアーティストは心の中に深い自己憐憫《れんびん》の井戸を持っており、周期的にその中に飛び込む。

○すべてのアーティストはある人よりもうまく、ある人よりも下手である。

○すべてのアーティストは過去よりも今日はうまく、明日よりも今日は下手である。

○すべてのアーティストは自分を疑うのが得意である。そうやって、イマジネーションを磨くのだ。

私たちは身の回りのすべての人やものをコントロールすることはできない。たとえば、同僚と夕食をとっていて、「お前ぐらいの年になれば、ほとんどの夢が実現しないと認めざるをえないだろう」とさりげなく言われたからといって、テーブルを乗り越えて相手の口を封じることはできない。自分の希望をくじく人間を、殺し屋を雇ってかたっぱしから抹殺することなどできないのだ。

私たちはアーティストとして心の狭い人間にはなりたくないと思う。だが、ときには狭量になる必要がある。何か気に障ることを言われたときに「気にしない」ふりをしても、それは消滅するわけではない。潜在意識の中にしまい込まれ、やがて有害な影響をもたらすようになる。たとえば、オーディションを受けに行って、審査官のちょっとしたコメントに傷つけられたとき、それを誰にも打ち明けずに自分の胸にだけしまっておこうとすると、次を受けに行きたくなくなる。やる気をそがれてしまうからだ。

「courage（勇気）」は心を意味する「coeur」というフランス語の語根からきている。あなたがやる気をそがれているかどうかは、心の状態をチェックすれば簡単にわかる。もしなんとなく憂鬱だったり、少々イラついていたり、不機嫌に感じていたりしたら、気力を失っている――つまりやる気をそがれている――可能性がある。そんなときには、「なんだか変だ。どうしたのだろう?」と悩まずに、自分の不快感の根底にあるものを探ってもらいたい。「どうしたのだろう?」という疑問の裏には、無視された傷が関与している場合が多い。

アーティストが気力をくじかれるきっかけは、いたるところに転がっている。あなたが制作したビデオを見たいと言って借りていった友人が、実際にはそれを見ない。苦労して書いた脚本を映画会社に持ち込んだのに、数週間たっても返事がこない。エッセイを書いて同僚に送ったのに返信すらよこさない。CDをレコーディングして家族に送ったのに、一言の感想もない。このように、あなたが精魂込めてつくったトロフィーは褒められることなく床に放っておかれる。「大騒ぎするほどのことではない」とあなたの中の大人の自己は言うかもしれない。だが、あなたの中のアーティストは違う。遠くに投げられたボールを口に咥《くわ》えて飼い主のところに戻ってきた子犬のように、頭を撫《な》でてもらおうとじっと見つめている。**「もっと大人になるべきだ」と人は言うかもしれない。だが、聞き流してしまえばいい。**注意すべきなのは、落胆をもろに表に出さないことだけだ。

内なるアーティストは、励まし、称賛、慰めを必要としている。何を成し遂げたかは問題ではない。作品を無視されると痛手をこうむり、気力をくじかれる。もし誰も喝采を送ってくれなければ、自分で自分を元気づけよう。

まず作品を大切にすること。原稿を無造作に積み上げておいて、その上にコーヒーをこぼしたりしないように。その上で、アーティスト・デートの日取りを決め、新しい物語を書き終えたことや、決して喜ばない無愛想なクライアントの肖像画を仕上げたことを祝福する。また、自分がやる気をそがれたことを素直に告白し、**どんな小さな勝利でも一緒に祝ってくれる友人を積極的に探そう**。

どんな人の周りにも、否定的な反応をする人間はいる。話をすると、必ず嫌な気分にさせられる人間だ。私の友人のジェニファーにとって、元の夫がまさにそうだった。いまだに彼女に大金を借りており、話をするたびに厚かましい頼みごとをする人物だ。ただ口先だけは達者で、「ひどい関係にはまっていると聞いたぜ。本当かい?」などと心配げな顔をする。ジェニファーがいまだに彼と縁を切れないでいるのは、嫌な気分にさせられるのがわかっているのに、ときどき、電話をかけたくなるからである。

私たちはすべてジェニファーと似たようなジレンマを抱えている。「自分はよくやっている。自分が進歩したことを認め、褒めてやるべきだ」と思う一方で、「私なんか、誠実さも決断力もインスピレーションもない腰抜けだ」とひそかに思っているのだ。

ほとんどの人は自分を完全に信頼し切ることができない。自分に全幅の信頼を置き、自分自身の声に耳を傾けることができるようになるには、強い心が必要だ。「おい、ずいぶんうまくやってるじゃないか。昨年よりはるかにいいぞ」と自分自身に告げられるようになるには、多少なりとも楽観的にならなければならない。**楽観主義は最悪のことではなく最善のことを信じるための選択肢の一つである。**

楽観的になるためには、自分自身の否定的な声を認識し、心のサウンドトラックを変える必要がある。楽観主義はスピリチュアルな健康にとって欠かせない。私たちの創造のグラスは半分満たされているのだろうか、それとも半分空っぽなのだろうか？ 私たちは行きたいところに到達できずに一〇年か二〇年無駄に費やしてきたのだろうか？ それとも、あと二〇年か三〇年もしたら、成熟した豊富な経験が、より若かったときに叶わなかった夢を実現してくれるのだろうか？ これは知覚と信じる力の問題である。

アーティストがたった二、三の単純な要素で生長することもあれば萎《しお》れることもある植物に似ているというのはグッドニュースでもあり、バッドニュースでもある。アーティストを殺すのは難しいが、落胆させるのはいともたやすい。褒め称《たた》えるのを控えればいいのだ。

あなたも「お前の夢は馬鹿げている。それは絵に描いた餅であり、荒唐無稽だ」と言われたことがあるだろう。そんなことを言う人たちは向上心を失って日常に埋没しており、リスクを恐れずに挑戦しつづけている人に不快感を抱いているのだ。だが、幸いにも世の中には、いくつになっても夢を持ちつづけることの意義を理解してくれる人たちもいる。彼らの言うことには意識的に耳を傾けよう。創造の道の途上で負った傷や打撲に湿布を貼ってくれるのは彼らだ。

「気を取り直して」創作をつづけるつもりなら、本気で活力を取り戻さなければならない。そのためには、心の痛みに耳を傾け、心を喜びで満たさなければならない。**心に「強くなれ」と言う必要はない。**ちょっとしたセレモニーを計画し、実行すればいい。そうすれば、再び創作意欲が湧いてくるだろう。

今週の課題　ハートを取り戻す

「気を取り直して」、自分自身を励ますつもりなら、まずハートを取り戻さなければならない。私たちの真実は、私たちが愛するものの中にある。私たちが愛してきたことや、今も愛していることを思い出せば、ハートを取り戻す道が必ず見つかる。

私たちは落胆すると、文字通りハートを見失う。自分のハートがいかに大きく、大胆かを忘れるのだ。ハートを信頼するとき、私たちは自分自身を信頼する。オスカー・ハマースタイン二世が「マイ・フェイバリット・シングス」の中で教えている以下のエクササイズは、難局を迎えたときにとても役に立つレッスンである。ペンを手に持ち、1から50まで番号を振り、あなたが心から愛する特別な物事を五〇挙げてもらいたい。私の例を挙げておこう。

①赤い羽のムクドリモドキ
②ラズベリーパイ

③レモンカード（バターや卵が入ったレモンジャム）
④ピーターラビットで有名な、ビアトリクス・ポターの絵
⑤娘のドミニカのぱつんと切った前髪とすすのように黒いまつげ
⑥ウェストハイランドの土地台帳
⑦格子縞《じま》のリボン
⑧家でつくったライスプディング
⑨ユリのアロマオイル
⑩トウモロコシの房
⑪ウィリアム・ハミルトンの風刺画
⑫このリストをつくること

リストアップしているうちに、自分がいかに豊かで楽しい世界に住んでいるかを思い出すに違いない。

五〇のリストができたら、もう一つ、エクササイズをしてみよう。アーティストとして励まされたとき、私たちは励ましの言葉に基づいて行動することもあれば、それ

を考慮に入れずに無視してしまうこともある。ペンを手に取り、1から10まで番号を振り、あなたを鼓舞する励ましの例を一〇個と、そうではない励ましの例を一〇個リストアップしてもらいたい。鼓舞する励ましの隣にはどんな行動を取ったかを書き込もう。無視した励ましの隣には、取ることができた行動を書き込もう。

創造性とはスピリチュアルな活動

創造性は知的な活動ではなく、スピリチュアルな活動だという言葉を掘り下げてみよう。そう遠くはない昔、神の栄光を讃《たた》えるために大聖堂が建てられた。当時はアートや職人芸は、より高次の領域に仕えるものとされた。高次の領域はクリエイターの世俗的な成功を保証すると考えられた。

ブラームスは、「アイデアが神から直接、私の上に落ちてくる」と主張した。「このオペラ（蝶々夫人）の音楽は神によって私へと伝達されたものでした。私は単なる媒体としてそれを紙に書き取り、大衆に伝えたのです」とプッチーニは打ち明けた。過去の偉大な芸術家が言っていることの中には、私たちにとって薬になるものが含まれている。偉大な先人たちが述べているように、**創造性自体が実際にスピリチュアルな経験であり、神に触れる方法**だとしたらどうだろう？　芸術作品の創作は単なるお金儲《もう》けではなく、私たちを聖なる次元に押し上げるものになる。

私たちは偉大なる創造主の一つの表現であり、何かを創造するようつくられている。創造は内なる神の助けなくしてはなしえない。私たちの内部を流れる創造性は体内を流れる血液と同じように確かなものだ。私たちはそれを表現することによって、物質性を超えた人間性を存分に表現する。この神の思《おぼ》し召しに応えることができないと、つまり、神に顔をそむけて自分を惑わす声に耳を傾けると、私たちは自分自身の本性と同調しなくなる。運命と呼んでもいいものとも同調しなくなる。

創造的な意味で正しい方向に向かっているときは、日々満足を感じる。自分で望むほど早く前に進めないかもしれないが、正しい方向に向かっていることがわかる。一日の終わりに「やるべきことのリスト」を見て、「三つの重要な電話をした。必要な情報をチェックするための手配をした。メモを取り、いくつか素晴らしい文節を書き留めた」と言うことができる。

逆に、正しい方向に向かっていないと不満を感じる。とんちんかんなことをしているという感覚がどんどん膨らんでいく。何かがぴったりこないのだ。その結果、停滞していると感じるか、行き詰まったと感じる。ときに、間違った方向に向かっていて、出来事の速度が増すとコントロールを失うのではないかという危機感を覚える。何かが「狂っている」のだ。私たちはそれに感づいているが、狂いはどんどん大きくなっていく。そんなときはブレーキを踏まなければならない。

ほとんどの人は、**「自分の警報器」が作動した経験**をしているだろう。まずは何かがしっくりいっていないというひらめきを感じる。それを無視すると、別のひらめきが湧く。こうして「自分の警報器」は、あなたが注意を払うまで警報を鳴らしつづける。

最近、私の警報器が突然鳴り出した。自分が書いたものが正しくないというサインだったので、「いや、大丈夫なはずよ」と私は自分を納得させようとした。「間違っているはずはないわ。三人の編集者が読んだのよ。何が問題だというの?」

警報は鳴りつづけ、「大丈夫だ」といくら言い聞かせても、大丈夫であるような気がしなかったので、最終的に印刷直前の原稿を見直してもらった。その結果、最初のページを書き直すよう要請がきた。本当にぎりぎりのところでガイダンスを受け取ったと、私は喜んで書き直した。

正しいという感覚はほとんどの場合、すべてが順調であることを示唆する。間違っているという感覚は何かが狂っていることを示唆している。そのような直観に耳を貸すことは常に有益である。神が私たちを通して働くことを許せば、私たちは平静さと興奮を両方感じる。「integrity（完全さ）」を経験するのだ。この言葉は、疑いや不快感によって断片化されていない「全体」を意味する「integer（整数）」という語根から派生している。それは神や自分自身や仲間との一体感として感じられる。

ギリシャ人たちは寺院の扉の上に**「汝《なんじ》自身を知れ」**と刻み込んだ。私たちはアーティストとしてそれを肝に銘じ、単に商売として成り立つものではなく、表現せずにはいられないものを表現する努力をしなければならない。「市場」は言ってみれば黄金の牛である。黄金の牛を崇拝するとき、私たちは魂を押し殺し、自分を通して働く創造性との調和を失ってしまう。ビジネスとして成り立つかどうかを考慮するのは悪いことではないが、最優先すべきものではない。あなたはこんな話を聞いたことがあるだろう。

「低予算だったので、世間並みのギャラはもらえませんでした。でも、あの映画製作のために働くのは本当に楽しかったんです」

「僕は新しい作曲家が上手にレコーディングをするのを手伝うのが好きだから、友だちを数人連れていったんだ。僕らは本当にいい仕事をしたよ」

「彼らは自分たちのダンスカンパニーの宣伝写真を必要としていてね。喜んで手伝ってやったよ。小さなバレリーナの集団を撮影すること以上に楽しいことってあると思うかい？　あのバレエ団は一流だ」

私たちはみな、アーティストとして説明責任を負っている。**何が自分の利益になり、何がならないかを決めるのは、長い目で見れば、私たちの仕事の質である。**偉大なジャズバイオリニストのステファン・グラッペリはこう述べている。「偉大な即興演奏家は自らの神にのみ語りかける司祭に似ている」

高い理想を掲げて直観の声に耳を傾け、上司の言うことや給料の良し悪《あ》しよりも、理想の実現を尊重するすべてのアーティストは僧侶に似ている。理想を実現することをないがしろにすると、私たちはアーティストとしての良心を失い、極めて不愉快になる。

アーティストは常にデリケートなバランスというものを気にかけている。物事が収まる「ツボ」があるのを知っているからだ。**ルールはある意味で破るためにあるが、すべてのしきたりを無視すると、ルールにやみくもにしたがった場合と同じように、破壊的な結果をもたらすことがある。**すなわち作品を仕上げる際には、その作品に合った手法を正確に見極めなければならない。

「懐疑的なアーティスト」は、自分が考える「正しいやり方」をしさえすれば、出来が悪くてもごまかせると考える。そして、本物のアーティストであるなら、どんなことがあっても生き延びなければならないという神話をでっちあげる。彼らは夜遅くのトークショーに出演し、芸術の話をするのではなく、芸術ビジネスの話をするのを好み、自らを宣伝することをはばからない。

創造性が日常の縦糸と横糸に織り込まれている文化では、引っ込み思案の人でも自由に創造性を発揮できるかもしれない。アメリカではアーティストは絶滅危惧種である。助成金はだんだん減ってきているし、アートに関心を持つ人も少なくなってきている。作品の評価に関して言えば、あまりに少人数の批評家の手に権力が集中しすぎている。多くの才能あるアーティストたちが落胆し、生き残っていけるかどうか不安に思うのも当然だ。彼らはサポートをしてもらえないために下積み生活を余儀なくされ、ステージの中央に立つ順番が回ってくるまで耐えられない。現在の環境は創造的に生きる人にとって決して好ましいものではなく、有害ですらある。それゆえ、身体が抗体をつくって病になるのを防ぐように、アーティストの魂も抗体をつくらなければならない。ところが、多くの優れたアーティストにはそれができない。

過去二五年間、私はダメージを受けたアーティストの障害を取り除く作業に取り組んできた。私の経験に照らして言えば、アーティストが減少しているのは、才能ある人が少ないからではない。私たちの文化が創造性を育てる資質を欠いているからなのだ。問題なのはアーティストの質ではなく、批評の風土の質だ。多くの優れたアーティストたちは、批評家の十分な評価を受けていない。そのため、自分の作品の価値を疑いやすい。作品の制作には勇気がいる。孤独なアーティストは認めないかもしれないが、創作活動をつづけるにはサポートが必要なのだ。

アーティストをサポートするには勇気とハートが必要である。中西部の小さな町から出てきたある有名なピアニストは、ニューヨークで自分の道を切り開こうとしていたとき、同郷の年配のカップルが寛大にもただで住む部屋を提供してくれたという。このカップルは芸術を理解し、磨かれていない石が磨かれていくのを見る知恵を持っていたのだ。彼らのような考えを持ってアートに肩入れするのは珍しい。

私たちの文化ではアートもアーティストも減少している。アートはかつて文明生活の中心だったが、今では世俗的なものになり、単なる飾りにすぎないとされる。アーティストはいてもいなくてもいい存在とみなされている。せいぜい社会の周縁にいる人間とみなされるのがおちである。おそらく、才能はあるが、ただの細工師だと考えられているのだ。

しかし、アーティストはどこにでもいる。**私もアーティストであり、あなたもアーティストだ。**それなのにアーティストを見かけないとすれば、あるいは自分自身がアーティストだと思えないとしたら、冷笑家たちが芸術の魂を追放してしまったからにほかならない。批評家の言うことに簡単に同調しないと非難される。人は誰でも創造性があり、自己を表現するためにその創造性を使うべきだと主張をしようものなら、「あなたは、出来の悪いアートを野放しにしておくことに一役かっていると思いませんか」とあざけられる。

もっと現実的になろう。世界には目立たないながら優れた作品がすでにたくさん存在する。事実、自分の作品を世界に押し付けることを躊躇《ちゅうちょ》する人々が、美しい芸術を創造する人たちであるような気がする。

私は創造性を教えるアーティストとして、若いアーティストのわだかまりのない自由奔放な作品を見て、恥ずかしい思いをするどころか謙虚な気持ちにさせられてきた。アーティストがどこまでのしあがれるかを決定するのは、作品の良し悪しではなく、往々にしてエゴの強さである。アートがスポットライトを浴びる悲惨な見世物とされてきたため、多くの才能豊かな人々が、世間の注目を浴びずに生きることを選んでいる。だが、それは本来の姿ではない。

現在における創造の庭の土壌には、あまりに多くの酸が含まれている。スポットライトは石灰と同じように働き、アートやアーティストが開花するために必要なシステムや支えという根を毒で枯らしてしまう。さらに、いたって攻撃的な批評家たちという庭師がいる。彼らは雑草を引き抜き、酸性の化学物質を撒《ま》き散らす。将来開花する敏感な若芽を育てる術《すべ》を知らないのだ。

私たちはこれから、アートを育てる安全な生簀《いけす》を意識的につくらなければならない。お互いが花開くことを可能にする場所をつくり、助けてくれる人々を見出さなければならない。創造的でいるために創造的になる必要があるのだ。

創造者として、言い訳するのをやめて行動することを注意深く学ぼう。自分自身を向上させるためにリスクを負う術を習得しよう。もし戯曲を書きたければ、部屋の模様替えをしてから取り掛かろうなどと考えてはならない。毎日、一時間でもいいから時間を取って、執筆にあてる。夢はすでに実現しているかのように扱うと現実になる。先延ばしするのをやめ、「今日、自分の夢に取り組んだ」と答えられるようになったとき、夢はぐっと近づくのだ。

アーティストの生活は決して楽しいことだけではない。食べていくために関係ない仕事をしなければならないかもしれない。だが、その仕事が日々の生活にリズムをもたらし、金銭的に助けてくれるかもしれない。だが、その仕事で得たお金が、中学生以来夢見てきた戯曲を書くことによってもたらされる満足と同じ満足をもたらすと考えるのは危険な嘘《うそ》である。

私たちは全身全霊を傾け、自分が本当に望んでいるものは何かについて正直にならなければならない。自分の本当の夢に少しでも近づくために、小さな飛躍をする必要があるのだ。それが偽りではなく真の自己を支えてくれる力を引き出すことになる。

自分の本当の夢に真剣に取り組むとき、私たちは自分自身であろうとする。自分自身であろうとするとき、私たちは自分を生み出したパワーを信頼する。そのとき、私たちは偽りの神ではなく、真の宇宙のパワーに自分自身を同調させる。私たちの夢を叶えてくれる偉大なる創造主のパワーだ。

今週の課題

誇りに思うことリスト

あなたはすでに多くの価値あることを成し遂げてきた。ここであなたが誇りに思うことを二五個リストアップしよう。このリストはあなたがどんなことを重視しているかを明らかにする。あなたが誇りに思う「べき」ことではなく、実際に誇りに思うことをありのままに書こう。いじめに敢然と立ち向かったことや、非難されたときに的確に言い返せたことなど、思い出すと顔がほころぶことを最低一つ入れてもらいたい。リストアップしていくうちにどんどん前向きになれるだろう。私の例を一〇個、挙げておく。

①乗馬の仕方をドミニカに教えたことが誇らしい。

②彼女がよちよち歩きの子どもだった頃、日曜日にポニーに乗せてやったことが誇らしい。
③彼女を馬に一緒に乗せて、バランスの取り方を教えてやったことが誇らしい。
④彼女を教習コースに参加させ、脇で見ていたのが誇らしい。
⑤宗教のクラスでカロリーナの肩を持ったことが誇らしい。
⑥クリスチャン・サイエンスの信者がカトリックの信者と同じように善良だとシスターに告げられたのが誇らしい。
⑦母のワゴンに積まれた野生のすみれを庭に植えるために持ってきてやったのが誇らしい。
⑧トマトについた虫をテープで取って救おうとしたことが誇らしい。
⑨オニユリが子犬たちに踏みつけられないようにしてやったのが誇らしい。
⑩講座を持っていない今でもモーニング・ページを書きつづけているのが誇らしい。

このようなリストは本来の自分を取り戻す足がかりをつくることに大きく貢献する。

「あなたが傷ついた場所」に戻る

創造的な活動をするときに支えてくれるグループがあるのは心強いことである。リスクを承知で創造の梯子《はしご》を登ろうとするとき、支えてくれる手があるからだ。支えられて何かをつくるのは比較的簡単である。タングルウッドやアスペンやマルボロなどの偉大なサマー・ミュージック・キャンプが重要なのはそのためだ。プロの画家を育てるペインティング・インスティチュートやライティングのリトリートが貴重なのも同じ理由からだ。私たちはすべてそうしたサポートを必要とする。だが、必ずしもそうした贅沢《ぜいたく》が許されるとは限らない。

ときにサポートどころか、妨害にあうこともある。たとえば新進の女優は、ハンニバル・レクター顔負けのディレクターによって内臓を引き出されたような気分になる。駆け出しのピアニストは、一九五〇年代にアメリカを中心に現れた、物質文明を否定し、既成の社会生活から脱しようとする若者たちを指す「beat」が、「to club（棍棒《こんぼう》で殴る）」という意味のミュージカル用語だと考える批評家によって酷評される。

このような妨害はありふれている。それらはアーティストの道に待ち構えている危険である。アーティストは感じやすい動物なので、すっかり怯《おび》えてしまい、逃げ腰になる。「もう二度と挑戦しない！」と心に誓う。そして、挑戦しない時期が長く続けば続くほど、再び創作に取り組むのが難しくなる。「一度傷ついたから、もう二度と同じことを繰り返したくない」と思い込む。

創造の道の途上で負った傷を癒す治療法はたった一つしかない。**何かをつくること**だ。小さなものでもいいから何かつくらないと、傷ついてまだ疼《うず》いている想像力がアーティストの身に起こったことをいっそう大げさに騒ぎたてる。唯一の慰めは、自分がアーティストだと再確認することである。もし誰も自分をアーティストと呼んでくれなければ、自分でそう呼ぶしかない。そのためには何かを創作する必要がある。ばんそうこうは傷にピッタリとフィットしなければならない。

もしあなたのミュージカルがこっぴどく叩《たた》かれたのなら、曲を書こう。あなたの絵画が酷評されたのなら、キッチンの椅子でもいいから何かを描こう。あなたの詩がけなされたのなら、人前で何かを朗読しよう。私の知人で、評判がよくなければ次の作品の予算が減ることを常に意識している有名なディレクターは、眠れぬ夜に次のように自分自身に言い聞かせるという。「三五ミリの映画を撮れなくても、一六ミリの映画が撮れる。一六ミリの映画が撮れなくても、八ミリの映画が撮れる。八ミリの映画が撮れなくても、スケッチはできる……」

要するに彼は、**どんなに致命的な失敗をしても、「○○ができる」と思えば楽になる**と知っている。

アーティストの人間関係は複雑である。しばしば人々に期待を裏切られたように感じることもある。さらに悲惨なのは、自分自身に裏切られたと感じることだ。「自分は愚かだった」と思うのだ。アーティストにはスランプの時期というものがある。それはアーティストの道の一部である。必要不可欠な一部だと言っていいかもしれない。

二〇代の頃の私は、自分が触れるものはすべて黄金に変わるように思えた。私は賞を取ったジャーナリストだった。最初はワシントン・ポスト紙で特ダネをかき集め、次にタイムズ紙で記事を書いた。それから偉大な恋人マーティン・スコセッシと結婚し、彼と机を並べて仕事をした。彼の映画の脚本を書くことにも貢献した。人気の新聞のコラムニストになり、脚本家として次々にヒットを飛ばし、三部作の映画をパラマウント社に売り、ドン・ジョンソンをエルビスとして起用したテレビドラマの脚本を書いて成功を収めた。まさにうきうきする時代だった。

三〇代に入ると、過酷な離婚をした。長編映画をつくったが、サウンドトラックを盗まれた。映画を吹き替え、ヨーロッパで公開してよい評を得たものの、アメリカでは公開されなかった。三年間、無報酬で小説を書いたが、出版までこぎつけられなかった。戯曲は賞を獲得したが、舞台にはならなかった。

四〇代に入ると、『ずっとやりたかったことを、やりなさい。』が出版された。その後、立て続けに一ダースほどの本が出版された。小説も最終的に刊行されたし、戯曲も舞台で上演された。この時期、私は失敗の苦しみではなく成功の危険を学んだ。私の四〇代にぴったりくる言葉は「厳格に」かもしれない。

以上のすべての期間を通して、私は日々、着実に書きつづけていた。挫折から立ち直るためのワークやアーティストとして生き残っていくためのワークにも取り組みつづけていた。アーティストとしてのキャリアを積むには、信仰が必要なことを経験から知った。つまり、**人気を失っても時間の無駄にはならないし、人気を得ても浮かれ騒ぐなということ**だ。すべてのことが創造の火を燃やす燃料になる。

私は教師として、またアーティストとして、自信がこなごなに砕ける時期に成長することを経験した。そのような時期、多くのアーティストがひどいものを書くのは、もはやかつてと同じように書いていないのに、いまだ新しい書き方を見出していないからだ。私たちの文化では、しばしば公の場で進行するアーティストの成長のプロセスがほとんど理解されていない。著名なアーティスト、とりわけ映画製作者や小説家にとって、成長するために必要不可欠な不安定な時期に作品をつくる余裕はほとんどない。コンサート・ミュージシャンも同様のジレンマを報告する。スタイルは間欠的に成熟し、一つの美から別の美にストレートに向かうのではなく、一つの美から別な何かを介してさらなる美に到達する。だが、その「別の何か」の段階を重視する批評家はほとんどいない。

アートは才能と人格によってつくられる。逆境は人格を鍛えるだけではなくアートをも強くする。逆境はまた人の逆境に対する共感と思いやりの心を育てる。それが私たちのハートとアートの懐を押し広げる。逆境はその意味で教育的だ。多くの教育がそうであるように、助けがなければ逆境から立ち直るのは極めてむずかしい。偶然の一致やタイムリーな電話、さらには慣れないことをしたいという「衝動」として差し出される助けは、頼れるガイダンスやサポートだ。救われるというよりもむしろ協力を得るのだ。

私がベテランのディレクター、ジョン・ニューランドに初めて会ったとき、私たちは二人とも小さな山の町に住んでいた。彼は長い華々しい映画人としての生活から正式に引退していたが、実質的には引退していなかった。高校の演劇部やコミュニティの劇団、さらには大学の演技のクラスで演技指導をしていたのだ。私はと言えば、「ぼろぼろ」の時期と呼ぶのがもっともふさわしい段階にいた。何度かひどい痛手をこうむっており、中でもつらかったのはミュージカルでの失敗である。傷ついた場所に戻るのを私はためらっていた。いずれ傷は癒えるだろうが、ミュージカルを書くには少し年を取りすぎているのではないかと思った。

ニューランドに偶然出会ったのは、娘が出演する高校の独白劇を見に行ったときだった。私は小さな講堂の頼りない椅子に座って、生徒たちが次々と素晴らしい作品を大胆に演じるのを見ていた。地域の劇団はたいていもっとおとなしかったので、驚かされた。いったい、誰が演出したのだろう？　劇が終わってから、私は一人のハンサムな男性に引き合わされた。破壊された大聖堂のような顔をし、もじゃもじゃの白髪が頭を覆っている男性である。

「ジョン・ニューランドです」と彼は言って、私の手を握った。「才能のあるお子さんをお持ちですね。あなたも才能があると聞いています。ランチでもご一緒してお話ししましょう」

こうしてニューランドに会ってランチを共にし、彼の楽天主義が最高のメニューであることを発見した。

「もう年だって？　君はまだ子どもですよ。君より四〇年も長く生きている僕は、まだ働いているよ」

「やる気をなくした？　君のミュージカルを読ませてください。いいに決まっている。上演しましょう」

「この先仕事がどうなるか心配だって？　君にはまだ四〇年あるんだ。元気を出して何かをしましょう」

私たちは私のミュージカル『アバロン』を上演した。たまたまその地方で室内音楽の演奏会を開いたことがあるクラシックの女性バイオリニストが手伝ってくれた。こうして私はミュージカルの世界に復帰した。ジョン・ニューランドに救われたことをしっかり認識し、**自分が傷ついた場所に戻ることを決意した**おかげだ。教師としての長年の経験から言えるのは、そのような〝タイムリー〟な救助はよくあるということ。アーティストが必死に祈れば、偉大なる創造主はそれを聞き、答えてくれる。

人間の力ではどうにもならなくなったとき、私たちアーティストは偉大なる創造主に助けを求めなければならない。孤独や絶望の感覚を手放し、思いがけない内的な強さとして頻繁に経験されるスピリチュアルな助けに心を開かなければならない。**一つ確実に言えることがある。あらゆるレベルのアーティストは逆境を体験するということだ。**公の場でそれを経験する者もいれば、プライベートな生活の中で経験する者もいる。同僚にいじめられたり、友人に酷評されたり、さまざまな理由で私たちは落馬する。

すべての逆境は意味を持っているというのがスピリチュアルな法則である。「ありがとう」と口では言いながら、梯子から突き落とそうとする同僚はどこにでもいる。記者会見であなたが貢献したことを述べない上司。会社のミーティングでチームのアイデアを自分のものであるかのように語る同僚。彼らの存在は実際のところ、私たちにとって恵みなのだ。確かに、突き落とされたら傷つく。それは裏切り行為であり、幻滅せざるをえない。だが、私たちはたいてい積みわらの上に着地する。不思議なことに、クッションがきいたところに落下したことに気づいたあと、「天使」が現れる。

アーティストとして裏切られた場合、自分がどんな方法で自分自身を安売りするかを見つめなければならない。もちろん、相手が卑劣だったのだろう――それは現実であり、痛々しいが否定できない。もっと苦痛なのは、自分も一役買っていることがわかることで、これはそう珍しくはない。だが普通は、信頼するのをためらったことが、自分の形勢を不利にしたポイントである。相手の反則が私たちの落度だという意味ではないが、将来、私たちはもっと賢明なふるまいをしたほうがよい。それは自分で変えられる部分だから。

自分の愚かさを叱っても何も変えられない。誰かの裏切り行為を自分のせいにしても何も変えられないし、裏切り行為をするように仕向けたのは自分だと主張しても何も変えられない。

ただ**自分自身の心の声に優しく耳を傾けることが大切だ**。そして、自分がいかに傷ついたかを思いやりのある人々や偉大なる創造主に告げ、助けが必要だと認めなければならない。

私なら、おばのバーニスに電話をし、批評家によって心を痛めつけられたと告げる。

『ショーボート』で成功した後、一〇年間続いたスランプの時期を耐え抜いたオスカー・ハマースタイン二世に手紙を書き、自分が今スランプの時期にいることを告げ、何かよいアドバイスがないか尋ねてみる。あなたも、「きっと大成功を収める」と信じてくれる人に電話をしよう。**へこたれずに、つづける強さを持っている自分の内なる部分に「お帰りなさい」と声をかけよう。**そうすれば助けの手がどこからか差し伸べられる。カーテンを揺らすそよ風のように私たちの中に入ってくる。助けは必ずある。私たちがしなければならないのは、助けの声に積極的に耳を傾け、たとえそれが予想外のものであっても、受け入れることである。そして行動に移さなければならない。

アーティストは偉大なる創造主との共同作業に常に従事している。ありえないほど危険に思える賭け、ことごとくはずれているような気がするキャスティング――これらはみな、スピリチュアルなガイダンスを求めれば、プロットに必要なものであり、私たち自身の創造的なプロセスが成熟するためには欠かせないと明らかにされる。**創造的に生きるなら、すべての破綻が幸運だと覚えておこう。なぜなら、骨は折れた部分がもっとも強くなるからだ。アートは癒しであり、それを癒すのはアーティストだ。**自身もアーティストである偉大なる創造主は、私たちが自分自身を助けるとき、私たちを助けてくれる。**創造主をどのようにして見出したらいいのだろう？　創作活動をすればいいのだ。**

私たちは自分の創造の世界をコントロールしていないと思っているが、自分が認める以上にコントロールしている。私たちは自分がどれだけコントロールしているかを知るのを避けようとする。なぜなら、再び自分の作品を世間にさらして身震いするような不安を味わうより、後悔を引きずって惰性で前に進むほうが快適だからだ。

気力をくじかれたアーティストは「本気で創作に取り組む」という考えを振られた恋人のように見なす。再び傷つくことを恐れるのだ。以前どんな結果になったか「知って」おり、また同じ結果になるのを「恐れ」る。今回は結果が異なるかもしれないのに、自分の夢とデートどころかお茶さえしない。

アーティストはアートのことなど何も知らないエージェントに作品を却下されてこう思う。「まあ、彼らはどれもこれも似たようなものさ」

本当にそうだろうか？　皮肉っぽいギャラリーのオーナーや手厳しい脚本家にこき下ろされ、こう結論づける。「もう二度とギャラリーには足を踏み入れないぞ。俺の作品は絶対に受け入れられないだろう」

ほとんどの場合、傷ついたハートをさらに傷つけられるのを恐れて、二度と挑戦しようとしない。しかし私たちは、創造の夢が恋の夢と同じように死に絶えることがないことを、心の奥底で知っている。それらの夢の囁《ささや》きに私たちは脅かされる。完全には息絶えていない戯曲や小説や絵画は、押し込んだクロゼットの中で、壊れた夢の亡霊たちと一緒に生きつづけている。

アーティストは夢想家である。私たちが恐れるのは、作品が拒絶される悪夢だ。そうした恐れゆえに、一度手厳しい批評をされただけで、「いつもやり込められる」と妄想を膨らませてしまうのだ。一回突き返されただけで、「絶対受け入れてもらえない」と決め付けてしまう。つまり、防衛的な冷笑家になる選択をしてしまう。

見捨てられて孤独だと感じるかもしれないが、**孤独なのは、「彼ら」が私たちを見捨てたからではない。自分で自分を見捨てたから孤独なのだ。**私たちは自分だけではなく、神をも見捨ててしまったのだ。「次は何だろう?」と自問せずに、「何の役に立つの?」と自問した。再び自分を信じて挑戦し、傷つくリスクを冒す代わりに、自分の夢と希望を、「マーケットの現実」と呼ばれるものの下に覆い隠してしまった。「彼らはみな似たようなものさ」と言い、傷つくのを恐れるあまり、そうではない可能性を探る道を自ら閉ざしてしまった。障害にぶつかって傷ついた競走馬と同じように、再び障害を飛び越えることを尻込みするのかもしれない。

だが**才能ある馬なら再起できなければならないし、できるはずである。**私たちも同じだ。アーティストの道に挫折はつきものである。ただ、何度でも挑戦すればいいのだ。

今週の課題　秘密の傷をリストアップする

創造の道で負った傷は秘密の傷になりやすい。平気なふりをして、「悩むほどのことじゃないよ」とか「あの後、ただ単に興味をなくしたみたいなんだ」と言い、アーティストとしての動揺が深刻な影響をもたらすことを隠す。自分自身にも他人に対しても傷ついたことを否定する。一度落馬すると、再び馬の背中に乗るのではなく、乗馬に興味を失ったと自らに言い聞かせるのだ。

誰も悲しんでくれない心の傷は、本人を傷つける。傷を覆い隠して平静を装うと、傷はその下で化膿《かのう》する。本当は気になってたまらないのに、「放っておけばいい。ただ怪我《けが》をしただけさ」と言うほど傷は深くなる。以下に紹介するのは思いやりと許しのエクササイズである。創造するアーティストとして負った傷のせいで苦しんでいるなら思いやろう。失敗した自分を手厳しく批判するのではなく、許さなければならない。

最初のステップでは、ペンを手に取り、1から10まで番号を振る。傷ついたのに十分に悲しまず、乗り越える努力をしなかった例を一〇個挙げてもらいたい。細心の注意を払い、自分に優しくしよう。傷つきやすい微妙な作業だから。

次に自分の傷のリストを振り返ろう。自分の中のアーティストを、創造の場に立ちもどらせるための、ほんの小さな一歩を探してもらいたい。ただし、そのステップはごく小さい優しいものにすること。たとえば小説を書いて、複数のエージェントから何通かの勇気づける手紙と何通かの自信を失わせる手紙をもらったとしよう。最初のステップは肯定的な手紙と自分の原稿の最初の二五ページを読み返すことかもしれない。ゆっくりと注意深く進めよう。もし戯曲を上演して、さんざんに酷評されたなら、演劇のチケットを買おう。換言するなら、あなたの中のアーティストをなだめて劇場に連れていき、その後で仕事に復帰させるのだ。

チェック・イン

①今週は何日モーニング・ページをしましたか？　やらなかった日があるとすれば、それはなぜですか？　モーニング・ページをするのはあなたにとってどんな経験ですか？　今までより明晰《めいせき》になっていますか？　広範な感情を味わっていますか？　以前より目的意識が鮮明になりましたか？　心の落ち着きが増し、何事があってもゆったりとしていられるようになりましたか？　何かに驚かされましたか？　解決を求める何度も繰り返される問題がありますか？

②今週、アーティスト・デートをしましたか？　幸福感が増したことに気がつきましたか？　あなたは何をし、どう感じましたか？　アーティスト・デートがなかなかできないなら、「さあ、出かけよう」と自分を強く促すことも必要です。

③ウィークリー・ウォークに出かけましたか？　どんな感じでしたか？　どんな感情、どんな気づきが浮かび上がってきましたか？　一回だけでなくもっ

と歩くことができましたか？　ウォーキングは楽観的になったり、視野を広げたりすることにどう影響しましたか？

④今週、自己発見に関して重要だと感じることが他に何かあれば、ノートに書き出してください。

第12週 創造の感覚を発見する

創造的な人生を送る鍵は、ものづくりに関わることで、自分自身を向上させ、世界をよりよくすることです。創造は信仰の行為。アーティストとしての私たちは偉大なる創造主に源を発しています。私たちは強さやパワーを無限に調達できるということです。今週は創造の頂点で遭遇する困難を乗り切ることに焦点を合わせます。困難を乗り越える私たちの優雅な能力は、信じる能力にかかっています。創造を実践している人たちのための、創造的な人生を上手に維持する〝サバイバルのツール〟を備えましょう。

それぞれの「ガラスの山」

眼下のリバーサイドパークに子どもたちの小さな手でつくられた雪だるまが見え

る。クーリエ&アイブズ社が出す一九世紀のアメリカンアートの絵に出てくるようなチャーミングな雪だるまだ。私は滑りやすい憂鬱のスロープを登ろうとしている。気分はおとぎ話のガラスの山のようだ。登ろうとするたびに滑り落ちてしまう。

「今日は休日よ」と友人の一人が電話をかけてきて、物憂げに言った。彼女もうつ状態で、私の憂鬱が自分のそれと共通の基盤を持っていることを訴えたいのだ。だが、私はそうは思わない。

私の憂鬱と疑念は、新しいプロジェクトに取り組んでいるときに入り込む段階で、よくあることだ。今回のプロジェクトはミュージカル。プロジェクトを着地させようとするのは、アーネスト・ヘミングウェイの『老人と海』のように、大きな魚を釣ろうとするのに似ている。世界が魚と自分だけに集約され、魚を取り逃すのではないかと不安になるのだ。私たちアーティストはしばしば幾多の困難にもかかわらず大きな魚を釣ろうとして苦労する。さらに悪いことに、その魚は他人の目には見えないことが多い。周りの人は私たちをパパ、ママ、教師、会社員、ガールフレンド、ボーイフレンドとして見るだけで、**元型的な創造の海から、大物を釣り上げようとして奮闘しているアーティスト**としては見てくれない。

ぎょうぎょうしく騒ぎ立てるのなんて気が進まないという理由で、アーティストはおとなしくしているのかもしれない。ときどき切望する沈黙や孤独についてはっきりとは伝えない。多くのアーティストは日々の暮らしの空いた時間に合わせて創作する。ほとんどの場合、それでいいのだ。滞りなく生活ができるし、そうした生活が創作活動を豊かにする。だが、新婚のベッドからこっそり抜け出して、真夜中に小説を書いたり、絵を描いたりすることについて私たちはほとんど何も語らない。週末に家からそっと抜け出し、安いホテルにしけこんで、犯罪小説を書くことについても語らない。

コンサートツアーの準備をしているピアニストは、普段通り音楽学校で「ただの教師」として上手に教えられるかもしれない。だが、一方でツアーに備えるために膨大な量の楽譜に取り組んでいるのだ。物語を語る内なる声を聞いている小説家は、平凡な母親として子どもたちの言うことも聞くかもしれない。だが、**内なる声はときに囁《ささや》くような声で絶え間なく語っており、注意して聞きつづけなければならない。**

ママやパパも、たとえ子どもたちをどんなに愛していようと、ときに書くことが必要なのだ。表現されない芸術的な衝動はアーティストの中で膨れ上がり、不安や渇望を生み出すレベルに達する。そうなると、作品をつくることによってそれを表現するしかない。他に不安や渇望を鎮める手段はないのだ。傍《はた》から見たら、何か「問題がある」ように見えるかもしれないが、問題などない。

「ママ、どうしたの?」と子どもたちがあなたの苛立《いらだ》ちに気づいて尋ねる。そんなとき、たとえプロットを頭の中で考えている最中でも、喧嘩《けんか》ごしにならないように注意しよう。

「なんでもないのよ。ただママは書く必要があるの」

「どうしたんだい? なんか問題でもあるのかい?」と夫が尋ねるかもしれない。

「なんでもないの。ただ絵を描く必要があるの」

講座やプライベートで創造性について教え、ノースウエスタン大学やシカゴの映画制作会社で映画について教えていた年、私は書かずにいられなくなった。教鞭《きょうべん》をとることはあまりにも多くの時間とエネルギーを私から奪っていた。その間、私の家族にとっては、休息が取れてよかったかもしれない。

私は短期休暇を取って、タオスに行くことにした。搭乗時間を待つ空港で、突然、男の声が頭の中でしゃべり出した。私はペンとノートを取り出して、書き取りはじめた。文章が洪水のように湧き上がってきたので止めようがなかった。シカゴからアルバカーキまで機中でずっと書きつづけた。アルバカーキからタオスまで行くバスの中でも書きつづけた。モーテルに落ち着いたときもまだ書いていた。それからの日々、朝食から夕食まで、作家がたむろしているドリス・カフェの外のテーブルにへばりついて書きつづけた。毎晩、家族から「いつ家に帰ってくるの?」という催促の電話がきた。「まだよ」と私は答えた。「これを乗り切らなければならないの」。ほぼ一か月タオスにとどまり、小説の初稿の大半を書き上げた。

その後、しぶしぶ家に帰り、角のコーヒーショップに入り浸った。そこで奥の仕切り席に隠れ、残りの草稿を書いた。「ママ」と「妻」という家族が期待する役割に戻るまで、数か月かかった。しばらくの間、作家としての自分を最優先させなかったことで、作家としての自分に借りをつくりすぎていたのだ。この経験は、作家としての自分にもう少し敬意を払ったほうがいいということを教えてくれた。

家族にとって、一シーズン丸々放っておかれるよりは、日々のライティングのスケジュールに合わせるほうが楽である。また、本を一冊書き上げるときに必ず訪れるガラスの山の局面を、電話でしか確認が取れない一〇〇〇マイル離れたところで過ごされるより、近くで過ごしてもらって非常事態に備えるほうが楽である。どんなプロジエクトにもつきもののガラスの山の局面は、作業が難しすぎて何事もうまくいかない時期だ。きちんと説明しさえすれば、家族や友人はそれを耐えることを学ぶ。

アーティストは狂っていると再三聞かされてきたため、私たちはなんとか「正常」であろうと努める。マイケル・ジャクソンや詩人のアン・セクストン。双極性障害に悩まされ、三一歳で自殺した女流詩人シルビア・プラス。スコット・フィッツジェラルドと妻ゼルダについての話もうんざりするほど聞かされた。その種の人間になることのためらいが私たちの中にはあり、私たちを習慣的な嘘《うそ》つきにさせてきた。もっとも一部の嘘は必要であり、自分を守ってくれるし、女性はそれを知っている。私は経験を積んだアーティストとして、秘密の妊娠のように仕事を進める。**私は常に自分の内部で起こっていることを自覚し、それを守ろうと思っている。**この比喩が性差別的だと聞こえたら謝りたい。もっとも、私が知っている創造的な男性や一緒に暮らしたことがある創造的な男性は、しばしば自分の創造のプロジェクトを秘密の軍事作戦として位置づけ、秘密、戦略、保護を要求した。やはり性差別を意識させる言い方だが、わからなくはない。

前にも述べたように、ガラスの山は私たちが一人で直面する滑りやすいスロープに似ている。その滑りやすいスロープの上で、小さな足場を見つけ、コンセプトをかたちにするために登っていかなければならない。それはエベレスト征服に匹敵する難事業である。ピアニストの友人は「音が聞こえるんだ、本当に。だけど、この手でつかめない」と私に訴えたが、私も同様な経験をしたことがたびたびある。

私たちはアーティストとしてガラスの山の最悪の局面にいるとき、実は大変な思いをしているのだ。日々の創造の不安について多くを語らないが苦労は尽きない。ほとんどのアーティストにとって、自分がどんな作品をつくろうとしているのか、そのためにどれだけの代償を払うことになるのかは軽々しく口にすべきではない。私たちのガラスの山はあくまで私たちのガラスの山であり、他人には見えないが自分にとっては切実なものである。

アートはただの職業ではなく天職である。たとえ周りには天からの声を聞く人が誰もいないとしても、天からの声が存在しないということではない。天からの声を聞いた者はそれに応えなければならない。なかなか理解してくれない家族や友人も、何度も経験するうちに、自分たちに聞こえない声をあなたが聞いていることをだんだん認めるようになる。「あなた、書く必要があるの？」とか「ピアノをはじめたいの？」

と尋ねるようになる。本当のパートナーになるのは、あなたの中のアーティストも愛してくれる人たちである。とはいえ多くの人は、もしあなたの内なるアーティストが自分を置き去りにしないと確信できなければ、パートナーになるのを躊躇《ちゅうちょ》するかもしれない。

さる小説家の妻は、どんな食事も、よい文章を書けたときほどの満足を夫にもたらさないことを知っている。彼女がよくサンドイッチやパイをつくるのは、書き物机の端に置いてもらい、食べたいときに食べてもらうためである。天国には、アーティストが創造の子どもたちを生むのを助けてきた人たちのための特別な場所が疑いなく存在するに違いない。アーティストがよく理解されているときに感じる感謝の大きさは、献本するだけで表し尽くせるものではない。

若かりし頃、かなり政治的なニック・カリエロという親友がいた。彼の誘いで、やはり政治に関心を持っている彼の友人を訪ねたことがある。ワインをたしなみながら長々と話し込んだのを覚えているが、アーティストについて怒りを交えて話し合ったのも覚えている。「アーティストは特別な人間だと考えられるべきではない。アーティストも他の人と同じようにゴミ出しをするべきだ」と彼らは言った。

「もちろん、アーティストだってそれぐらいのことはできるわ」と私は言った。「だけど、一日に一八時間、ゴミを運ばされたとしても作品をつくらなければならないの。それが私たちの天職なの」

あなただってゴミを運ぶだろう。だが、物語や交響曲やダンスや夢も日常的に運ぶはずだ。そしてしばしば、アーティストのエベレストであるガラスの山に登るのだ。

今週の課題　ガラスの山をよじ登る

ペンを手にし、以下の質問にできるだけ早く答えよう。

①あなたはガラスの山の局面に入り込んでいるプロジェクトを抱えていますか？
②あなたはもう少し厳格に仕事のスケジュールを守ることができますか？
③一日のうち、あと三〇分の孤独な時間をどのようにしたらつくれますか？
④家族や友人や電話からうまく逃れることができますか？
⑤スターバックスや図書館の奥の部屋、ハンバーガー店の奥のボックス席で友だちを

つくったことがありますか？　車中で書き物をしたことがありますか？

あなたの住まいの近所に、創作のために個人的に引きこもって、みんなと食事を分かち合えるスピリチュアル・センターがあるかもしれない。シスターや牧師や僧侶は創作に行き詰まったときに大きな助けになる。多くの女子修道院や修道院はアーティストのためにスペースを提供してくれる。コネティカット州リッチフィールドにあるウィズダムハウスのシスターたちは、彼女たち自身がアーティストで、長い間、「アーティスト・ウェイ（ずっとやりたかったことを、やりなさい）」のコースを教えてきた。ウィズダムハウスでは深い沈黙に浸ることができるので、作品を仕上げるにはもってこいだ。

創造の着地点を見つける

私たちは作品をつくるために拡大と収縮を繰り返す。大きな構図を一方で抱きながら、細部を埋めていくのだ。それは苦労を伴う作業である。

創造はときに空を飛翔《ひしょう》することにたとえられる。私たちは鳥の目よりも高い所から自分の人生や夢や他の多くのものを見る。創造の高みにいるときは、日常の制約——年齢、家庭生活での役割、社会の歯車であるという感覚——から解放され、大きく羽を伸ばす。その自由な感覚はアーティストを増長させずにはおかない。だが、その状態が延々とつづくわけではない。やがて着陸するときがやってくる。

着陸するのはパンパンに張ったパラシュートで降下するようなものである。パラシュートでの降下は必ずしも安全だとは限らない。しばしば不安定な着地の仕方をすることがあるのだ。たとえば、パラシュートが頭に覆いかぶさってきて何も見えなくなってよろめいたり、パラシュートが開いたままとなり、着地したときの勢いに引きずられて野原を転げまわったりすることがあるのだ。**創造の飛翔をした後の着陸は、私たちを傷つけたり、叩《たた》きつけたりすることがある**ということ。小説の草稿を完成することが、祝福ではなく、自殺を考える口火になることがあるのはそのためだ。

着陸して自分自身の人生に戻ろうとするとき、それまで増長していた分だけ、急に自分が小さくなったように感じることがある。宇宙飛行士が報告を求められたり、ベテランのアーティストが時間をかけて日常生活に戻るスキルを学んだりするのはその状態を緩和するためである。長いプロジェクトを終えるのはまた、アメリカを横断するドライブに少し似ている。何週間も旅をしたあとで家に帰って来たら、友だちと会う前に、数日間身を隠して眠る必要がある。そうでないと日常に戻るのが大変な場合があるのだ。これはわずらわしいが正常なことだ。

アーティストは創造の飛翔をしている最中、まともとは思えない行動を取ることがある。最初のミュージカルのために曲を書いているときだった。私は絹のゆったりしたドレスを着ていたのだが、数日間気づかずに、裏返しに着ていた。創造の飛翔からどうやって着陸するかに心を奪われているとき、誰が服について考えたり、正常に見えるかどうかを気にしたりする余裕を持てるだろう？　私が知っている有名な小説家は、しばしば入れ歯を入れるのを忘れる。

創造の飛翔の間は快適さが鍵となる。他のすべては無視される。そして、飛翔が終わると、考える。「髪を洗わなければ」「兄に電話しなくちゃ」「キッチンを掃除しなくちゃ」「引き出しを整理して、いらないものを捨てなくちゃ」

掃除をしたり、木を切ったり、料理をしたり、友人に電話をかけたりすることによって自分自身の足を地につかせようとする。現実に復帰するのはなかなか大変な作業だ。ましてや自分が困難を乗り越えたことで成長したことを実感できるようになるには相当の年季がいる。

私は軽度のアルコール依存症だが、突然、ボルテージが上がったりすると、おじけづくだけではなく、少しぞっとする。それが危険であるのを知っているからだ。そんなときは、注意深く着地する必要があることを思い出さなければならない。

優雅に着陸する方法はたぶんないのだろうが、**より安全に着陸する方法を学ぶことはできる**。練習を積めば、熱狂的な仕事の強烈なエネルギーをより穏やかに引いていかせる方法を習得できる。入浴は効果があるだろうか？　掃除はどうだろう？　長年の友人に電話をするのは本当に着地する助けになりうる。何はさておき、地面が存在し、足で踏みしめることを自分自身に思い出させることはできる。

「私は数日間、誰とも話をしません」と熟練した小説家は言う。「大きな作品を仕上げたとき、自分が少しおかしな人間になっているのを知っているんです。だから、おかしなことをするスペースを自分自身に与えようとします」

私は野菜スープをつくったり、荒削りの探偵小説を読んだり、飼い犬をとびきり長い散歩に連れていったりする。そのうちにだんだんと正常な感覚が戻ってくる。すると床を磨いたり、車の中を掃除したりする必要があることに気づく。あるいはランニングシューズが擦り切れていることに気づき、街に行って新しいシューズを手に入れることを考える。耐えられなくなるまで、新しいシューズを買うのを延期することもある。

大切なのは、**大作を書くのは大嵐に少し似ている**ということだ。それはあなたを揺り動かし、方向感覚を狂わせる。物事が落ち着くのには時間がかかる。友人と話をして、エイリアンに誘拐された人物のように思われたくはないだろう。子どもたちの様子はどうかとか、アートハウスで上映されている映画は観に行く価値があるかどうか尋ねられるようになってから、ゆっくり友人と会いたいだろう。正気を取り戻すまで、日常の世界に戻りたくはないだろう。私の場合、移行に数日要する。それをスキップしようとすると、かなり変な行動をしてしまう。

今週の課題 「地に足がついている」と感じるもののリスト

ペンを手に取り、地に足がついていると感じさせる一〇の活動をリストアップしよよう。

①スープをつくる。
②掃除機をかける。
③シーツを替える。
④洗濯をする。
⑤パイを焼く。
⑥馬の訓練のビデオを見る。
⑦車にワックスをかける。
⑧冷蔵庫を掃除する。
⑨大学院時代からの親友に電話する。
⑩仕事部屋を片付け、経費の精算をする。

このツールは創造的な生活を送るための重要な儀式の一つであり、日々の「やるべきこと」のリストと同じように、地に足がついた祝福の感覚を、私たちの創造的な生活に招き入れるのを助ける。なぜなら日々の人生の営みに焦点を合わせるからだ。私たちは「仕事のために」生きるかもしれないが、私たちの人生は仕事よりも大きいし、大きくて当然である。**創造的な飛翔の後、日常に一歩踏み出すことによって、私たちはある意味で、「お帰りなさい」と言う自分自身の親になる。**私の生徒から同僚になったある女性は、この儀式の一環として自分宛てのはがきを書く。それには「よい仕事をしたね」と書かれている。彼女は無事に課題をやり終えたこと、課題を記録したこと、音楽のワークショップをしたことについてのはがきを持っている。飛躍が大きければ大きいほど、自分を祝福する行為はますます重要になっていく。

あなたに必要なのは、**創造の飛翔の前や最中や後の人生や人間関係とつながっているという感覚**なのだ。

年齢と時間との付き合い方

アーヴィング・ペンによって撮影された花の素晴らしい写真集がある。彼はヴォーグ誌の署名写真家として、若さの頂点にあるモデルを撮影することによって最初のマルクを稼いだ。彼のレンズはモデルのスージー・パーカーを温室育ちのランのように華麗にとらえた。彼女は一輪の完璧な花としての美を体現するように訓練された女性である。おそらくペンはスージーが着こなすパリのオートクチュールに対する反応として、つぼみや最盛期を過ぎて萎《しお》れはじめた花の世界にカメラを向けたのだろう。

ペンのショットは素晴らしい。私たちは初期の栄光に包まれたつぼみを称賛する。また、最盛期の花のつややかさと潜在力とを称賛する。しかし、写真集の目玉は、盛りを過ぎてゆっくりと衰え、完璧さから異なった完璧さへと移ろっていく花の美しさである。消耗した美には強烈さやパワーがある。それはかつての美の名残をとどめている。衰えゆく華麗さは、私たちが再び咲くために死ぬことを思い出させる。私たちは**「構想を練るために種に帰る」**のだ。

私は『凱旋門』や『世にも不思議な物語』などの作品で知られる映画監督のジョン・ニューランドが七〇代や八〇代のとき、一緒に仕事をしたことがある。破壊された顔をし、うわべだけの言葉を見抜く鋭い目つきの背が高い白髪交じりのこの男性は、彼に取って代わった若い監督たちよりはるかに大胆だった。彼はマイルス・デイビスのように、「過ちを恐れるな。過ちなどというものは存在しない」ことを学んでいた。

彼はみすぼらしいシーンを情け容赦なくカットした。また、あらゆる熱狂と大胆不敵さを容認し、それを要求しさえした。彼は人間の潜在能力を知り尽くしていた。俳優たちに潜在能力のすべてを出し切ることを期待し、そうでなければ満足しなかった。

確かに、**若さは過ぎ去っていくが、年を経るごとに得ていくものもある。**年を取った人のソフトな声や銀髪は完璧であり、美しい。

もちろん、身体的な美や力強さ、若さゆえの見事な大胆不敵さや機敏さ、上手な言い回しや熟した桃のように完璧なお尻、そうしたものが過ぎ去っていくことに怒りを覚えないでいるのは難しい。もちろん私たちはそうしたものが失われるのを残念に思う。しかし、**私たちの創造的自己は成長することをやめない。**老いの美しさの中で、老いの優しさの中で成長しつづけるのだ。

五四歳の私はいまだに学ぶことに喜びを感じる。私のようにピアノを学んでいる者であれ、最近、付き合うようになった人の感情の動きを学んでいる者であれ、何かを学んでいる人は誰でも、自分のもろさと苛立ち、希望と失意が入り混じった感情を覚えるだろう。あらゆる挑戦にはワクワクする要素がある。

これだけ年齢を重ねてきて何か利点があるとすれば、「困難」とは間違っていることや実行不可能であることを意味するとは考えなくなったことだろう。それはただ単に「困難である」という意味にすぎない。私はまた、自分の困難が他人の困難よりひどいとは考えない。初心者はみな大きな希望を抱いて、絶壁に当たって砕ける波のように自分の期待や夢に向かってぶつかっていく。夢を叶えるまで、繰り返し何度も。水が岩をもすり減らすように、練習は「完璧」にはさせてくれないとしても「上達」させてくれる。

鍛えなければならないのは明らかに精神と筋肉とハートである。精神も筋肉もハートも、私の嫌いな徳である忍耐と反復を学ばなければならない。私に必要なのは、ピアノを弾くという日々の日課を欠かさないことである。上達するペースは人によって異なる。だから、自分よりも早く上達する者がいても、落胆しないようにしよう。巧みなピアニストが示しているのは、「自分はこんなにうまく弾ける」ということではなく、「ピアノに熟達すれば、ここまでできる」ということなのだ。

私はベテラン俳優のマックス・シュワルターとも仕事をした。彼が七〇代と八〇代のときである。八二歳のとき、彼は私が主催する創造性のキャンプで教えるために、タオスにやってきた。そのときのことは鮮明に覚えている。ピアノを一人占めし、数時間にわたって、ショービジネスで過ごした八〇年の人生を再演してくれたのである。彼の演奏に私たち一〇〇人は完全に魅了された。

「人は前向きでなければなりません。何があっても、人生とはよいものであることをわかってほしいんです」とマックスは私に語った。彼は何事にも一生懸命取り組んだ。一九七〇年代、ハリウッドで初めて知り合ったとき、マックスは六〇〇坪の絢爛《けんらん》たる庭を管理していた。三〇年後、コネティカット州に移り、再び六〇〇坪の庭をつくって、植物を移植した。最初の庭で写真を撮ったとき、私は新進の女性作家として船出したばかりだった。一緒に撮った最後の写真の中では、私の髪は黄金の太陽の光の中で銀色に輝いている。彼は植物だけではなく、若い俳優を育てることにも精を出していた。

今週の課題

過去の偉大なアーティストに助けを求める

あなたは自分が敬愛する、いまは亡きアーティストに助けを求めたことがあるだろうか？　このイマジネーションの実験は、アートがスピリチュアルな血統を引くものであるという事実に敬意を払うものだ。過去の偉大なアーティストは作品が残っているということだけではなく、彼らの精神が生き残っているという意味で、私たちのインスピレーションの源である。イマジネーションを通して過去の偉大なアーティストたちと対話し、自分の糧になるアドバイスを引き出そう。思いがけない成果にあなたは驚くかもしれない。私たちは文化人として、祖先から受け継いだものや祖先の痕跡に敬意を払わねばならない。

まずは今は亡き偉大なアーティストを一人選ぼう。その人物に助けを求め、あなたが直面している問題を投げかける。答えが返ってきたら、素早く書き写そう。たとえば相手がハイドンであれば、作曲するために適切なファイルを用い、仕事場を整頓するようアドバイスしてくれるかもしれない。

ある若い作曲家は日常生活の中で、特別なガイダンスの声を聞くようになった。「このミュージック・ショップの前で立ち止まりなさい」とか「学生時代にお世話になった教授に電話をしなさい」といったガイダンスだ。彼女はこの種の出来事を軽々しく信じるタイプではなかったが、創作する上で実際に役に立ったので、興味に駆られた。音楽学校で厳格なクラシックの教育を受け、さまざまな作曲家の人生や性格をよく知っていた彼女は、イマジネーションの力を借りて過去の偉大な音楽家たちに助けを求めはじめた。その成果を彼女は次のように報告した。「ハイドンは厳格で、大変賢く、モーツァルトは間抜けだが霊感があり、ベートーベンは親切で集中力があり、情熱的であることがわかりました」

さらに彼女は、自分自身の作曲が著しい改善を見たとも報告した。ある日のモーニング・ページで、彼女はインスピレーションが単なる自分の「想像」ではないかという疑問を抱いた。するとすぐに声が聞こえた。「こちらの世界には、私たちがしたことに興味を抱く魂や、あなたがたがしていることに興味を示す魂がたくさん存在します。私たちはできる限り助けたいのです」

宇宙のために創造する

これまで芸術作品は神に敬意を払い、神の栄誉を讃《たた》えるためにつくられてきた。そのような光に照らしてみると、アートは自分の利益を得るためのものではなく、奉仕の行為だと言える。**奉仕にこそアートの秘密を解く鍵がある。**作品は自己を宣伝するためにあるのではなく、より高次の存在に捧《ささ》げるためにある。言い換えれば、自分がどれほど素晴らしいかを示すものではなく、自分自身より大きな何かに自分を捨ててどれだけ奉仕できるかを示すものだということだ。

アーティストは**天から授かった〝才能の運び屋〟**である。音楽家は天から授かったメロディーに声を与えるよう求められる。写真家は物事を新鮮な角度からとらえる目を与えられる。私たちは授けられた才能を使う責任を負っている。それは説明責任の一つの形態なのだ。

シェークスピアの作品をはじめ、最高の戯曲のいくつかは友人の才能に仕える素晴らしい役割をつくるという目的で書かれた。奉仕することを選ぶとき、私たちはより高次のインスピレーションに向かって心の扉を開く。その結果、自意識に邪魔されることなく、自由に創作できるようになる。逆に、名声を得るためや、有名になるためにのみ作品をつくろうとすると、必ず自意識に邪魔される。自意識が創造の流れや焦点を狭めるバルブとして働き、自由に創作できなくなるのだ。

私は音楽の広場のさらさらと葉音をたてる木の下に座り、才気溢《あふ》れるピアニストがドラマチックにピアノを弾くのを聞いていたのを覚えている。私の両脇には二人の大人の男性が座っていた。彼らは滝の流れる音のように次々に繰り出される音に、まるで小さな子どものようにうっとりと聞き入っていた。彼らの顔はクリスマス・ツリーの明かりに照らされてきらきらと輝いていた。

私の目の前で、マジックが進行していた。これは後で知ったことなのだが、その音楽のマジシャンは、一人の牧師の献身的な努力もあって、数々の失敗にもめげずに一晩中演奏していたのだ。まさに信仰のなせる技である。

「演奏するときには、自分より大きな何かがあることを自らに言い聞かせなければなりません。私のエゴより重要な何かです」とそのピアニストは私に打ち明けた。その何かとは、**私たちの中で働いている、人々を癒し、変容させる創造的なパワー**である。

「マジック・ジョンソンのプレイを見ているようでした」と男たちの一人がベンチの上で私に打ち明けた。それは的を射た発言だった。再び、「マジック」という言葉が出てきた。

マジック・ジョンソンは調子が悪い晩でも、他の選手よりもたくさんシュートを「入れる」。彼のロングシュートはいささか気味の悪いほど楽々と入るように見える。これは往々にしてアーティストにもあてはまる。

傍から見れば、アーティストの「最高」の夜は、当人の心の中では最悪だと感じる晩かもしれない。あるベテラン小説家は、書評であまり好きではない本を褒めるが、自分がもっとも大切にしている本のことはあまり褒めない。ある意味で、作品が他人にどう受け止められるかは、アーティストがあずかり知らぬことである。アーティストの仕事は作品をつくることなのだ。

俳優は出来の悪い晩をうれしそうに語り、客とつながったと感じた晩にそっけない反応をする。ある意味、歌手は歌の単なる乗り物にすぎない。歌は音楽そのものの単なる乗り物にすぎない。私たちがアーティストとしてどんなに喝采を浴びても、中核にはこの匿名性《とくめいせい》が必ず存在する。**私たちは自分より大きな何かに仕える。**アートはこれまで、「深い親交を結ぶ」という目的に仕えてきた。深い親交は作品を通して私たちを超えた力に触れることによって結ばれる。そうやって私たちは自分だけでは考えられない何かにチャンネルを合わせてきたのだ。ところが、私たちはアートを、個人を崇拝するものに変えてしまった。

マンハッタンには、ミュージシャンがたくさんいるし、音楽学校もたくさんある。最良のミュージシャンも学校も、この小さな混みあった島のビルの峡谷の中に見出される。マンハッタンに住むもっとも優れた教師の一人は、奉仕の精神を持って革新的な教え方をする。

「ピアノの教本を単にやるだけではだめです」と彼は言う。「質のよい生徒たちの一部は、教本を使うのを嫌います。彼らは教本の中にある音楽に心を動かされないので飽きてしまうんです」

もちろん退屈は学習の敵である。そこでこの音楽教師は、自分で書いた曲とそれに合ったおとぎ話を利用して、初歩の音楽レッスンのコースをつくり上げたのだ。この卓越した教師は幻滅した才能溢れる生徒たちに奉仕することだけを目指して、演奏しやすいワクワクさせる革新的な音楽のカリキュラムを築き上げた。

「君たちのために曲を書かせてくれ」と彼は言って、紙に線を引き、手書きの五線紙をつくった。「こんな曲を学ぶのは楽しいんじゃないか?」というセリフと共に、大きな黒い音符がいきいきと五線紙に踊りだす。

この偉大な教師はエゴや俗物根性をかなぐり捨て、また音楽はこのように教える「べし」という考えを払いのけ、愛と奉仕の精神から教える。彼の生徒が音楽を愛するようになるのは当然だろう。私たちはアーティストとして、**インスピレーションのパイ**

プであることを求められる。パイプになれば、私たちを通して語りかける高次の領域の導きで、アーティストとしての才能を開花させられる。だが、あくまでも私利私欲に固執していれば、早晩、大きな壁に突き当たり、にっちもさっちもいかなくなる。

作品について考えるとき、それが誰のためのものかを考えたほうがよい。自分にどう仕えるのかではなく、誰に仕えるかを考えるのだ。

映画監督のスティーヴン・スピルバーグはかつてインタビューでこう述べた。「天国の門で、神が私にこう言うのを望んでいます。〝スティーヴン、私の声を聞いてくれてありがとう〟」

インスピレーションに心を開くこと、つまり自分の創造的意思をより高次のガイダンスに合わせることは創造の道に反するものではない。アーティストとしての地位を確立するための地に足のついたよい方法なのだ。チェーホフは俳優たちにこうアドバイスした。「俳優としてのキャリアを積みたければ、自分自身と取り組みなさい」

自分自身と取り組みたければ、自分自身より大きな何かに奉仕するのが一番である。

自分以外の何かや誰かに自分自身を捧げるのだ。そうした献身的な行為は、あなたを人間としても、アーティストとしても成長させる。

私たちは「創造主」を慣例的に神と呼んできた。創造性は神の贈り物であり、神が私たちを通して働く入口であるという意識を持っていた。ところが、博愛精神よりも各自の個性を重要視するようになったとき、奉仕としてのアートという認識を見失った。そしてアートは満たされぬ夢を昇華する自己愛的な行為とみなされるようになった。言ってみれば、私たちは創造する者としての生得権を放棄し、アートがエゴではなく魂の行為であるという認識を失ったのである。**創造性復活の鍵は、再びアートを聖なる領域に連れ戻し、奉仕の精神を取り戻すことにある。**

そのとき、私たちは惑星の理解を促す作品をつくるかもしれない。音楽そのものの癒す力と栄光を讃える美しい音楽をつくるかもしれない。アルコール依存症の女性に元気を取り戻させるために戯曲を書くかもしれない。古くから薬用として栽培されてきたハーブ「クイーンアンズレース」の美を讃え、創造者に感謝の意を表すために絵を描くかもしれない。

いかなる分野でも同じことだ。奉仕の精神によってつくられた作品はエゴの重荷を軽減する。それは明確な焦点と純粋な意図を持ち、近代建築の祖バウハウスが提唱した「形態は機能に従う」という言葉に集約されるスピリチュアルな法則に従う。作品のかたちが高次の意識に向かって開かれるとき、その機能もまた持ち上げられるのだ。作品が個性に彩られるのは確かだが、作品の根は創り手の自覚が届かない深いところに張っている。偉大な絵画や詩や楽曲は説明しがたい何かを持っている。その「何か」は感じられるが、定義しようとすると、指の間からこぼれる水のように逃げていってしまう。だから「この作品には神の息がかかっている」という表現があるのだ。たとえばバッハは、彼の所属する教会が週に一度の礼拝で演奏する曲をつくるよう雇われた。しかし彼が作曲したものは、ただ単に礼拝に役立っただけではなかった。奉仕の精神に鼓舞されたバッハは、何世紀もたった今でも私たちが愛し、大切にしているカンタータを作曲したのだ。

私たち全員が、自分自身より偉大なアーティストに仕えているアーティストであるのはほぼ間違いない。私たちは先立つ世代に端を発する夢や願望の運び屋なのだ。音楽や劇や言葉の才能は家族の中で受け継がれる。より大きな全体に奉仕するという精神で作品をつくるとき、実際にはただ単に正直になっているだけなのだ。**私たちはみな、より大きな全体の一部である。それを認識すれば、真の謙虚さに一歩近づき、物事をシンプルかつ明確にとらえられるようになる。**そうすれば、壮大なデザインの美が私たちを通して見られるようになる。もし美が真実であり、真実が美であるなら――私はそう信じる――物事のより大きな枠組みの中での「自分の場所」を認識することが、最初の真実の音符を打ち鳴らす。そして多くの美が、その後に続くだろう。

今週の課題　美は真実であり、真実は美である

私たちは一人一人、畏怖を感じる能力を持っている。ある者は音楽の反復進行にあっけにとられ、ある者は蝶《ちょう》の羽根の光景に謙虚な気持ちにさせられる。こうした神への入口がいたるところにあり、私たちがコンタクトするのを待っている。ただ単に私たちを幸せにしてくれるものもあるし、私たちがこれといった理由もなく愛するものもある。だから「神は細部に宿る」と言うのだ。愛するものに触れることを自分自身に許すと、偉大なる創造主の感触が感じられる。

私たちの内なる「創造的な部分」は若くて無垢《むく》なので、「アーティストのおもちゃ」を集める理想的な場所は子ども向けの本を売っている書店である。目星をつけてすぐに行ってみよう。恐竜が好きなら、恐竜の本を手に入れよう。犬を見ると幸せになる

というなら、犬の本を見つければよい。大切なのは、ベッドのサイドテーブルにあなたを喜ばせてくれるものが載った本を少なくとも一冊置いておくことだ。

喜びは、創造主が私たちに触れる扉を開ける。あなたはキンカチョウを好きかもしれないし、シマウマが好きかもしれない。あなたが愛するものを、そしてあなたがそれを愛している人間だということを祝福しよう。

あらゆることを好奇心を持って楽しむインナー・チャイルドに触れると、アリストテレスが、「自然のすべてのものの中には、驚異的な何かがある」と語ったときの感覚につながることになる。

驚嘆する自由を、自分自身に与えよう。

エピローグ

本書を優雅な調子で締めくくりたい。つまり、アートとは神の恩寵《おんちょう》を賜る場所だと言いたいのだ。

私たちが創造的存在として生まれるのは偉大なる恩恵である。その創造性にアクセスすることも偉大なる恩恵である。あなたは違った言い方をするかもしれないが、すべてのアーティストは自分の作品を通して偉大なる創造主の手が自分に触れるのを感じる。

アートはスピリチュアルな実践である。私たちはそれを完璧にはできないかもしれないし、その必要もない。だが、アートはなくてはならないものだ。創造の行為は私たちをより完全な人間にするというのが私の信念である。私たちはより完全な人間になることで、より神聖になり、私たちの中の限りない火花に限りある方法で触れる。

アートに集中することで、私たちは全生命のハートにつながる。私たちの中で動いている創造的な衝動はすべての被造物の中でも動いている。

創造性とはこの世界を歩くすべての人々への祈りであり、感謝である。

謝辞

サラ・カーダーの細やかな気遣いに。カロリーナ・カスパーソンの信頼できる目に。ソニア・ショケットの明快な楽天主義に。ジョエル・フォティノスの信念とビジョンに。ケリー・グローブスの明晰さと熱意に。リンダ・カーンのはっきりとした理解力に。ビル・ラヴァリーの楽天主義と能力に。エマ・ライブリーの揺るぎない信頼に。ラリー・ロナーガンのユーモアと導きに。ジュリアナ・マッカーシーの芸術的な心に。ロバート・マクドナルドのインスピレーションと芸術性に。ブルース・ポマハクが私の「ビリービング・ミラー」になってくれたことに。ドミニカ・キャメロン-スコセッシの愛と洞察力に。ジェレミー・ターチャーの友情と指導に。エドモンド・トウルのよきユーモアに満ちた知恵に。クレア・ヴァッカロの美意識に。限りない感謝を捧げます。

訳者あとがき

『ずっとやりたかったことを、やりなさい。』（原題『The Artist's Way』）は二〇〇一年に日本で初版が刊行されたが、二〇年経過した現在でも高い人気を誇る異例のロングセラーとなっている。昨年の夏に出版された、『ずっとやりたかったことを、やりなさい。』の大人版とも言うべき『いくつになっても、「ずっとやりたかったこと」をやりなさい。』（原題『It's Never Too Late To Begin Again』）も、YouTube大学をはじめとするメディアの書評欄で取り上げられ、話題となっている。

本書は、二〇一三年に出版された『ずっとやりたかったことを、やりなさい。②』（原題『Walking in This World』）のコンパクトな新装版である。全世界的なベストセラーになった『ずっとやりたかったことを、やりなさい』の続編として書かれ、出版されたものだ。

著者ジュリア・キャメロンの創造性開発のプログラムがこれほど多くの読者の心をつかんで放さないのは、単なる机上の理論ではなく、多くの苦難を乗り越えてきた彼女の実存的な知恵が随所にちりばめられているからである。彼女が生み出したモーニング・ページというツールが心を整理することや、真の自分の願望を見いだすことに計り知れない威力を発揮することを、多くの読者が証言している。

本書のプログラムについて、すでに創造的活動に従事していて、行き詰まりを感じている人や自分自身の行くべき方向性を見失っている人たちのことも視野に入れたとキャメロンは述べている。とは言え、「人はみな生まれながらのアーティストである」というのが彼女の出発点であることを忘れてはならない。

本書を生み出すことに協力していただいたサンマーク出版の編集者の武田伊智朗さんと佐藤理恵さん、フリー編集者の青木由美子さんにこの場を借りて感謝いたします。

菅　靖彦

二〇二一年六月

ジュリア・キャメロン

25年以上にわたって、創造性を育てる方法論「アーティスト・ウェイ」を語り、さらに磨きつづけているジュリア・キャメロンは、35年以上、アーティストとして活躍している。ハリウッド映画、テレビのライターやディレクター、インディペンデント映画やドキュメンタリーの監督など、その活動は多岐にわたる。ワシントン・ポスト、ニューヨーク・タイムズ、ローリング・ストーン、ヴォーグといったさまざまな媒体にも寄稿。ノースウエスタン大学では、シナリオと小説のワークショップ「神の気分」を主宰し、自らの創造性を妨げないテクニックを教えている。

菅　靖彦（すが　やすひこ）

著作家、翻訳家、セラピスト。国際基督教大学人文学科卒業。日本のニューエージ・ムーブメントの中心にいて、癒しや心の問題を取り上げる著作を数多く執筆、翻訳している。現在、日本トランスパーソナル学会顧問。テレビ・ドラマの主人公、神宮寺祥のペンネームで書いた『逆境の心理学　涙がかわくまで…』（世界文化社）がベストセラーに。主な著作に『心はどこに向かうのか』（NHK出版）、訳書に『パワー・オブ・フロー』（河出書房新社）『He——神話に学ぶ男の生き方』（青土社）他多数がある。

新版　ずっとやりたかったことを、やりなさい。②

2021年8月10日　初版発行
2024年2月10日　第3刷発行

著者　ジュリア・キャメロン
訳者　菅　靖彦
発行人　黒川精一
発行所　株式会社サンマーク出版
〒169-0074　東京都新宿区北新宿2-21-1
電話　03-5348-7800（代表）
印刷　共同印刷株式会社
製本　株式会社村上製本所

定価はカバー、帯に表示してあります。落丁、乱丁本はお取り替えいたします。
ISBN978-4-7631-3925-2 C0030
ホームページ　https://www.sunmark.co.jp